网络犯罪证明的模型化

面向智能时代的社科方法论探索

谢君泽 著

清华大学出版社

北京

图书在版编目（CIP）数据

网络犯罪证明的模型化：面向智能时代的社科方法

论探索 / 谢君泽著 . -- 北京：清华大学出版社，2024.

6. -- ISBN 978-7-302-66453-6

Ⅰ . D924.364

中国国家版本馆 CIP 数据核字第 2024TL6126 号

责任编辑：刘　晶
封面设计：徐　超
版式设计：方加青
责任校对：宋玉莲
责任印制：沈　露

出版发行：清华大学出版社

　　　　网　　　址：https://www.tup.com.cn，https://www.wqxuetang.com
　　　　地　　　址：北京清华大学学研大厦 A 座　　　　　　邮　　编：100084
　　　　社 总 机：010-83470000　　　　　　　　　　　　邮　　购：010-62786544
　　　　投稿与读者服务：010-62776969，c-service@tup.tsinghua.edu.cn
　　　　质 量 反 馈：010-62772015，zhiliang@tup.tsinghua.edu.cn

印 装 者：河北鹏润印刷有限公司
经　　销：全国新华书店
开　　本：170mm×240mm　　　印　　张：16.75　　　字　　数：270 千字
版　　次：2024 年 6 月第 1 版　　　印　　次：2024 年 6 月第 1 次印刷
定　　价：128.00 元

产品编号：106153-01

序

　　小谢，君泽，是我指导的博士生。在我的学生中，他不是最聪慧的人，却是最有个性的人。他的知识结构、思维方式、志向抱负乃至为人处事的方方面面，似乎都有别于一般的年轻人。借用古人的说法，他有士民的志向，有商民的精明，有工民的技能，还有农民的耐性，这些或许能成就大家。

　　小谢的知识面很广。他本科毕业于通信工程专业，最早从事电子数据取证和信息化侦查等工作，后来又步入网络刑法、网络安全法、电子签名法、网络法理学等交叉学科的研究。随着大数据与人工智能的进阶，他又投身于大数据建模、智能监管、侦查智能化等前沿问题的探索。他对网络行为学、人类行为学、金融行为学、道法哲学等也有独立的思考。在他的眼前，科学似乎是没有边界的，于是就不断地求新求变，在跨界中拓展视野并升华思想。这本书就是一个很好的例证。他以网络犯罪证明的模型化为抓手，探讨网络智能时代的社会科学方法论，其内容贯穿了哲学、行为学、社会学、法学、信息技术学等学科领域。

　　君泽的思维方式也很特殊。他喜欢采用技术思维去思考法律问题和社会问题。因此，他痴迷于方法论研究，对价值观则不感兴趣。在他眼里，价值观都是方法论的产物。他的观点或有偏颇，但研究范式确实与众不同。传统的研究范式多注重权威的观点和归纳总结，而他的研究范式则试图从基本常识、基本结构、基本问题出发，探索基本的思维方法。他的研究范式似乎反映了网络智能时代法学研究的特质。在本书中，他采用第一性思维与量子计算思维相结合的方法，通过一些基本概念和基本常识的演绎，推导出新的基础理论问题，并找出自己的答案。

　　小谢的心底似乎有一种不凡的志向和抱负。用他的话说，他是一个"眼高手高"的人。他不在乎一时的得失，总在追逐远方的收获。他曾说，未来的智能社会只有两种生存方式：一是靠智能机器人挣钱，也就是让机器人替人干活。二是靠认知优势挣钱，也就是通过预测事物的发展动向挣钱，即投资或投机。他自己就坚定地行走在这两条并非平行的道路上。虽然我看不到他远方的收获，但是能看到他当下的求索。也许，他不是因为看到远方的收获才努力前行，而是相信努力前行就一定能得到远方的收获。

君泽还是一个务实的理论研究者。他一方面执着地进行智能社会治理的方法论研究，另一方面又积极地把这理论应用到实践之中。基于他所创立的独特理论，他在雄安新区开发了"反腐机器人"，帮助纪委部门监督、预防雄安新区建设过程中的腐败行为，取得了良好的社会效果。

人类社会面临千年巨变。网络智能不可阻挡地来到我们身边，既带来挑战，也带来机遇。人类需要一批冷静且理性的学者，去研究智能社会治理的上层设计和基层对策。在这一领域，谢君泽博士已然成为勇敢的探路人，而本书则堪称智能社会治理的创新之作。我相信，不同年龄不同领域的读者都可以从本书中获得精神或物质的收益。

中国人民大学法学教授
反腐败与法治研究中心主任
何家弘
2024 年 4 月写于北京世纪城痴醒斋

自　序

随着网络与智能时代的到来，人类正面临着全新的历史转折。人类该如何认识网络与智能社会中的现象，这是世界观问题；人类该如何评价新出现的社会现象，这是价值观问题。相对于人类社会现象的剧烈变化和人类价值观念的混沌摇摆，方法论的变化显得相对稳定。当下的理论研究重点是，如何利用相对稳定的方法论去认识与理解网络智能时代所带来的复杂世界观与多变价值观问题。要完成这个研究使命，首先要打破自然科学、社会科学与人文科学的学科界限，打破传统学科划分所形成的知识壁垒与思维定式。

当下，我国各学科领域一直在试图打破学科壁垒的困境并积极推进跨学科的交叉研究。然而，政策引导下的学科交叉研究最后大多沦为两拨不同专业的人员在一起做研究，并没有在学科思维方式或知识体系上达到真正的融合。全面且根本的学科交叉研究首先应当是找到自然科学、社会科学与人文科学的共同逻辑主线，即交叉点。行为学是自然科学、社会科学与人文科学的共同逻辑主线。人类只有在"行为"的作用下才能与世界、与人们、与自己发生作用。有且只有行为学是连接自然科学（人与自然）、社会科学（人与人）与人文科学（人与自己）的中介。基于这种根本性认识，本书以法学学科下的网络犯罪证明问题为示例，提出网络智能时代交叉学科研究的思维方法，即模型化。

模型化不同于模式化。虽然两者都有"标准化"的功能，但是前者具有静态和具体化的特点而后者往往更显得抽象而宽泛。在过去，面向解决实践具体问题的技术领域偏好使用"模型"的概念，而面向解决抽象认知的法律领域则偏好使用"模式"的概念。本书采用网络犯罪的证明"模型"而非证明"模式"旨在采用技术和工程的方法来描述和解决法律问题。从本质上讲，这是一种"先讨论工具的形态与运用方式，再研究行为结构与表现方式，最后讨论随行为而来的上层问题"的逻辑进路。这是因为，从技术、行为与法律的底层逻辑关系上讲，技术的发展促使了行为方式的变化，而行为方式的变化决定了行为规范的调整。从法律到行为再到技术的探究是寻根究底的过程，而从技术到行为再到法律则是逻辑重构的过程。只有让法律与技术在行为层面进行沟通与对话，才有可能在认知层面达成最终的统一。

就网络犯罪证明而言，当下就存在明显的技术与法律两张皮的问题。目前技术对网络犯罪证明的作用主要体现在证明活动的前端环节，即刑事取证。而法律对网络犯罪证明的作用则主要体现在证明活动的后端环节，即认证与认定。具体而言，一方面，当下技术领域对网络犯罪证明的作用明显不足。技术在网络犯罪证明中的运用主要集中在手机、电脑、服务器等各种电子设备以及相关操作系统、应用软件或者某些特定数据的获取与分析。即使涉及有关证据认定的问题，通常也是技术鉴定机构所能解决的形式性问题。对于实质性的技术性证据与技术性证明问题，则非常缺乏技术与法律的良好沟通。另一方面，当下法律界也存在闭门造车的现象。法律界始终寄望于通过调整传统证明机制的方式来解决网络犯罪的证明难问题，而没有积极寻求技术证明方法的突破与创新。事实上，这种"曲线救国"的思路要么是将立法上的难题转移给司法人员，要么是带来理论失统的更大风险。

基于上述考量，从司法机制的整体风险控制出发，在司法实践中应当尽量多地发挥法律人员与技术人员的合力，不断探索研究出适应于网络犯罪特点的技术证明方法，尤其是要不断利用这种合力提高法律人员与技术人员在网络犯罪行为上的理解与认知，这更为可取。面对全新的时代性难题，急于统一规范向来都不是可取的处理态度，《红旗法案》就是最有力的历史见证。针对新特点的网络犯罪行为，在实践中不断探索研究新的技术证明方法，并积累新的认知，等待时间的积淀不断形成类型化的归纳，最后形成统一规范，这是当下解决网络犯罪证明难的最佳出路。仅仅是停留在传统证明机制的调整，从根本上讲是对"代际错位"所带来的深刻性影响在认知上有所不足、缺少敬畏之心，因而是仓促之举。

实际上，网络犯罪证明不只是证据学领域的问题，它与刑事实体法的规范设计也密切相关。刑法学领域的实体法规范为网络犯罪证明设定了目标与要求，而犯罪证明是服务于网络犯罪刑事实体法的规范要求。反言之，如果我国刑法在网络犯罪的规范设计上存在失当，那么就会在客观上带来犯罪证明的技术困难。通过实体法规范的调整来解决犯罪证明难问题，不论在过去还是在当下都是可行办法之一。

当下所要解决的根本性问题是，如何判断哪些证明方法需要创新，哪些刑法规范需要调整。面对日新月异的网络犯罪形态，哪些问题是表象性的？哪些问题是本质性的？表象性问题是不断变化的，而本质性问题是基本不变的，只有抓住本质性问题才能解决千变万化的表象问题。这就使得法学领域必须探根究底，去寻找到问题的本源答案。一旦形而上的问题被揭露，那么一切形而下的问题就自然水到渠成。因而，法理学和行为学的底层问题思考就浮出了水面。

法律的本质是行为规范，这种行为规范背后往往蕴含了立法者对规范行为的价值取向。法的运行原理表明了法律对行为的规范是一种"先归纳，后演绎"的逻辑过程。刑事立法是犯罪行为的类型化过程，而刑事司法是犯罪行为的实定化过程。法的运行原理决定了法律对行为的规范是一种相对滞后的行为模式治理，而这种治理方式在当前网络智能社会环境下所面临的现实困难是立法与司法难以应对网络智能技术所造成的行为变异性与多样性。

作为一种行为规范，法律的一半是规范，另一半是行为。更重要的是，规范只有基于行为的类型化才能展开。因而，行为是法律的第一性，规范是法律的第二性。当人们无法正确认识世界观（行为）时，就无法采取正确的方法论（行为治理）进行处置。没有取得正确的方法论，人们就会（在立法上或司法上）采取摒弃、规避甚至拒绝的价值态度。反言之，人们只有首先树立起正确的世界观，才有可能找到恰当的方法论，最后获得正确的价值观。

在过去，人们对法理学的思考往往侧重于法律的规范性而忽视法律的行为性，这是学科思维定式使然。然而，在法学理论上行为与规范的双向探寻却不可偏颇。尤其是，面临网络智能时代的历史转折背景下，人们应当把法理学领域的规范化研究转移到更为前置的行为类型化研究。从法的运行原理来看，行为的类型化主要涉及立法工作，而行为的规范适用则主要涉及司法工作。

基于这种认知，当我们面对网络智能领域的新兴现象时，首先要考量的是传统法律规范在行为类型化的涵摄上是否恰当。在传统案件中，因为生活中所发生的现象化行为与立法类型化所意欲调整的模式化行为在行为的认识与理解上（涵摄）一般不会存在太大争议，故而司法人员往往将此步骤略去。但是，在出现前所未有的新现象或新事物时，现象化行为与模式化行为的涵摄关系往往是存疑的，因此司法人员必须对其进行审慎推敲并予回应。

换言之，只有在正当的行为类型化基础上，才有行为规范的科学化问题。行为的类型化不仅关系到刑事实体法的安排，也关系到刑事证据法的走向。因为，从某种意义上讲，行为的类型化划分决定了规范的法益归类，而规范的法益归类大体上就决定了犯罪证明的目标与标准。而证据与证明方法的运用不过是对犯罪证明的目标与标准做出反应。基于这种推理，不难得出另一个结论，即犯罪行为的形态间接决定了证明方法的采用。这体现了价值观对方法论的反向作用。

显然，网络智能时代所面临的行为类型化问题是十分复杂的，有些是传统犯罪网络化所带来的重新类型化问题，有些则是全新网络犯罪形态的类型化问题。前者如网络诈骗、网络造谣等传统犯罪的网络化；后者如漏洞扫描、网络爬虫、DDoS 攻击等全新的网络犯罪形态。不论是传统犯罪行为的网络化抑或是全新的网络犯罪形态都面临着再类型化问题，而再类型化的处置安排必然会涉及刑事实体法的规范设计以及后续所产生的一系列犯罪证明问题。

可见，网络犯罪证明不仅向上与刑事实体法的规范设计紧密联系，它向下与网络犯罪本身的行为样态也有着密切关系，实际上它们都是法理学上的立法论与司法论带来的延伸问题。因而，要讨论网络犯罪证明问题必须全面分析、通盘考量，仅着眼于某个或某几个部门法的局部学科思考仍不足以发现问题的本质，问题的本质分析需要追求行为学乃至哲学层面的深层思考而展开。值得注意的是，虽然网络犯罪行为的类型化以及法益区分往往是一个国家意志层面的立法问题，其中必然涉及国家主权以及网络安全层面的考虑和安排，但是网络犯罪背后所产生的行为方式变迁却首先是整个人类共同面临的时代性问题，因而在网络智能时代背景下研究网络犯罪证明势必要以人类行为学为基础而展开。个性要服从于共性。

要从行为学乃至哲学层面思考网络犯罪证明问题，首先要厘清技术、行为与法律的关系。技术其实并不直接影响法律，只有技术影响了人的行为时技术行为才纳入了法律的调整范围。从技术、行为与法律的底层逻辑关系上讲，技术的发展促使了行为方式的变化，而行为方式的变化决定了行为规则即法律的调整。就法学领域而言，从法律到行为与从技术到行为的重心转移都是面向问题本质的回归。

其次，要厘清行为、事实与证明的关系。刑事证明的主要任务是对过去发生的犯罪行为事实进行发现和揭示，而刑事实体法的主要任务是对已经被发现和证实的、过去发生的犯罪事实行为进行评价和适用。刑事司法的时序逻辑表明，过去发生的犯罪行为方式决定了当下刑事证明的行为事实内容，而行为事实内容则是后续适用刑事实体法的基本依据。行为相对于事实的时序前置和证明相对于事实的时序后置，决定了：行为方式决定了行为事实的内容，而行为事实的内容就决定了所应采取的证明方法。在犯罪行为的证明中，行为是第一性的，行为的证明是第二性的，什么样的行为就决定了应当采取什么样的行为证明方法。事实是犯罪行为所产生的事实，证据是犯罪行为所产生的证据，犯罪行为的特点决定了证据的表现方式及其收集运用的方法，也同时决定了行为事实证明所应采用的方法路径及其最终归宿。证明是利用证据反作用于行为事实认定的过程。

基于行为、事实与证明的逻辑关系，最后才能发现行为证明的质变是由工具行为的质变带来的，而工具行为的质变则是由行为工具的质变产生的。具体而言，在人类社会的工具演化史上，实物工具和语言工具的利用是人类在物质时代的基本行为方式，而第一次质变是随着造纸术、印刷术的发明实现了实物工具和语言工具的初步融合——把文字书写或印刷在纸张之上。人类对工具利用的第二次质变则是信息技术为实物工具创造了其自身的语言，即计算机语言。从此，不仅人与工具之间可以相互"沟通"，而且工具与工具之间也可以相互"沟通"。人类通过行为工具的高级融合实现了"人类语言—工具—工具语言—工具—人类语言"的行为表达模式。随后，电、光信号传输技术的进一步发展使得这种行为表达模式突破了时间效率的约束与空间边界的障碍。人类与人类行为进入了真正的信息时代，即网络时代。

人类社会在网络时代的工具利用具有明显的"二次性"特征，这与传统行为模式存在本质上的不同。在传统行为模式下，如果某个人要实施一个行为，他只需要借助于某个实物工具或语言工具，抑或是两者复合而成的文书，通过工具的一次利用即可完成行为的表达。在网络行为模式下，他却必须完整经历两次工具利用方可完成行为的表达。人们首先要借助于机器（含有信息系统的电子设备）进行某个具体行为的表达，这是第一次工具利用；机器则要借助于机器语言（以电子数据为表现形式）最终完成行为的完整表达，这是第二次工具利用。从人的意志行为表达来看，不论是第一次工具利用抑或是第二次工具利用，它们都是整体行为的必要组成部分。是为网络行为的"二次工具论"。

从"一次利用"到"二次利用"的工具升级，这看似是行为表达方式上的简单变化，实际上却带来了人类文明史上前所未见的行为质变。这种行为质变不仅表现为主体呈现方式的异化，也表现为行为方式的多样化以及行为时空特性的剧变。更重要的是，它还带来了行为表达的可数据化，数据科学因此而诞生，它给一切问题的解决带来了全新的视角。

具体而言，首先，工具的"二次利用"使主体与行为的间隔更为遥远，行为主体不得不以"数字身份"的形式呈现出来。其次，工具的"二次利用"使行为方式更加多样化，工具语言的统一使人们在行为的技术表达上更为自由。且不论每一次新的技术发明和技术应用都会给人们带来全新的行为方式，即使是同一种技术也可以有各式各样的行为表达方式。最后，工具的"二次利用"还使行为的时空特性发生剧变，这使得网络行为摆脱了时间的约束和空间的障碍。此外，"二次利用"的工具升级从根本上讲是因为工具语言的出现，它虽然导致了多米诺骨牌效应，然而也给相应问题的解决带来了方法创新的契机。工具语言的利用使得行为表达实现了可数据化；行为表达的数据化使得一切行为可记录；一切行为的记录使得行为的可计量成为可能；行为的可计量则是大数据证明的逻辑基础。在此基础上，犯罪证明的智能化也逐步成为可能。

行为质变进一步又促使了行为证据与行为证明的质变。在传统行为方式下，实物工具和语言工具是两种最为基本的行为工具，传统证据理论在人证和物证方面的区分显示出了其与行为工具形态的"暗合"。在网络技术与网络工具的催动下，行为的技术化导致了行为事实的技术化，行为事实的技术化导致了证据与证明的技术化。受制于技术工具的二次性利用特征，网络行为模式下的行为证明就演变成了"人—机器—数据—行为"这样的模型形态。网络行为首先是人对机器的第一次工具利用，其次是机器对数据的第二次工具利用。这就导致了当涉及人的整体行为证明时，其中的同一性关系就变得异常复杂。也就是说，如果要证明某人干了某事，在网络环境下首先要证明某人是否使用了某机器，其次要证明某机器是否使用了某数据，最后还要证明某数据是否实施了某行为。在传统行为中只要完成"人—语言/工具—行为"一次同一性证明即宣告结束，而在网络行为中必须完成"人—机器—数据"与"机器—数据—行为"两次证明方可完成"人—行为"的同一性证明。实际上，从模型化思维来看，传统行为模式也存在着一种简单的行为模型，即"人—实物/语言—行为"，只是因为这种行为模型过于简单所以没有引起人们的过多关注。

值得强调的是，人类社会在证明方法上的进化发展与人类行为工具的演化史密切相关。人类社会从神证时代走向人证时代与人类在语言沟通能力上的进化密切相关，而造纸术与印刷术的出现更是人证时代与物证时代的分水岭。从物证时代走到当下的、以数据为核心的技术证明时代，显然是行为工具与工具行为在网络信息技术的推动下使然。

历史的进化并非偶然。从哲学方法论上看，这是由对称破缺理论所决定的。对称破缺理论包括对称理论和破缺理论。对称理论是指自然界一切事物或过程都存在或产生它的对应方面，包括现象上的相同、形态上的对应、性质上的一致、结构上的重复、规律性的不变，等等。破缺理论，也即不对称性理论，它是指在事物的发展过程中会出现对称失衡的现象，而这种不对称性往往是通过更高级的对称性来解决。

对称性理论研究抓住了物质活动和信息活动的共同本质，它不仅适用于自然科学领域也能够适用于社会科学领域，甚至还可能包括人文科学领域。对称性理论的研究可以使社会科学领域突破就事论事、案例教学的障碍，打破归纳总结的思维定式，沿着对称—理论—实践的逻辑道路前进。哲学上的对称破缺理论为社会科学领域的方法论研究提供了两条非常重要的思想启发。一是，对称破缺理论是物质与信息的"共同"方法论。这为我们面对从未遭遇的信息时代提供了思考研究的方法论源泉。二是，对称性理论告诉我们可以采用对称性—理论—实践的逻辑进路，而不再是过去的实验—理论—对称性的归纳方法。

对称破缺理论从顶层方法论上为当下乃至未来的理论研究指明了方向。对称破缺理论启示我们，一方面，技术的发展极大地影响了犯罪行为的表现方式；另一方面，技术的发展同样也极大地影响了犯罪证明的方式和方法。网络犯罪是随着行为的技术化和网络化所产生的犯罪，而网络犯罪证明则是随着犯罪行为的技术化和网络化而产生的上层需求。行为的技术化和网络化既决定了网络犯罪的实体法形成，也决定了网络犯罪证明的方法出路。犯罪行为的技术化和网络化不仅决定了犯罪行为在证据表现方式上的技术化与网络化，也决定了犯罪行为的证明必须借助于技术化和网络化的方法方式。技术对网络犯罪证明的影响，不应只是技术方法在网络犯罪证明某些环节的局部运用，而是全面覆盖了网络犯罪证明的整体机制乃至方方面面。

值得说明的是，由于本书在逻辑思维的起源上基于对称破缺理论而展开，因而本书可以定性为证据学领域在方法论层面的探讨研究，主要研究目标是实现技术与法律在行为层面达成统一。一般来说，针对行为的研究方法主要有两种：现象归纳法与结构分析法。前者是基于对行为的表象观察，采取的是由外而内的认知路径，因而主要是归纳总结。后者是基于对行为的本质剖析，采取的是由内而外的认知路径，因而主要是推理演绎。由于法律的学科特性，法学者偏爱现象归纳法。在实体法领域，人们十分注重现象归纳法的运用，它是提炼行为模式的主要方法。在证据学领域，亦不乏对现象归纳法的运用，比如印证与自由心证等犯罪证明模式的讨论。相对而言，将基于推理演绎的结构分析法运用于法理学或法学方法论上的讨论更容易被接受。

哲学上对称破缺理论的突破，向人类宣示了，不论是自然科学领域还是社会科学领域，人们都可以从"实验—理论—对称性"的归纳方法转变为"对称—理论—实践"的演绎方法。面对网络智能技术所带来的社会剧烈变化，如果仍然采用归纳法去研究社会现象，可能使人类在社会科学的发展节奏上永远严重滞后于自然科学领域的发展。而演绎法很可能是开启未来社会科学研究的金钥匙。

演绎法的链条不能无限倒推，必须最终有一个自确定的元起点——第一性原理（First Principle）。它必须先验真实，可作为推理的基石。从思维方法来看，第一性原理其实是一层层拨开事物表象看到里面的本质，再从本质一层层往上推理出万事万物的表象。简言之，第一性原理就是回溯事物的本质，重新思考该怎么做。

基于技术决定行为、行为决定法律的基础逻辑，网络智能社会的第一性应当从技术领域中寻找，因而技术领域的第一性研究就尤为重要。本书结合网络信息技术的基础理论研究，提出了模型化是网络信息技术在本质上的第一性的猜想，而这个第一性（模型化）直接影响行为学乃至行为学上层的社会科学领域的方方面面，具体包括网络行为、网络刑法以及网络犯罪证明，等等。

换言之，因为网络在行为工具上具有天然的模型化属性，因而基于网络工具所产生的行为方式同样伴随着模型化的属性。在讨论了法律规范本身也具有模型化特点的基础上，本书得出了模型化必然是网络犯罪证明的基本特征这一结论。对这种属性特征的理解与运用能够为解决网络犯罪证明"难"带来全新的思路与对策。

首先，网络信息技术具有天然的模型化特性。信息论创始人申农将信息通信的基本过程用基本通信系统模型进行了概括和描述，即信息通信是从信源系统出发，经过信道系统传输，最终到达信宿系统的过程。这种技术上的信息通信过程本身就是技术模型的实现过程。在复杂的互联网环境下，信息通信还要遵循特定的互联网通信模型，只有基于特定的技术通信模型才能实现机器和"机器语言"的互联互通。就当前互联网技术而言，遍布全球的海量计算机和网络设备都要遵守共同的技术模型，即 OSI 参考模型和 TCP/IP 参考模型。结合基本通信系统模型和 OSI 参考模型、TCP/IP 协议模型，应用层属于信源系统或信宿系统所要处理的问题，传输层、网络互连层、主机到网络层都属于信道系统所要处理的问题，而"数据"则属于信源系统、信宿系统、信道系统所要共同处理的问题。因而，网络系统实际上也是技术单元在模型层面的描述。互联互通的网络是网络行为的环境基础，网络的系统单元是网络行为的工具基础，它们一并组成了人类开展各种具体网络行为的整体网络架构。网络的模型化与网络系统单元的模型化共同决定了网络行为所依赖的工具和工具环境都具有明显的模型化特性。

其次，网络行为的组织结构也存在明显的模型化特性。在网络环境的基础上，网络行为需要通过某种方式组织起来，从而确定数据交换的方式与受众范围。而网络行为的组织方式基本上就取决于技术上的网络体系架构，它是人们为了实现某种行为方式在工具上的技术方案选择。在当下，C/S 结构和 B/S 结构是两种最为常见的体系结构风格。不管是 C/S 结构还是 B/S 结构，它们的共同特点是可以相对地划分为客户机和服务器（因而统称为 P2S，Peer to Server），而这二者在网络环境下往往被两方不同的网络主体所使用。继 C/S 结构和 B/S 结构之后，近些年出现的 P2P（Peer to Peer）是一种全新的体系结构，它的特点是在个人电脑之间实现文件交换和共享，而不再依赖于中枢服务器。C/S 结构、B/S 结构和 P2P 结构，这三种体系结构基本确定了当下网络行为的三种组织方式。这三种组织方式不仅确定了网络行为的基本方式，同时也决定了网络组织者对网络范围内参与者行为的控制能力。在当前这三种相对稳定的体系结构下，网络主体及其行为活动同样可以进行模型化描述，它与网络行为的二次工具模型是统一的。

再次，以犯罪构成为核心的刑法规范在行为学层面也可以进行模型化描述。基于法律与事实在司法方法论上的关系，要件事实论的主张可以使十分复杂的网络犯罪案件显露出清晰的事实骨架，而这种事实骨架显然围绕着行为本身而展开。因于刑法规范以犯罪行为为主线的确定性以及犯罪构成在刑法理论上的稳定性，对犯罪构成理论进行行为学视角下的话语体系转化是完全必要且可行的，即犯罪行为的主体在行为意志的催动下实施了犯罪行为，而犯罪行为的实施导致了犯罪后果的发生。犯罪构成可以转化为行为学视角下的四个方面，即犯罪主体、犯罪意志、犯罪过程以及犯罪后果。其中，犯罪主体包括自然人与单位两种类型；犯罪意志包括刑法上的意识与意志两个方面；犯罪过程则反映了犯罪的客观方面；犯罪后果包括对财产权利、人身权利、社会管理秩序、公共安全等刑法利益的侵犯。以上四方面可以称为行为的四个要素，而关于这四方面的事实则是四个行为要素事实。显然，话语体系的转换便于行为学视角下的统一理解，对它们的内涵理解仍不应失去刑法上的意义。从刑法学到行为学的话语体系转换，其实是从规范到行为的降维。这种降维的目的是使之与从技术到行为的升维相对应，进而将法律与技术在行为学层面达成统一，方便沟通与对话。综上，刑法规范的犯罪构成在降维之后，行为的四方面或四要素就都回到了同一个维度，它们均是围绕着行为这一个逻辑起点而展开。

最后，既然技术与法律都可以通过模型化的思维方法在行为层面进行描述，那么行为事实的模型化自然就水到渠成。网络犯罪行为事实的模型化就是要把网络犯罪技术所表达的行为模型与网络犯罪实体法规范所要求的行为模型进行融合并形成有机体系，进而在犯罪证明视角下考虑行为事实证明的模型结构。要注意的是，网络行为的二次工具论只能从技术工具的外部视角进行行为事实的模型化描述，它不足以反映行为学与法学层面的全部需求。行为学视角下的行为事实模型应当考虑意志因素，而刑法视角下的行为模型不仅要考虑意志因素的区分，还要考虑行为后果的评价。因而，行为学与法学视角下的行为事实模型就有必要进行"行为主观"与"行为后果"这两个方面的结构改造。最终，刑事实体法规范视角下的行为事实就可以描述为"主观—人—机器—数据—行为—后果"这样的基本模型。

以上就完成了网络犯罪证明在行为事实上的模型化描述。从根本意义上讲，网络犯罪证明在行为事实上的模型化是由网络行为的模型化决定的，而网络行为的模型化则由网络技术工具的模型化所导致。因而，网络犯罪证明的行为事实模型是技术、行为与规范一体化的研究成果。因为犯罪行为在事实体系上的模型化研究抓住了技术、行为与法律的共同本质，所以它对于任何网络犯罪证明问题的解决都具有普遍性的指导意义。面对纷繁复杂的网络犯罪形态，这种行为事实模型能够给出具体化的参照系。这对于解决学科知识壁垒和学科思维定式引起的认知分歧具有思维方法上的重大意义。基于此，既可以重新思考网络时代的证据理论研究，也可以重新梳理网络犯罪的证明制度建设，还可以指导办理网络犯罪案件的司法实务。

当然，任何理论都是一种基于某种条件假定不变的推理，任何实践都是面对某些条件变化的应对。虽然我们为网络犯罪的行为事实证明构建了一个相对合理的理论模型，但是这种理论模型是否能够在实践中发挥作用、实践过程中会有哪些问题，这些还都需要人们在实践活动中不断地加以考察与验证。然而，任何普适性方法都不能得到无限的验证。

考虑到快播案的信息公开性、学界影响力以及技术复杂性，本书以此为例展开对模型化思维方法的验证。显然，模型化的思维方法要求快播案的讨论要从技术—行为—法律的逻辑进路展开。法律界不能跳过对快播公司技术行为的深入分析而径直寻求法律规范的适用，否则就很可能掉入"基于结果导向的推理论证"的思维陷阱。没有从网络传播行为本身的认定追问其合理性，而仅仅是基于刑法的不作为犯或作为犯的推理论证来寻求法律解释论，这是一种超越行为认定的法律解释。事实上，在该案中司法人员也没能够对技术行为的事实定性做出准确判断。

在快播案中，首先涉及对新兴的网络缓存技术的理解。对网络缓存技术的理解是本案的核心问题。网络缓存是缓存技术在网络环境下的运用。缓存技术是一种以提高数据交换效率和效果为目的的技术方法、技术机制、技术方案或技术思维。对于网络缓存在行为效果上的传播现象，法学界大多数人要么是回避了它在行为意义上的深究，要么是凭经验和直觉就直接认为它是一种传播行为。这些轻率的做法都失去了人们对新型技术和新型现象所应有的审慎态度。如果将网络缓存直接理解为一种行为进而展开法律分析，就难免存在"先入为主"的嫌疑。事实上，网络缓存既可以理解为一种技术，也可以理解成一种思维，但它不必然是一种行为。司法人员将本案中的缓存现象认定为一种针对"不法"视频资源的"有意识的主动行为"是因为其采取了不尽科学的类比思维，进而犯下了以行为效果反推行为性质的错误。

其次，快播案的讨论极大地忽视了对网络行为组织结构（即空间环境）的考察。因为传统思维定式的存在，人们往往只关注"主体—行为—客体"这种旧的行为理论体系，而忽略网络时空剧变所带来的影响。在网络环境下，对行为模式的认识一定要放在"空间—主体—行为—客体"这种全新的行为理论体系下进行探讨。换言之，要揭示网络技术背后所形成的行为模式，首先要对网络的技术环境及其上所建立的网络组织结构进行思考与分析。技术上的网络组织结构决定了行为上的网络组织结构，继而产生了行为上的抽象"空间"。不同的网络空间有着不同的行为结构，而具体的行为模式必须基于特定的网络空间和行为结构而展开。因而，快播案缓存技术所形成的网络组织结构是分析快播行为的（网络）空间基础。

事实上，快播案中的网络缓存组织结构一直是一个争议性问题。有人怀疑快播公司所采用的是 P2SP（Peer to Server & Peer）技术，而不是 P2P（Peer to Peer）技术。对此，快播案庭审并没有进行专门调查确认。然而，这两种不同网络组织结构下的行为模式差异是极大的。因为 P2SP 与纯粹 P2P 在服务器资源的取得方式上往往大不相同，所以两者行为所产生的法律效果一般也不相同。在快播案中，如果 P2S 服务器上的信息资源是从 P2P 网络上取得，那么 P2S 就应该被视为是 P2P 的辅助技术，它的法律定性取决于 P2P 的行为性质。如果说，P2S 服务器上的信息资源来自于网络平台的额外提供，那么就应该把 P2S 和 P2P 视为两种互相独立的行为模式。当然，从技术理论上讲，P2S 服务器其信息资源取得方式可以兼采两者，即既把 P2P 资源作为 P2S 服务器的信息资源输入，同时又额外输入网络平台自供自给的信息资源。因为不同技术架构的网络平台在信息资源交换中所承担的角色与功能不尽相同，所以它的确认对于网络平台行为的法律定性而言是非常关键的基础环节。势必地，这也会牵涉到后续相应行为及相关义务、过错等方面的犯罪证明问题。

快播公司行为的核心证明问题其实是算法规则的识别与认定。就整个案件而言，关于算法行为与行为算法的证明问题始终没有浮出水面。作为一种自动化交换数据资源的网络平台，快播公司的上层技术行为（业务行为）显然是通过算法来自动实施的，即算法行为。因而，快播公司在 P2S 网络、P2P 网络及其之间的处理算法是快播公司业务行为的核心。换言之，P2S 资源交换的算法规则，以及 P2P 与 P2S 之间的资源交换算法策略，才是快播行为法律定性的重点。因为，它们直接关系到数据资源的权利属性以及相应的管理义务。司法人员必须在区分 P2S 网络和 P2P 网络之后，分别对其中所采取的算法技术规则进行识别与判断。其中，重点是 P2S 和 P2P 这两个网络之间互通的数据交换策略。从理论上讲，P2S 资源交换的算法行为具有更强的资源权利来源保障责任，而 P2P 与 P2S 的资源交换算法策略则更能直接体现快播公司从 P2S 网络转移资源到 P2P 网络的行为意志状态。如果仅限于 P2P 的缓存算法讨论，它终究只能归结到资源权利的合理监管义务，即避风港原则所要调整的内容。

再者，从刑法的犯罪构成要素来讲，人们需要重新认识网络技术传播现象与网络传播行为的关系。要认识到，网络技术具有天然的信息传播属性，任何网络行为在技术上都是绝对的信息传播。但是，技术上的信息传播并非都是人的信息传播行为。网络技术与网络行为与生俱来的这种信息传播的技术语境，无疑加剧了传播概念的混淆。因此，要借助于传统行为理论将法律上的传播行为与技术上的信息传播现象相区分。法律意义上的传播行为一般应具有传播行动的目的性和主动性，而技术上的传播现象往往具有被动性与必然性的特点。

显然，由于行为与行为后果之间存在引起与被引起上的密切关系，传播行为与传播现象的辨识必然就关系到行为后果的判断。如果确认快播案件中所谓的信息传播大多数是技术传播现象而非传播行为，那么快播案的犯罪后果就要从传播行为角度去寻找，而不能将技术传播现象所带来的客观后果计算在内。换言之，快播案的后果认定要从 P2S 网络环境下快播公司所实施的、故意以网络平台身份上传淫秽视频（假定存在）和 P2P 网络环境下快播公司所实施的、故意以匿名"网络用户"身份上传淫秽视频（假定存在）这两方面去寻找。因为，这两种行为才是快播公司故意实施传播淫秽视频的具体行为，快播公司应当对这两种行为方式下数据资源的权利属性和管理义务负责。当然，如果没有证据证明快播公司实施上述两种行为，那么就只能以 P2P 环境下快播公司对其平台网络用户所上传的非法淫秽视频所造成大量传播的监管义务角度寻求证成。

作为网络平台的单位犯罪，快播案在网络犯罪主体的认定上并没有太大的困难。但是，与大多数的自然人网络犯罪一样，快播案犯罪主观方面的证明困难却是始终存在的。就快播公司被诉的传播淫秽物品牟利罪而言，其典型的犯意形态一般是直接故意而非间接故意。从逻辑上讲，法院应该首先讨论快播公司对淫秽视频的传播是否具有直接故意，即快播公司是否"明知"自己行为的危害结果而且还持追求或希望态度。事实上，在该案中司法人员曾试图运用两种方法来解决这个问题，即行为类比和技术鉴定，但最终都没有成功。法院最终没有认定直接故意，转而认定"可能知道"的间接故意，即快播公司是对他人传播行为及传播后果的放任。实际上，在本案中，快播公司的主观方面涉及行为算法的证明问题。

算法是网络平台实施自动化行为的核心工具。算法是一种特定性非常强的行为工具，算法在任何地方的设计都有它特定的目的与功能，任何细节的错误几乎都是不可容忍的。因而，以行为所采取的算法去证明犯罪主体的主观方面是一个非常值得突破的方法路径。

最后，面对快播公司行为所涉及的复杂技术问题和刑法犯罪构成所提出的严格法律要求，采取模型化的思维方法可以使该案的主要问题清晰勾画。诚然，快播案的问题是十分复杂的，既有新型的网络技术问题，又有专业的网络行为定性问题，还有疑难的犯罪构成理解问题。因为快播案的实体法问题本身就错综复杂，而实体法的无所适从就使得该案的证据与证明产生了更多的困惑，且不论当下对网络犯罪证明的方法研究本身仍存在明显不足。面对如此复杂的新型犯罪案件，以行为为视角的模型化思维方法就可以全面而系统地应对解决。

具体而言，快播公司的行为首先要从技术工具的原理出发展开分析。其中，既包括对网络环境、网络行为组织结构的分析，也包括对快播公司具体算法行为与行为算法的分析。这就需要借助于模型化的思维方法。比如，通过网络体系的结构模型分析快播公司的行为环境，通过网络行为的主体模型分析快播公司的行为方式，通过网络行为的工具模型分析快播公司的行为证据，等等。同时，因为刑法犯罪构成对行为内在意志以及行为后果的考察需要，可以将技术工具上的外部行为事实模型拓展到意志行为的事实模型，最终形成"主观—人—机器—数据—行为—后果"这样一个完整的模型描述。快播案的整个案件事实最终都可以纳入到上述理论模型进行检视。

因为网络犯罪的行为事实证明模型在基础原理上对技术、行为与法律这三个层面进行了沟通和融合，所以它从理论上讲对任何网络犯罪都具有普适性。它能够化解技术人员与法律人员的沟通障碍，使不同知识结构的人群能够在行为层面进行统一对话。它不仅能够指导司法人员开展具体案件办理的实践工作，也能够帮助立法人员认识网络行为的复杂类型，同时也为技术人员研究法律上的技术证明方法阐明需求。

诚然，方法创新不仅意味着风险，还意味着随之而来的一系列新问题。问题的问题，这是事物发展的必然矛盾。网络犯罪证明在行为事实上实现模型化的建构之后，随之而来的问题是如何实现模型的闭环。在问题的处理上，细节观和大局观显然同等重要。大局观指明了思考方向，细节观解决具体问题。如果网络犯罪证明只是理论上的模型化而无法实现实践中的模型闭环，那么这种不能反哺实践的理论研究就只能是空中楼阁、幻海云烟。

这就涉及具体证明方法的研究。结合犯罪构成理论和快播案的犯罪证明实践，不难看出，当下具体证明方法的研究主要涉及具体网络行为过程的发现、网络犯罪后果的技术证明、网络犯罪主体的认定以及犯罪行为主观方面的证明等问题。这些具体问题的研究仍然要在诸多传统基础理论的演绎下展开，它们是传统基础理论在网络智能场景下的升级塑造，而不是对传统基础理论的推翻。比如，如何借助传统的犯罪现场重建理论推演出网络空间犯罪行为过程之发现方法；如何基于行为的因果关系理论推演出犯罪后果的大数据证明方法；如何在传统同一认定理论的指导下形成网络主体的同一认定方法体系；如何基于网络行为的二次工具理论开发出犯罪主观方面的算法证明以及算法推定证明的方法，等等。如果没有解决这些具体的技术证明方法问题，网络犯罪的证明模型就无法全面推行使用。

基于这种考虑，本书首先基于电子数据的系统规律论提出了网络空间的犯罪重建方法——电子痕迹溯源法。针对业已到来的诸如机器人犯罪、算法犯罪等智能犯罪，其行为过程的发现与证明则要依赖于大数据证明和算法证明的主要作用。其次，本书基于大数据运用的基本原理提出了大数据证明的行为建模方法，用于犯罪后果数据的因果性辨识。针对无法解释因果性的统计建模方法，也给出了犯罪证明中的运用提示。再次，本书还全面梳理了网络犯罪主体的同一认定方法，并对方法的实施过程进行了技术步骤上的交待。面对机器人与"自然人"的主体分离以及机器人算法意志与"自然人"主观意志相分离的双重压力，本书提出，主要从"人与机器"的控制关系和意志算法的主观意志来源进行智能机器人犯罪的主体确认，并以脚本、程序、代码等数据工具的来源、形成过程和具体数据行为及相应后果的调查与证明为必要补充。面对智能机器人犯罪，要对证明模型"主观—人—机器—数据—行为—后果"的任何一个环节进行全面、谨慎、专业的技术分析，以寻找最强特征反映性的"蛛丝马迹"。当证明模型因为各种原因遭遇某一环节的断裂时，要擅长调用信息对称性与不对称性的思维予以推进。最后，本书还对犯罪意志的算法证明原理进行了讨论，并重点提示了"白盒法"的技术证明价值。考虑到算法意志的技术证明最终还需要通过司法人员的思维认知来确定，因而本书结合算法行为的技术实践提出了算法意志的推定规则建议。

基于上述技术证明方法的突破，网络犯罪行为事实的证明模型就基本上达到了方法上的闭环。然而，作为一种产生于行为的底层——技术工具的思维方法，如果只是将其运用于犯罪证明的技术方法研究抑或是司法实务的操作应用层面，这将是十分狭隘的。模型化思维不仅是技术上的方法论、司法上的方法论，它还是一种立法上的方法论乃至一种重要的法学研究方法。实际上，后两者也直接关系到犯罪证明的走向。总言之，模型化思维是人类认识网络智能社会之群群种种的一种底层思维方法。

因而，有必要充分利用模型化思维积极解决当下的各种新兴难题。具体而言，本书后续首先分别就网络犯罪的模型化问题、网络犯罪的类型化问题进行了讨论。其次，鉴于技术证明方法在网络犯罪证明中的重要作用，本书又讨论了网络犯罪证明在技术证明方法上的模型化问题。以上三个问题分别代表了行为、规范与证明这三个层面的基本理论问题。行为的模型化帮助我们认识技术行为，而行为的类型化指导我们开展行为规范的制定即立法，行为证明方法的模型化则帮助我们解决司法中的具体犯罪证明问题。它们分别是认识论、立法论和司法论的三个视角。以顺应智能化潮流，本书最后对网络犯罪证明是否可能实现智能化以及如何实现智能化的问题进行了讨论。

关于网络犯罪的模型化问题，本书重点讨论了模型化对网络犯罪行为空间的认识功能，并提出了网络空间类型化区分的重要性。同时，对于具体网络犯罪行为方式的模型化认识，本书认为，每一种新型的网络犯罪都需要从头开始分析与认识其行为方式，而逻辑进路依然是"技术—行为—法律"。对网络空间的理解往往决定了犯罪证明的努力方向，对具体网络犯罪行为的认识则往往关涉到犯罪证据的发现与确定。模型化思维能够对网络犯罪证明带来全新的破解方法。

关于网络犯罪的类型化问题，本书建议从技术上的类型化和行为上的类型化两个角度展开。前者是网络安全法益的保护范畴，后者是传统法律秩序的保护范畴。因为我国网络安全法采取了狭义的立法思路，即只包括了网络系统安全、网络数据安全和网络信道安全这三个方面，所以传统立法中的行为类型化就需要把网络行为与传统行为在一定程度上区分开来。这种区分是要特别考虑到网络在时、空、质、量上的特性，即网络犯罪在行为空间上的差异性、行为时间上的紧迫性、行为主体上的同一性和行为对象上的特殊性。此外，特别考虑到网络平台在网络社会中的核心作用，本书对网络平台的类型化提出了以信息流动为视角的划分建议，即根据网络平台在信息资源交换中的功能与作用，将网络平台区分为"引导交换型"和"自供自给型"两大类型。行为时空的差异以及行为方式的不同，就会涉及不同刑法利益的区分，因而也会进一步影响到入罪标准以及相应的犯罪证明任务。

本书还重点关注了网络犯罪证明在方法上的模型化问题。因为网络犯罪在行为方式上呈现出多样化和复杂化的特点，每一种网络犯罪行为都要有相应的技术证明方法，所以人们需要一个相对稳定的参照系用来发现与指明解决问题的方向。网络犯罪证明在方法上的模型化，主要是解决如何将网络犯罪行为事实的证明模型与网络犯罪证明的具体技术方法实现融合统一，并形成具有统一指导性的方法模型体系问题。具体而言，就是在网络犯罪行为事实证明模型的基础上，尽可能将能够运用于网络犯罪行为事实证明的各种具体方法进行体系化，并形成相对稳定的统一方法体系。在完成了网络犯罪证明的方法模型体系构建之后，本书还对方法模型运用的基本原则以及例外情形做出提示。

最后，结合自然科学与社会科学的综合研究，本书认为，两者在认识事物的方法原理上是基本相通的。社会科学领域要实现智能化，首先要研究自然科学领域的智能化技术原理，其次再将其改造成适应于社会科学领域的技术构造。与自然科学领域的智能化发展一样，社会科学领域的智能化也要经历从弱人工智能到强人工智能的发展进程。当下，基于特征模型归纳法的智能识别技术在方法论上相对成熟，已经可以运用到社会行为的智能治理之中。以行为治理为主线的社会治理智能化，其最终归宿应该是演绎法的运用，即基于对称破缺理论，利用人性和人的行为规律，对潜在的违法犯罪行为进行智能化的识别和判断。

网络犯罪证明终究也会走到智能化时代，但是智能化同样也潜伏着极大的风险。一切智能化方法的逻辑基础都是归纳法，智能化必然需要基于数据或者大数据，而数据或者大数据必然是过去或当下的产物，它们不能来自于未来。因而，智能化必定是基于过去或当下的数据在算法模型上的逻辑处置。基于这种逻辑，任何领域的智能化都存在着两个根本性的问题。一是，它无法解决历史上从未出现的新问题，因为它没有历史的数据基础和计算模型。二是，它无法面对趋势发展的拐点，因为它不能自觉纠正自己的错误。这就为人类和人性保留了一块自留地。

因为大数据与人工智能所基于的归纳法，它总是按照人们过去约定俗成的惯例（记录）去解决问题，所以大数据与人工智能所形成的结论往往是人们在认知上所能接受的共识。当这个共识要被打破时，必然会受到人类某些群体在认知上的强力反对。不论是面对机器所形成的历史结论，抑或是人类所固有的群体认知心理，一旦要改变它，都要拿出巨大的勇气和坚韧的魄力。以个人认知对抗机器和人类的群体乌合，这会使人性的对抗陷入无以复加的窘境。问题的解决只能寄望于法律人的智慧以及背后的精神理性与人性光辉。换言之，要扭转大数据与人工智能所造成的困局，其最大的能力与勇气要求就是"犯错"。因为，创新总是要从犯错开始，创新总是要从推翻历史经验和打破思维定式开始，创新总是要付出人们所无法理解的代价。

从某种意义上讲，本书的模型化研究正是"犯错"的积极尝试。

目　录

引言
学科壁垒与交叉研究

随着信息技术的不断发展，人类社会正沿着数字化、网络化、数据化、智能化的路线不断迈进。早期的数字化是从单机计算机开始，而后网络技术极大地促进了计算机的功用范围。在计算机与网络技术的共同作用下，大量的信息数据得以产生，因而又促成了数据与大数据技术的发展。近些年，尤其是在新冠疫情的催化下，物联网、智能制造、智能服务等领域不断升级，使得人类社会的生产力发展走到了真正的智能化阶段。而大模型与GPT（Generative Pre-training Transformer）的问世，已经使人们对智能化技术的研究和讨论达到了前所未有的高潮。诚然，自然科学领域的技术发展使得人类社会的生产力水平获得了前所未有的进步。但是，人类对网络智能社会的认识和理解却很难一蹴而就。这犹如人类社会的城市化建设，人类可以借助工程技术在几年或几十年内快速建成一个现代化城市，但是要建立与现代化城市相匹配的社会认知与人类文明却需要相当漫长的时间积淀。

与此相同，人类借助于信息技术在几十年内就完成了网络与智能社会的建设，然而人类对网络与智能社会的相应文明和认知理解却任重而道远。就学科领域而言，学术界一般把科学划分为三大类：自然科学、社会科学和人文科学。其中，信息技术、智能技术等一般属于自然科学的研究范畴，而社会学、法学等属于社会科学的研究范畴，人文科学则是以哲学为典型。虽然这三大学科领域的划分历来交叉不清且争议不断，但是它们却有着相对清晰的研究对象和目标。自然科学一般以自然现象的本质和规律为研究对象，社会科学主要致力社会现象的本质和规律的研究，而人文科学则往往以人的精神世界与文化发展等为研究内容。从学科发展来看，社会科学的发展总是滞后于自然科学的进步，而人文科学的塑造最为缓慢。毕竟，生产关系的建构总是落后于生产力的发展。

过去人类社会一直处于相对稳定的发展进程中，相对剧烈的变革时期处在工业革命浪潮拐点。在这个历史拐点上，社会科学领域出现了"红旗法案"等历史性的问题争议。在19世纪末，因为萌芽时代的汽车制造技术工艺粗糙且很不稳定，所以汽车经常在街道上惹出麻烦。为了应对汽车问题，1865 年英国议会就制订了人类历史上第一部机动车道路安全法规，即《红旗法案》。该法案要求机动车在道路上的行驶速度不得超过 6.4 公里 / 时，而通过城镇和村庄时则不得超过 3.2 公里 / 时。同时，该法案还要求每一辆在道路上行驶的机动车都必须至少由三个人驾驶，且其中一人在车前 50 米以外步行引导，即手持红旗不断摇动、为机动车开道。后来，不少国家还模仿英国出台了各种本土版本的"红旗法案"。比如，美国议会在 1875 年决议认为，汽车含有一种极其危险的自然力，它是危险车辆。受到《红旗法案》的影响，英国的汽车工业因此一蹶不振，被很多国家彻底甩在身后。可见，在人类历史进程中，因为自然科学领域的技术进步而带来的社会科学问题，在工业革命浪潮时期尤为明显。而工业革命浪潮的前后阶段，自然科学和社会科学均处于相对稳定的发展趋势。

在人类社会相对稳定的发展时期，学科划分确实有利于科学研究的分工推进。然而，在面临人类社会的历史转折时，学科划分所形成的知识壁垒和思维惯性则显现出极大的弊病：只见树木而不见森林。这使得人类无法全面地认识和把握未来社会的发展方向。这种问题在当下信息革命的浪潮下表现得更为严重，因为信息革命所带来的社会剧变要比工业革命时期更为深刻、更为全面。因而，面对信息革命所形成的全新网络智能社会形态，面对新时代的方向性历史转折，人们只有打破学科壁垒和思维定式，形成全面完整的新历史大局观，才能正确认识和把握网络与智能社会的当下与未来。

面对网络与智能技术所带来的持续冲击，我国社会科学领域已经开始试图打破学科壁垒的困境，积极推进跨学科的交叉研究。比如，2018 年习近平总书记在北京大学考察时就指出"要下大气力组建交叉学科群"。2020 年全国研究生教育会议提出要建立"交叉学科"门类。此后，各式各样的交叉学科专业如雨后春笋般地在各大科研院校涌现出来。事实上，政策引导下的学科交叉研究最后大多沦为两拨不同专业的人员在一起做研究，并没有在学科思维方式或知识体系上达到真正的融合。从某种意义上讲，以社会科学领域为代表的当下学科交叉研究大多停留在"技术应用"层面。比如，如何将信息技术应用到某个社会科学领域，或者某个社会科学领域在信息技术背景下如何理解等诸如此类的问题。这种"技术应用"层面的社会科学研究始终无法根本性地解决新兴事物带来的繁杂问题。

根本性的学科交叉研究首先应当是找到自然科学、社会科学与人文科学的共同逻辑主线，即交叉点。在寻找这种根本性的逻辑主线时，应当摒弃任何学科偏见、抛弃任何思维定式。从理论上讲，这条根本性的逻辑主线应当是在人类文明有限认知范围内恒定而不变的，因为任何变化的事物都不能成为研究当下或未来不确定性事物的逻辑基础。以确定性锚定不确定性，这是人类行为应对发展变化风险的最理性选择。[①] 在人类文明的有限认知范围内，这条逻辑主线应当一直存在于人类历史的发展进程，它并非因为社会发展的网络化或智能化而产生或消亡。换言之，如果在没有学科划分的情形下，在没有网络化与智能化的背景下，各类学科交叉的共同问题是什么？只有理解并明白这个问题的答案，人们才能找到自然科学、社会科学与人文科学的共同主线，并以此为逻辑重构出符合网络与智能社会的学科研究路线。也只有找到各个学科的共同主线，才能突破学科"应用交叉"的局限，从而深入到学科交叉的本质性问题研究。

　　各个学科的"本质交叉"到底是什么？在过去，对于这个问题的关注主要是在社会科学领域的经济学和金融学。比如，奥地利经济学家米塞斯早就提出，"经济问题本身的处理，决不能避免从选择行为开始；经济学成了一门较普遍的学科——人的行为通论或行为学——的一部分，截至现在，这一部分还是行为学当中最精密的一部分……现阶段的经济思想和政治讨论，都涉及社会组织的一些基本问题，再也不能把交换问题的处理孤立起来。这些问题只是一般性的行为科学的一部分，因而必须照这样处理。"[②] 而在金融学领域，人们往往用"乌合之众"的现象来描述非理性的群体从众行为。[③] 在社会学领域，也不乏对人类群体行为的研究巨著。比如，法国社会学家勒庞对群体特征与行为心理进行了全面的论述。[④] 因为行为学对社会科学的重要性，在网络行为领域，也早有学者从哲学

---

① [美]雷德·海斯蒂、罗宾·道斯著，谢晓非、李纾译，《不确定世界的理性选择——判断与决策心理学》，北京，人民邮电出版社，2013，第243-274页；
　　[美]彼得·L.伯恩斯坦著，吴翌、童伟华译，《与天为敌——一部人类风险探索史》，北京，机械工业出版社，2021年，第204-206页。
② [奥]路德维希·冯·米塞斯著，夏道平译，《人的行为》，上海，上海社会科学院出版社，2015年，第3-10页。
③ 薛冰岩，《超脑行为金融学——利用非理性行为的金融炼金术》，江西，江西人民出版社，2018年，第125-126页。
④ [法]古斯塔夫·勒庞著，若初译，《乌合之众——大众心理学研究》，武汉，华中科技大学出版社，2017年，第43-54页。

高度提出，"从逻辑上说，网络行为分析是信息时代社会科学的制高点。"① 还有学者专门阐述了网络行为研究的意义和价值，并提出："网络空间具有一种全新的社会特性，因而人们的网络行为，亦相应地呈现出若干全新的社会特征，迫切需要社会科学作出新的解释。深入研究网络行为，对于了解和把握网络空间这一全新的社会变量对人类日常社会生活及其价值观念、思维方式的影响，具有重要的理论意义和现实价值。"②

各学科亦非鲜见对网络行为的探索研究。比如，在图书情报领域就有学者提出："网络信息行为涉及信息源选择、信息搜寻、信息交流、信息使用等行为。"③在社会学领域有学者认为："网络行为专指人们在电子网络空间里展开的行为活动。"④ 有学者提出网络集群行为的概念，并试图对网络集群行为进行特征分析和分类研究。⑤ 还有学者从伦理目的角度提出了网络行为立法的设想。⑥ 我国台湾地区的学者研究了网络功能与网络沉迷行为的关系。⑦

在国外，有学者从心理学角度对网络行为进行了研究，并提出进化观点适用于网络行为的四个方面，即交配和性竞争、父母和亲属关系、信任和社会交换、个人信息管理。⑧ 有学者直接从网络心理学和行为关系的角度分析了社会影响与个人自制对网络行为的规制关系。⑨ 有学者通过在线社区的网络分析研究了用户

① 何明升，"网络行为的哲学意义"，《自然辩证法研究》，2000 年第 11 期，第 56 页。

② 朱永德、黄少华，"网络行为研究的意义和价值"，《兰州大学学报（社会科学版）》，2007 年第 35 卷第 2 期，第 27 页。

③ 查先进等，"网络信息行为研究现状及发展动态述评"，《中国图书馆学报》，2014 年第 4 期，第 100 页。

④ 李一，"网络行为：一个网络社会学概念的简要分析"，《兰州大学学报（社会科学版）》，2006 年第 5 期，第 49 页。

⑤ 乐国安等，"网络集群行为的定义和分类框架初探"，《中国人民公安大学学报（社会科学版）》，2010 年第 6 期，第 99 页。

⑥ 李锦峰，"试论网络行为法的伦理目的"，《大庆社会科学》，2008 年第 3 期，第 117 页。

⑦ Shih-Ming Li, Teng-Ming Chung, "Internet function and Internet addictive behavior", *Computers in Human Behavior* 22(6), 2006, 1067–1071.

⑧ Jared Piazza, Jesse M. Bering, "Evolutionary cyber-psychology: Applying an evolutionary framework to Internet behavior", *Computers in Human Behavior* 25(6), 2009，1258–1269.

⑨ Matthew S. Eastin. Teen, "Internet Use: Relating Social Perceptions and Cognitive Models to Behavior", *Cyber Psychology & Behavior* 8(1), 2005, doi:10.1089/cpb.2005.8.62., 62-75.

行为和社交交互的模式与动态。[1] 有学者专门研究了网络环境对上网者行为的影响。[2] 还有学者从网络钓鱼的角度研究了道德与网络行为的关系。[3] 青少年的网络行为研究[4] 和消费者的网络行为研究[5] 在国外也引起了不少关注。

法学领域也有关于网络行为的研究，但仅限于网络行为的某一角度或某一类型的下位概念。比如，司法实务专家提出，在网络著作权保护中，信息网络传播行为的界定是一个基本问题。[6] 理论界学者对此问题也进行了有益探索。[7] 有学者针对网络诽谤行为进行了研究，并分析了网络诽谤在行为主体、行为对象、发布载体、传播途径以及案件启动程序等方面的新型特征，并提出了刑事司法对策。[8] 有学者从刑法学角度研究了窃取网络虚拟财产行为的定性。[9] 有学者从民

① Pietro Pznzarasa, Tore Opsahl, Kathleen M.Carley, "Patterns and dynamics of users'behavior and interaction: Network analysis of an online community", *Journal of the Association for Information Science and Technology* 60(5), 2009, 911–932.

② Marie-Odile Richard, "Modeling the impact of internet atmospherics on surfer behavior", *Journal of Business Research* 58(12), 2005, 1632–1642.

③ Jiwon Shin, "Morality and Internet Behavior: A study of the Internet Troll and its relation with morality on the Internet", *Society for Information Technology & Teacher Education International Conference*, Mar 03, 2008 in Las Vegas, Nevada, USA.

④ Hall, A. S., & Parsons, J., "Internet addiction: College student case study using best practices in cognitive behavior therapy", *Journal of Mental Health Counseling*, 23(4), 2001, 312-327；
Dr. Albert Kienfie Liau, Angeline Khoo, and Peng Hwaang, "Factors Influencing Adolescents Engagement in Risky Internet Behavior", *Cyber Psychology & Behavior* 8(6), 2005, doi:10.1089/cpb.2005.8.513., 513-520；
Tsitsika Artemis, Janikian Mari, Schoenmakers Tim M., Tzavela Eleni C., Ólafsson Kjartan, Wójcik Szymon, Macarie George Florian, Tzavara Chara, "The EU NET ADB Consortium, and Richardson Clive, Internet Addictive Behavior in Adolescence: A Cross-Sectional Study in Seven European Countries", Cyberpsychology, Behavior, and Social Networking 17(8),2014，doi:10.1089/cyber.2013.0382.，528-535.

⑤ Kenneth A. Saban, Elaine McGivern, and Jan Napoleon Saykiewicz, "A Critical Look at the Impact of Cybercrime on Consumer Internet Behavior", *Journal Of Marketing Theory And Practice* 10(2), 2002, 29-37；
Amit Bhatnagar, Sanjog Misra, H. Raghav Rao, "On risk, convenience, and Internet shopping behavior", *Communications of the ACM* 43(11), 2000, 98-105.

⑥ 孔祥俊，"论信息网络传播行为"，《人民司法》，2012年第7期，第59页。

⑦ 王迁，"论'网络传播行为'的界定及其侵权认定"，《法学》，2006年第5期，第61页。

⑧ 于冲，"网络诽谤行为的实证分析与刑法应对——以10年来100个网络诽谤案例为样本"，《法学》，2013年第7期，第142页。

⑨ 刘明祥，"窃取网络虚拟财产行为定性探究"，《法学》，2016年第1期，第151页。

法角度分析了网络法律行为的形式、特征、成立、效力及其法律规制。^① 有学者从网络版权角度研究了网络版权侵权行为的构成要件。^② 有学者从经济法角度研究了网络市场中不正当竞争行为的法律规制。^③ 诸如此类。

然而，虽然上述研究均给出了行为研究视角的呼吁，但是学界仍缺乏研究方法层面的深入探索。比如，国内有学者提出："网络法学应当采用多学科交叉综合研究、理论联系实际方法、比较研究的方法、历史发展研究方法等。"^④ 国外有学者提出："只有将日常信息实践与通信理论、传播行为、政治科学、社会心理学、社会学理论结合在一起，才能够实质性地改进我们对信息行为的理解。"^⑤ 这些对网络行为研究方法的关注，均只有寥寥数语的总结，仅囿于抽象层面，不够具体深入，尤其是没有形成通用性的、根本性的科学研究方法。

从理论上讲，只要找到自然科学、社会科学与人文科学的共同主线，就能顺着这条主线找到一套根本性的基础研究方法，而这种研究方法理论上应当也是普遍适用于各个学科，且在相当时期范围内是相对稳定的。笔者认为，只有行为学才是自然科学、社会科学与人文科学的共同主线。"人拥有外在世界、内在世界和自己的同类。"^⑥ 从三大学科的研究对象来看，自然科学其实是研究人认识外在自然世界的行为，而社会科学是研究人与人之间发生社会关系的行为，人文科学则是对人类在实施行为时内在精神世界的研究。人类只有在"行为"的作用下才能与世界、与人们、与自己发生作用。因此，有且只有行为学是连接自然科学（人与自然）、社会科学（人与人）与人文科学（人与自己）的中介。这是本书研究的基础前提，也是本书研究的主要路线。

本书主要以行为学为主线，以各学科的基本原理为依据进行演绎，并结合社会实践中相对典型的交叉学科现象进行分析、验证与归纳，最终试图形成一套贯

---

① 张宇润，"试论网络法律行为"，《学术界》，2003 年第 1 期，第 68 页。
② 丛立先，"网络版权侵权行为构成要件探论"，《法学评论》，2007 年第 5 期，第 114 页。
③ 赵军，"网络市场不正当竞争行为的法律规制"，《特区经济》，2010 年第 6 期，第 230 页。
④ 孙占利、胡坚，"信息网络法学初论"，《科技与法律》，2005 年第 1 期，第 23 页。
⑤ Wayne Buente, Alice Robbin, "Trends in Internet information behavior, 2000–2004", *Journal of the Association for Information Science and Technology* 59(11), 2008, 1743–1760.
⑥ [德] 汉斯·约阿西姆·施杜里希著，吕叔君译，《世界哲学史》，广西，广西师范大学出版社，2017 年，第 620 页。

穿哲学、信息学、社会学、法学等各个学科的，具有普适性与根本性的研究方法与思维方式。本书以法学学科领域下的网络犯罪证明问题为示例，提出交叉学科研究与思维方法的展开过程，即网络犯罪证明的模型化。基于这种思维方法，本书顺理提出与网络犯罪证明相关的特有理论问题，包括网络犯罪空间的类型化、网络犯罪证明方法的模型化、网络犯罪证明的智能化，等等。也可以说，本书是对网络智能时代社会科学方法论，包括法学学科思维重塑的一种试错性探索。

第一章

网络犯罪证明的研究现状：法理学的缺失

众所周知，人类文明自起源以来，经历了上下五千年。从 18 世纪 60 年代英国工业革命起算，经历了约二百五十年。而人类社会从信息时代发展至今才五六十年。在这短暂的几十年，信息时代也已经经历了三个阶段，即以 2012 年大数据热潮为分水岭，之前的 IT（Information Technology）时代和之后的 DT（Data Technology）时代，以及以 2020 年新冠疫情为转折点的 AI（Artificial Intelligence）时代。诚然，人类社会发展变化的节奏越来越快，人们还来不及研究明白一个新兴事物，下一个浪潮就扑面而来。在时代浪潮的持续冲击下，虽然人们在新事物的认知上还远远不足，但是人们也在实践中不断积累新的认知和经验。因为网络与智能的颠覆性，这些新的认知和经验势必与人们原有的思维认知体系格格不入，所以必然发生强烈的冲击与碰撞。其中，既有新事物与新事物的认知碰撞，也有新事物与旧事物的认知碰撞。就网络犯罪证明而言，前者主要是指如何利用新兴的网络智能技术解决网络犯罪的证明难问题，后者则是指传统刑事法律（包括实体法与证据法）如何应对网络犯罪的证明难问题。

第一节　刑事技术领域的研究

新兴的网络智能技术如何作用于网络犯罪证明，这主要是刑事技术领域的问题。狭义的刑事技术一般指取证技术，广义的刑事技术也包括举证技术、质证技术、认证技术。因为犯罪侦查活动往往具有明显的技术对抗色彩，所以它与取证技术的关系往往最为密切。也因此，如何将网络智能技术运用于犯罪侦查取证，这是当下最为活跃的研究主题。相对而言，因为举证、质证、认证更注重法律指引下的技术应用，因而受制于学科知识壁垒和学科思维障碍，研究成果寥寥无几。

一、取证技术的研究

当下网络智能技术的取证应用研究成果颇丰。根据技术取证的数据对象来源不同，技术界往往将取证技术区分为单机取证和网络取证。前者是指从计算机、手机等电子设备中提取分析电子数据。后者是指从远程网络上提取分析电子数据。

就单机取证而言，有人研究了 NTFS 文件系统的操作痕迹，[1] 有人研究了 Windows 后台打印文件的解析与取证，[2] 有人研究了基于 Windows 内存的计算机病毒木马行为分析，[3] 有人研究了利用不同来源的计算机日志来建行事件场景的关联，[4] 等等。也有人研究了 Android 手机的取证、[5]Android 系统删除数据的恢复方法、[6]Android 手机恶意软件取证、[7]Android 手机的短信恢复，[8] 以及 iPhone 的手机取证、[9]iPhone 手机录音证据的提取、[10]iOS 平台的微信取证，[11] 等等。就网络取证而言，有人研究了网页挖矿木马的取证方法，[12] 也有人讨论了蜜罐技术在网络攻击取证中的应用，[13] 等等。当前的技术取证研究主要集中在取证技术原理的提出、取证技术方案的实施、取证技术方法的应对以及取证技术工具的选择

---

[1]　黄步根，"NTFS 系统存储介质上文件操作痕迹分析"，《计算机工程》，2007 年第 23 期，第 281 页。
[2]　张俊等，"Windows 后台打印文件的解析与取证"，《警察技术》，2023 年第 2 期，第 73 页。
[3]　罗靖康等，"基于 Windows 内存取证的计算机病毒木马行为分析"，《警察技术》，2021 年第 5 期，第 62 页。
[4]　陈龙等，"融合多源日志辅助取证的事件场景关联方法"，载《重庆邮电大学学报（自然科学版）》，2007 年第 5 期，第 584 页。
[5]　姚伟、沙晶，"Android 智能手机的取证"，《中国司法鉴定》，2012 年第 1 期，第 45 页。
[6]　方冬蓉，"Android 系统删除数据恢复方法研究"，《计算机工程》，2014 年第 10 期，第 275 页。
[7]　杨卫军等，"Android 手机恶意软件取证技术研究"，《警察技术》，2012 年第 5 期，第 8 页。
[8]　杨卫军等，"Android 手机短信获取与恢复方法"，《警察技术》，2013 年第 3 期，第 42 页。
[9]　高峰，"iPhone 手机取证的应用研究"，《警察技术》，2011 年第 3 期，第 38 页。
[10]　隆波等，"iPhone 手机录音证据提取研究"，《警察技术》，2010 年第 5 期，第 34 页。
[11]　汤伟、王志帅，"一种基于 iOS 平台微信取证分析方法"，《软件产业与工程》，2014 第 1 期，第 48 页。
[12]　冯越、封梦，"网页挖矿木马的取证方法"，《江苏警官学院学报》，2003 年第 3 期，第 116 页。
[13]　史伟奇等，"蜜罐技术及其应用综述"，《计算机工程与设计》，2008 年第 22 期，第 5725 页。

等纯粹的技术性问题。[①]

值得重视的是，实务界已经开始着手技术取证的智能化探索，有人开发了基于多元融合神经网络模型的智能交通执法取证系统。[②] 从犯罪侦查角度而言，基于类案侦查取证的场景、定制开发智能化的策略取证系统，将成为未来刑事取证技术发展的主要任务。

二、举证、质证、认证技术的研究

由于侦查取证与法庭诉讼的分工、技术与法律的分野，网络智能技术在举证、质证、认证方面的直接应用研究目前相对较少。然而，这并不意味着在法庭的举证、质证、认证阶段鲜见技术性争议。我国在司法制度设计上将技术性争议问题交由第三方司法鉴定机构来解决。

换言之，基于我国司法制度的特点，举证、质证、认证阶段有关犯罪证明的技术性争议问题往往是由技术鉴定机构来完成的。也因此，犯罪证明的技术性问题以及相关技术证明研究往往由技术鉴定机构或司法鉴定行业主导推进。具体而言，司法鉴定领域业已完成电子数据鉴定方法理论体系的构建。理论界一般将电子数据鉴定区分为情况鉴定、溯源鉴定、同一鉴定和证据保全。实务界则把电子数据鉴定区分为存在性鉴定、真实性鉴定、功能性鉴定、相似性鉴定，等等。同时，司法鉴定领域也在不断推进技术鉴定方法的创新。比如，有人研究了 Office 文档篡改的识别，[③] 也有人研究了电子邮件真伪鉴别的方法，[④] 等等。

然而，徒有技术不足以解决法律问题。将一个法律上的技术争议问题交由一个纯粹的技术鉴定机构去解决，从制度设计上讲本身可能就缺乏合理性。因为，法律上的技术争议问题，它首先是一个法律问题，其次才是一个技术问题。换言之，技术应用只是我们为了解决法律问题所采取的一种手段，技术应用的最终目

---

① 麦永浩等，《计算机取证与司法鉴定》，北京，清华大学出版社，2018，第 43-232 页。

② 刘海平，"多元融合神经网络模型的车载移动式交通执法取证系统研究"，《道路交通管理》，2022 年第 10 期，第 32 页。

③ 陈晓红等，"篡改 Microsoft Office 办公文件的实验研究"，《证据科学》，2009 年第 17 卷第 3 期，第 375 页。

④ 廖根为，"电子邮件真伪鉴定初探"，《犯罪研究》，2009 年第 3 期，第 42 页。

的仍然是解决法律问题。技术应用只有在法律思维和法律诉讼的引导下展开才具有法律意义，而法律则是借助于技术手段的应用才得以判断。因而，法律思维与技术方法的融合运用才是解决庭审活动中技术问题争议的根本出路。

三、刑事技术的专业化

从整体上看，网络与智能技术对网络犯罪证明的作用主要是在证明活动的前端环节，即刑事取证。主要集中在手机、电脑、服务器等各种电子设备以及相关操作系统、应用软件或者某些特定数据的获取与分析。即使涉及有关证据认定的问题，通常也是技术鉴定机构所能解决的形式性问题。对于实质性的技术性证据与技术性证明问题，则非常缺乏技术与法律的良好沟通。换言之，当下网络智能技术对网络犯罪证明的作用明显不足。这与人们对司法专业化的认识有关。

随着网络化与智能化的不断推进，多数人认为发展电子政务、智慧警务、智慧检察、智慧法院就是专业化的体现。实际上，这些只能算是数字化、信息化、智能化在办公手段上的运用，它们是新事物与旧事物的派生问题。虽然它们有利于提升办公效率，但是对于业务本身的专业问题解决却没有实质性的推动作用。

比如，随着 2017 年互联网法院的兴起，司法机关有意利用网络技术解决诉讼举证难、成本高、流程长、难度大等难题。互联网法院通过建立内外互通的大平台，将从起诉、立案到举证、开庭、送达、判决、执行等全部诉讼流程纳入网络大平台来完成。虽然这种网络审判方式有利于举证、质证、认证在效率上的极大提升，但是对于解决证据的专门性问题并无实质性推进。比如，如何鉴别电子数据的来源及其真伪？如何判断截屏图片是否经过伪造或篡改？等等。即使是借助于区块链的存证平台，它也只能解决效率问题而不能解决效果问题，即存证非取证。

当然，这并不否认，当前发展电子政务、智慧警务、智慧检察、智慧司法等是必要的。从短期来看，这些信息化升级显然有利于办公效率的提升。从长期来看，这些业务系统所形成的数据记录是将来实现业务智能化的重要基础。[①]

---

① 谢君泽，"检察监督智能化的理论建构"，《人民检察》，2022 年第 11 期，第 21 页。

从认知上讲，正确认识问题的性质有利于问题的解决。发展电子政务、智慧警务、智慧检察、智慧司法等，这些是新事物与旧事物的作用，是网络智能技术对传统办公方式的"应用"升级。而刑事技术的专业化应当致力于网络智能技术在打击新型网络犯罪中的运用，包括侦查中的取证运用，也包括诉讼中的证据运用，这是新事物与新事物的作用。

比如，如何利用网络智能技术破解网络犯罪的侦查难与取证难；如何利用网络智能技术解决电子数据与大数据的举证、质证与认证等专业性问题；如何利用网络智能技术解决网络主体身份认定问题、网络犯罪过程重现问题、网络犯罪后果判断问题以及网络犯罪主观证明问题，等等。"案件是表象，而科学才是去伪存真的撒手锏和开启迷雾之门的钥匙。"[①]

诚然，上述的刑事技术已经是广义上的概念，它其实就是犯罪的技术证明。即使退到狭义的刑事技术而言，任何新的技术应用也需要有新的侦查思维和侦查谋略来带动。"在侦查对抗中，每一种新的科技手段的采用和发展，都是从侦查实际需要出发的，不是单纯的为发展科技手段而发展的。新科学技术的应用为改进、更新侦查方法，以及新谋略的设计提供了好的物质条件。新的谋略思想又为新技术的创造与发展提供了理论先导和主观意识方面的推动力。"[②] 不论是广义刑事技术还是狭义的刑事技术，新的科学技术只有与业务以及人的思维相结合，才能发挥真正的创造价值。这才是刑事技术专业化，也是犯罪证明专业化的应有之义。

第二节　证据法领域的研究

与刑事技术专业化不同，证据法领域所面临的问题主要是新事物与旧事物的认知碰撞，其中既有如何看待新事物的问题，也有如何解决新问题的问题。前者主要是指如何看待网络犯罪证明"难"的问题，后者主要是指如何解决网络犯罪证明"难"的问题。要解决网络犯罪证明"难"问题，当下主要有两种对策：一是传统证明机制的调整，即通过法律制度的调整来解决证明"难"问题。二是技

[①]　宫曙光、张馨，《思维的盛宴》，北京，海潮出版社，2008，第 159 页。
[②]　王传道，《侦查学原理》，北京，中国政法大学出版社，2001，第 339 页。

术证明方法的创新，即通过技术应用的突破来解决证明"难"问题。因为网络犯罪证明"难"从根本上讲是由于网络犯罪在技术手段上的升级导致的，所以寻求技术来解决问题符合事物的对称性，寄希望于法律则非如此。

一、网络犯罪证明"难"

网络犯罪证明"难"已经成为当下实务界与理论界共议的话题。就实务界而言，承担网络犯罪公诉职能的检察机关感触最深。最高人民检察院曾于 2020 年 6 月专门召开了"网络犯罪检察理论与实务"专题研讨会，针对大幅上升、花样翻新的网络犯罪，专家学者进行了广泛而深入的讨论。[①] 在会上，专家学者都提出了网络犯罪证明"难"的问题。

有学者认为，司法实践中的网络犯罪证明难主要包括如何有效审查证据、如何证明真正的作案人、如何证明情节严重、如何构建证据体系以及如何实现罪责刑相适应。[②] 也有学者对网络犯罪进行了实证考察，并认为网络犯罪的证明难，尤其是数额证明难使得网络犯罪的惩处率低、网络犯罪立法目的的落空。[③] 学者们认为，现阶段的网络犯罪治理存在代际错位问题，面对大数据、人工智能等高科技手段在网络犯罪中的运用，当下的网络犯罪证明仍停留在传统证明方法和旧有证明模式阶段，网络犯罪证明亟待提高方法和技能。

诚然，作为一个伴随技术迭代而产生的全新问题，网络犯罪证明是一个十分专业而复杂的问题。然而，专业而复杂的问题并非只有通过更为专业而复杂的方案才能解决，如果不能把握住问题的本质而片面追求问题的深化可能使问题的解决变得更为棘手。换言之，如果在错误的方向上持续努力，可能使我们离真相越来越远，只有在本质性问题上找到方向才能使专业化更有意义。

古典哲学认为"大道至简"，任何问题只有抓住问题的本质才能抽丝剥茧、条理清晰，才能提出简明扼要的解决方案。"中国的智慧首先是道而不是术，也

---

① 邱春燕，"网络犯罪'魔高一尺'，检察办案必须'道高一丈'"，《检察日报》，2020 年 6 月 11 日第 1 版。

② 刘品新，"网络犯罪司法证明的难题有待破解"，《人民检察》，2020 年第 12 期，第 44 页。

③ 高艳东，"网络犯罪定量证明标准的优化路径：从印证论到综合认定"，《中国刑事法杂志》，2019 年第 1 期，第 128-130 页。

就是说，术只是道的表现形式，道是术的根本，是术的决定因素。只要掌握了道，术就会无师自通，就会自然而然地显现出来。"[①] 大道至简是指"少而精"，而博大精深是指"多而广"，这两者是一体的两面，是相互转化的。要想做到大道至简，首先要博采众长，把各个专业融会贯通。相反，做到了大道至简之后，就可以一通百通，把基本原理演绎推理到各个领域。大道至简的前提是博大精深，博采众长、融会贯通是基础，但它还不是大道至简。要做到大道至简必须跳出原来的思维框架，通过抓住本质与要害、去粗取精，进而整合创新。所谓"为学日增，为道日损"。仅有精深而不具博大，就不足以抓住问题的本质，从而臻境大道至简。

因而，法学界可能需要寻求更深层次和更大视野的思考，才能真正解决大道至简的问题。网络犯罪证明很可能不仅是法学层面的问题，它还可能涉及更深、更广层面的问题。如果限定在法学科的范围内思考网络犯罪证明问题，其实无意中已经默认了诸多理论前提一直没有发生变化。但在当下，法学学科的很多基础认知和相关传统理论本身就可能存在颠覆的风险。如果漠视这些疑问，就难免在思维陷阱中作困兽之斗。

诚然，面对专业而复杂的网络犯罪证明问题，"简化"确实很可能是人们所应寻求的方向。对此，有学者提出"网络犯罪证明简化论"，即"通过法律扩张解释、证明责任移转与证明标准降格来消减网络犯罪的证明负担；通过推定、司法认知等非证据证明方法来直接确认相关事实。"[②] 也有学者提出"网络犯罪证明综合认定论"，即"网络犯罪的'定性'和'定量'应当采用不同的证明标准，综合认定犯罪数额，并允许根据计算模型、数据分析结论进行定量。"[③] 这两种"简化"方案在当下法律界最具有典型性和代表性，也是最为专业、最为权威的观点。前者代表了证据法学界解决该问题的方案，后者代表了刑法学界对该问题的处置态度。以上两种方案的提出，似乎从理论上能够解决当下的网络犯罪证明"难"问题，但实践中却难言行之有效。从深层次和长远来看，这两种方案都还难言科学合理，过于专业化的解决思路可能隐含着更大的思维定式风险。

---

① [西晋] 杜预著，马树全注译，《守弱学》，海口，南方出版社，2005，第3页。
② 刘品新，"网络犯罪证明简化论"，《中国刑事法杂志》，2017年第6期，第24页。
③ 高艳东，"网络犯罪定量证明标准的优化路径：从印证论到综合认定"，《中国刑事法杂志》，2019年第1期，第127页。

二、传统证明机制的调整

从本质上讲，证据学界的"网络犯罪证明简化论"和刑法学界的"网络犯罪证明综合认定论"都是期望通过调整传统证明机制的方式来解决新生的网络犯罪证明"难"问题，而不是通过契合性的思考去研究开发直接应对网络犯罪证明"难"的新技术和新方法。因而，这是一种"曲线救国"的思路。

"曲线救国"看似能够解决网络犯罪的证明"难"问题，事实上它又会带来新的理论争议与实务难题。比如，法律扩张解释是否合理，证据责任移转是否合法，证明标准降格是否妥当，等等。凭什么网络犯罪证明要降格？网络犯罪证明和传统犯罪证明难道可以"双标"？这些都会引起新的理论争议。而寄望于推定、司法认知、综合认定等方法在网络犯罪证明中的运用，无疑是把难题转移给司法实务人员，要求司法实务人员提高对基础事实、伴随关系以及相关技术经验的理解力与判断力。从现实来讲，司法实务人员对很多网络犯罪所蕴含的技术问题、行为性质、行为因果以及专业经验的判断都没有足够的认知储备。因而，"曲线救国"其实是把网络犯罪证明"难"的问题转移到了别处，要么是引起新的理论问题争议，要么是考验司法实务人员的专业技术能力。

显然，因为一直以来的学科分工与职业分流，法律人员与技术人员都有泾渭分明的认知壁垒——法律人员解决法律问题，技术人员解决技术问题。即使是法律人员内部，侦查人员、公诉人员、辩护人员和审判人员也有不同的知识储备与思维方式。即使是技术人员类别，同样也有着各不相同的行业分工和知识储备。从实用主义出发，如果把技术问题交由法律人员去"综合认定"，还不如让技术人员直接为法律人员开发研究一些针对性的技术解决方案。而寄望于法律扩张解释、证据责任移转、证明标准降格等的制度调整，其所带来的理论争议容易使法律失去过去所形成的规范统一精神，进而产生更大的价值混乱与实践争议。从某种意义上讲，与司法实践中个别案件的解决偏颇相比，理论失统更容易引发司法机制的混乱，且更加难以纠正，因而潜在危害性更大。

从司法机制的整体风险控制出发，在司法实践中应当尽量多地发挥法律人员与技术人员的合力，不断研究适应网络犯罪特点的技术证明方法，尤其是要不断利用这种合力提高法律人员与技术人员在网络犯罪行为上的理解与认知，这在当下更为可取。面对新的时代性难题，急于统一规范向来都不是可取的处理态度，"红旗法案"就是最有力的历史见证。笔者认为，针对新特点的网络犯罪行为，在实践中不断探索研究新的技术证明方法，并积累新的认知，等待时间的积淀不断形成类型化的归纳、最后形成统一规范，这是当下解决网络犯罪证明难的最佳出路。仅仅是停留在传统证明机制的调整，从根本上讲是对"代际错位"所带来的深刻性影响在认知上有所不足、缺少敬畏之心，因而是仓促之举。

三、技术证明方法的创新

事实上，当下学界对技术证明方法的研究与积累已经在很大程度上能够迎合司法证明实务的需求。从学界的研究动态来看，当下对网络犯罪的后果认定、主体认定、主观明知等技术证明方法的讨论和研究成果颇丰。当然，这些研究成果能否快速而有效地被司法实务人员所吸收和接受，是另外一个层面的问题。毕竟，对于一个人而言，改变认知才是最难的问题，尤其是在面对新时代、新事物、新问题的持续冲刷时。

具体而言，学界已经有不少关于网络犯罪后果认定证明的有益研究和讨论。比如，前述学者在讨论"网络犯罪证明简化论"和"网络犯罪证明综合认定论"时都已经分别对网络犯罪所涉及的情节认定问题、数额认定问题以及相关的"底线证明法"进行了讨论。有学者提出，"将底线证明作为首选，将抽样取证作为补充，将综合认定作为后援"[1]。有学者认为，"应构建综合认定法、抽样取证法为基础，底线证明法为补充的适用路径"[2]。还有学者专门研究了网络侵财犯罪数额的认定方法[3]。也有实务专家认为，"将传统的犯罪定量证明方法应用于网络语境中的犯罪定量证明存在分析正确率低的问题，应当使用基于关联性规则数据挖掘方法收集网络犯罪行为数据集合，再使用聚类算法和决策树原理、结合办案人员的经验和相关法律规定进行定量证明分析。"[4] 笔者也研究了大数据证

---

① 王志刚、刘思卓，"论网络犯罪证明中的数额认定方法"，《重庆邮电大学学报（社会科学版）》，2020 年第 2 期，第 35 页。
② 王彪、易志鑫，"网络犯罪定量证明方法研究"，《长沙大学学报》，2021 年第 3 期，第 76 页。
③ 姚万勤、王东海，"网络侵财犯罪数额的认定"，《中国检察官》，2021 年第 7 期，第 61 页。
④ 袁祥境、谭明，"网络语境中犯罪定量证明分析"，《绵阳师范学院学报》，2020 年第 1 期，第 46 页。

明的基本原理，并提出根据大数据建模方法在相关性与因果性上的功能原理不同来构建算法模型，用以解决网络犯罪数额或情节的认定证明难题。①

关于网络犯罪主体的认定与证明，有人研究了基于电子痕迹的人身同一认定原理，并提出"司法人员应当构建纵向的大同一认定链条，将基于电子痕迹的小同一认定（含小种属认定）提升至终级的人身同一认定；同时，基于电子痕迹的大同一认定链条应当以横向的同一认定为支撑，确保特征信息组合的特定性。"②笔者也曾讨论网络犯罪主体的同一认定原理，并对网络犯罪主体的认定方法做了全面论述，包括以电子设备为中介的同一认定、以数据信息为中介的同一认定和以行为痕迹为中介的同一认定。③

学界也不乏有关网络犯罪主观明知证明的讨论。比如，针对帮助信息网络犯罪活动罪中的"明知"，有实务专家认为，"司法实务应该恪守推论的方法，综合主、客观证据搭建证据链排除合理怀疑来认定"④。也有同志提出，"司法解释确立的通过客观行为推定主观明知是现阶段最为有效与可行的措施，但是其也存在明知体系混乱、可操作性不强等问题，因此需要通过立法解释统一明知内涵、司法解释列举具体行为模式、典型案例指导个案实践等方式来进一步完善明知的推定规则"⑤。笔者曾试图针对网络平台犯罪的主观证明难题提出算法证明的解决方案，包括算法鉴定和算法推定。⑥

此外，学界也已经关注到大数据、算法模型、人工智能等新兴技术方法在犯罪证明中的价值和作用。比如，有学者讨论了人工智能及智能辅助办案系统在刑事证明中的应用及相关问题。⑦也有实务专家提出应当以大数据分析证明方式的

---

① 谢君泽，"论大数据证明"，《中国刑事法杂志》，2020年第2期，第131-133页。

② 刘品新、孙玉龙，"基于电子痕迹的人身同一认定：网络犯罪的身份识别"，《法律适用》，2016年第9期，第23页。

③ 何家弘、谢君泽，"网络犯罪主体的同一认定"，《人民检察》，2020年第19期，第5页。

④ 花岳亮，"帮助信息网络犯罪活动罪中'明知'的理解适用"，《预防青少年犯罪研究》，2016年第2期，第27页。

⑤ 朱军彪、郭旨龙，"网络共同犯罪中'明知'推定的规范协调"，《北京警察学院学报》，2020年第4期，第11页。

⑥ 何家弘、谢君泽，"网络平台犯意的算法证明"，《中国人民大学学报》，2021年第4期，第110页。

⑦ 熊秋红，"人工智能在刑事证明中的应用"，《当代法学》，2020年第3期，第75页；赵刘艳红，"人工智能在刑事证明标准判断中的运用问题探讨"，《上海交通大学学报》，2019年第27卷总125期，第54页。

关联性为焦点探索司法裁判的路径。① 还有年轻学者认为，在未来人工智能算法引入证明力评判具有一定的可行性。② 虽然这些思考目前大多停留在想象或设计层面，但是它们却昭示着司法证明技术化的未来趋势。技术引领着网络犯罪证明的未来发展，新兴技术应用对未来司法证明的影响是不容忽视的。

诚然，从现实出发，当下对网络犯罪证明在后果认定、主体认定、主观明知等方面在技术证明方法上的突破是相当有价值的。略显遗憾的是，鉴于交叉学科的知识储备和思维塑造不足，当下对技术证明方法的研究尚未形成完整的理论体系。在面对全新的时代转型时，大局观和细节观显然同样重要。基于这种考虑，本书试图在更为宏观的层面，全面考察人、国家、社会、技术、行为、法律在时代视野下的发展规律，力求达到从众多技术证明方法到整体技术证明机制的跃迁。

第三节　实体法与证据法的交叉研究

作为一个交叉性问题，网络犯罪证明显然不只是证据法领域的问题，它与刑事实体法领域的规范设计也密切相关。从某种意义上讲，刑法学领域的实体法规范为网络犯罪证明设定了目标与要求，而犯罪证明只是服务于网络犯罪刑事实体法的规范要求。因而，刑事实体法与证据法的交叉研究对于网络犯罪证明问题的讨论具有十分重要的意义。

一、实体法与证据法的沟通

刑法实体法与证据法的交叉关系集中体现在刑法犯罪构成的规范设计。犯罪构成是犯罪认定的主要依据，"犯罪构成通过一系列主、客观要件具体而明确地体现犯罪的社会危害性，同时使犯罪概念的法律特征得以具体化，反映出犯罪行

---

① 李茜，"大数据时代司法裁判的路径探索——以大数据分析证明方式的提出与规范为视角"，《财经法学》，2019年第2期，第29页。

② 周慕涵，"证明力评判方式新论——基于算法的视角"，《法律科学》，2020年第1期，第46页。

为的刑事违法性和应受刑罚惩罚性。"[①] 犯罪构成是刑法规范的核心。

犯罪构成对于刑事实体法与证据法的沟通具有重要作用。有学者认为："犯罪构成要件是刑事证明标准确定的基础，犯罪构成要件体系的科学与否决定着刑事证明标准是否科学和明确。"[②] 有学者提出，"犯罪构成原本就是从诉讼法的概念演变而来，证明责任也并非单纯的程序问题，犯罪构成理论本身就应体现证明责任的需要，证明责任也应为犯罪构成的体系性安排发挥指引功能。"[③] 还有学者认为："犯罪构成是指导刑事诉讼证明的概念框架，刑事诉讼证明中的基本问题都必须回到犯罪构成的层面才能获得妥当而可靠的解决。"[④] "刑事法上很多的重要课题，需要实体法与程序法的知识交融才能解决，对犯罪构成的证明就是最为典型的问题。"[⑤] 实务专家也认为："犯罪构成体系的研究应当以刑事诉讼实践中犯罪构成的证明为视角"[⑥]。

可见，犯罪构成不仅是刑事实体法的核心问题，它也极大地影响着刑事证明的理论与实务。实际上，作为一种新兴现象和问题，网络犯罪证明中的实体法与证据法沟通问题往往更为严峻。

二、实体法失当导致证明难

网络犯罪出现证明难，这既可能是因为刑事技术、证据法领域在证明方法上的创造不足，也可能是因为受制于刑事实体法在规范设计上的失当。比如，对于前述专家学者提出的实务中"数额"证明难问题，是否有可能是因为刑事实体法在规范设计上的失当所导致的呢？

就以 2012 年—2015 年期间十分猖獗的网络犯罪——伪基站犯罪为例，它就

---

① 王作富，《刑法（第四版）》，北京，中国人民大学出版社，2009，第 38 页。
② 赖早兴，"犯罪构成要件与刑事证明标准"，《法学研究》，2015 年第 5 期，第 590 页。
③ 罗翔，"犯罪构成与证明责任"，《证据科学》，2016 年第 4 期，第 485 页。
④ 杜宇，"犯罪构成与刑事诉讼之证明——犯罪构成程序机能的初步拓展"，《环球法律评论》，2012 年第 1 期，第 90 页。
⑤ 吴丹红，"犯罪主观要件的证明"，《中国刑事法杂志》，2010 年第 2 期，第 76 页。
⑥ 聂昭伟，"犯罪构成体系的完善：以诉讼证明为视角的思考"，《刑事法评论》，2006 年第 2 期，第 182 页。

存在因实体法规范设计失当而产生的证明难问题。伪基站是一种利用 2G 移动通信技术的缺陷而伪造的非法移动通信基站，它能够强行向手机移动终端推送各种类型的短信息。根据伪基站的非法目的及其所推送的非法信息的内容的不同，我们一般可以将其划分为：发送非法广告的伪基站、发送诈骗信息的伪基站和发送恶意链接的伪基站。这三种类型的伪基站在技术功能实现上往往存在交叉复合。[①]

由于伪基站设备具有"犯罪工具"的特性，这种犯罪在司法实践中的定性和罪名适用差异性都较大。其中，主要涉及破坏公用电信设施罪、扰乱无线电通讯管理秩序罪、诈骗罪等罪名。[②] 在 2015 年 11 月《刑法修正案（九）》施行之后，伪基站犯罪原则上由以破坏公用电信设施罪为主改为以扰乱无线电通讯管理秩序罪为主进行定罪处罚。[③] 当然，不论是修正前的"破坏公用电信设施罪"还是修正后的"扰乱无线电通讯管理秩序罪"，它们都会涉及定罪处罚的标准问题。

在相关司法解释颁布施行之前，很多司法机关都普遍采取"造成一万以上用户通信中断"这种技术标准来判断伪基站是否构成"破坏公用电信设施罪"的情形。这种技术标准的计算方法主要是以伪基站中所留存的 IMSI 记录来计算通信中断的次数。因为在技术原理上伪基站与合法移动网络完全不兼容，手机不能与两者同时进行信令交换，所以当手机连接到伪基站时必然会导致它与合法移动通信网络连接中断。同时，因为 IMSI 是国际范围内分配给移动用户的唯一识别码，伪基站设备中所留存 IMSI 就能够反映某一特定手机号与伪基站的通信过程，进而能够反映通信中断的次数。在打击伪基站的早期，有不少司法机关以伪基站软件界面所显示的短信发送数量作为定罪标准，这是不科学的。因为界面数量往往因为存在数量虚报的情况，所以与实际发送量相差甚大。也有少数案件以移动运营商所出具的证明，即某特定区域范围内手机信号更新次数，作为认定通信中断次数的依据。这种证明因为严重缺乏技术行为上的因果性，所以更不具合理性。这些都反映了在适用伪基站犯罪的具体罪名时有必要将技术可行性和诉讼可行性纳入入罪标准的考虑范围。

---

① 田野等，"新型伪基站安全分析研究"，《电信工程技术与标准化》，2013 年第 8 期，第 58 页。
② 吴沈括、谢君泽，"电信网络诈骗防治视野下的伪基站犯罪治理"，《国家检察官学院学报》，2017 年第 6 期，第 54 页。
③ 陈兴良，"《刑法修正案（九）》的解读与评论"，《贵州民族大学学报》（哲学社会科学版），2016 年第 1 期，第 133 页。

在极为复杂的技术背景下，伪基站犯罪不仅存在侦查难问题，也面临取证难和证明难问题。就打击伪基站犯罪而言，司法机关不仅要证明伪基站的功能，还要证明伪基站所造成的用户通信中断次数以及它所发送的诈骗短信内容与数量等等。而其中的"次数""数量"等相关数额的计算就成为一个极大的难题。只要伪基站设备存在时钟紊乱的情形，或者它设计了自动还原的技术装置，司法机关就再也无法完成对犯罪"数额"的证明与认定。

伪基站犯罪到底是侵犯社会管理秩序法益还是公共安全法益？一般认为，《刑法》第124条所规定的破坏公用电信设施罪，其立法宗旨是保护通信领域的公共安全，在此基础上，其犯罪对象往往是正在使用中的公用电信通信设施，包括移动通信基站。从该罪名的描述和分则体系的安排来看，破坏公用电信设施的行为应当被理解为危险犯。这种危险犯的入罪标准并不是相关行为所造成的某种实际后果，而是这种行为足以危害公共安全。而对于《刑法》第288条所规定的扰乱无线电通讯管理秩序罪，一般认为，立法者的本意是维护无线电通讯的管理秩序。尤其是《刑法修正案（九）》在罪刑规定上引入了情节犯的立法技巧，即不再要求"造成严重后果"，而只是要求"情节严重"。这种立法技巧使得对该犯罪可以采纳更为多样的评价依据，如行为的结果、伴随的情节，等等。

三、实体法调整解决证明难

显然，实体法的规范设计为犯罪证明设定了具体目标，实体法规范的调整就会使犯罪证明的目标发生改变。仍以上述伪基站犯罪为例，伪基站所牵涉的犯罪行为，到底是属于结果犯还是行为犯？这关系到犯罪成立以及既未遂形态的认定。

如果采用破坏公用电信设施罪的规范设计，即采取"造成1万以上用户通信中断不满1小时"的技术标准，那么该罪就是结果犯，它往往还进一步涉及既未遂形态的区分。而如果采用扰乱无线电通讯管理秩序罪"情节严重"的规范设计，即"非法使用伪基站发送（违法犯罪）信息等行为"，那么该罪就倾向于行为犯的理解，这往往只要考察犯罪成立问题而不需要考虑既未遂形态。

当然，目前这种"情节严重"的规范表述，并不排除行为犯与结果犯并存的理论可能。如前所述，《刑法修正案（九）》对扰乱无线电通讯管理秩序罪的改革特点是"情节犯"的引入。这种情节犯设计所特有的综合性、包容性，可以使得我们对伪基站犯罪的处理更加灵活。换言之，如果能够通过司法解释进一步明确"情节严重"的内涵或类型，那么就有助于我们灵活处理伪基站犯罪的定性。它可以是结果犯，也可以是行为犯，甚至兼而采之。当然，这种操作可能引发的隐患是"情节严重"的概括性和抽象性使得司法操作显现强烈的不确定性。

按照传统刑法理论，基于特定对象与不特定对象所区分的法益不仅在犯罪客体归类上存在着本质的区别，同时在犯罪证明上也有不尽相同的定罪量刑标准，继而进一步带来证明方法及其寻求目标的不同。就以伪基站犯罪而言，行为犯和结果犯的区分会对犯罪证明带来极大的差异。因为扰乱无线电通讯管理秩序罪在实然法规范层面为结果犯和行为犯都留下了解释空间，所以司法实务就要考虑如何合理地应对证明标准的要求。

如果我们仍然采取结果犯的证明标准，比如"造成1万以上用户通信中断不满1小时""发送5000条以上违法犯罪信息""发送1万条短信"等，那势必会面临一系列难以克服的技术操作难题，比如作案时间难以确定、系统时间存在误差、日志瑕疵、用户数量无法确定、数据记录与开机时间矛盾等。这会给犯罪追诉和刑事证明带来极大的困难，因而引发放纵犯罪分子的风险。反言之，从网络犯罪的客观特性来讲，有必要考虑将扰乱无线电通讯管理秩序的伪基站犯罪做倾向于行为犯的理解和解释，即以行为犯的性质定性使用伪基站的行为，以行为证明的标准定性伪基站的犯罪证明。只要"通过伪基站发送非法信息"这种行为事实存在即告犯罪证明的完成，而这种犯罪行为的后果事实当然可以作为量刑的考量因素。以上讨论并不影响伪基站等犯罪在理论上所经常涉及的牵连犯所引起的择一重罪处置原则。

以上是以伪基站这种新型网络犯罪为例，讨论了刑事实体法规范设计可能存在的问题，以及这种失当带来的证明"难"问题。事实上，在传统犯罪证明上，刑事实体法的调整本身也是解决犯罪证明难的重要途径。比如，有学者提出，"为解决犯罪主观方面的证明困境，可以从调整刑法理论的犯罪构成体系入手，促进实体与程序的融通，构建刑法理论与刑事诉讼证明实践之间的良性互动关系。"[①]

---

① 陶杨、武慧，"论犯罪主观方面的证明——基于刑事法一体化的分析"，《财经法学》，2015年第6期，第88页。

还有学者就犯罪构成体系的推定机能及其对证明责任分配的指导功能进行了讨论。[①] 因而,要解决网络犯罪证明难问题,刑事实体法也要进行深度的反思与改造。这也是现行刑法面对网络化与智能化时必须回答的时代性拷问。

诚然,刑事实体法的规范设计问题不仅存在于像伪基站这样的新型犯罪形态,还普遍存在于传统犯罪的网络化问题。具体而言,与传统环境下的犯罪形态相比,网络环境下的犯罪形态具有不尽相同的时空特性。传统时空环境下,如果犯罪行为没有刻意采取专门的扩大化技术措施,它往往只能影响特定区域、特定范围或者特定对象。网络时空环境下则恰好相反,如果犯罪行为没有采取专门的技术限制措施,它往往有能力直接影响全网区域、全网范围以及全网对象。正因于此,网络空间往往具有一定的"公共(空间)"属性,这是由网络空间的开放性、公共性、无界性、实时性等技术特性决定的。[②]

网络空间在一般意义上公共化,这使得很多网络犯罪在犯罪对象特征上发生了明显变化。比如,与传统诈骗行为相比,网络空间的诈骗犯罪在行为对象上就出现了异化。有些网络诈骗犯罪,如 QQ 聊天(私聊)诈骗,它的犯罪对象仍然是特定对象的人,这可以理解为传统诈骗在网络工具上的简单运用。但是,也有一些诈骗犯罪演变成了全新的网络犯罪形态,这种诈骗犯罪的对象不再是特定对象的人,而是网络公共空间中的不特定范围对象乃至全网用户。比如,网站发布诈骗信息、QQ 群聊诈骗,包括伪基站发送诈骗短信等,就是此等类型。从理论上讲,这些形态的诈骗犯罪就不宜再适用传统诈骗的定罪量刑标准,因为虽然它们的行为手段相似但是行为性质已经截然不同。

显然,犯罪空间的扩张和犯罪对象范围的变化必然会影响到犯罪客体的调整。当诈骗行为从相对封闭的传统空间转移到相对开放的网络(公共)空间时,当诈骗行为从特定对象升级为不特定对象时,当诈骗行为从对特定对象的公私财产权侵犯转变为对不特定多数人的公私财物利益损害时,诈骗行为就呈现出了公共安全犯罪的色彩。在此情形下,网络环境下的诈骗犯罪也就有了重新类型化的必要。在网络空间公共化的图景下,这种现象也广泛存在于各种类似诈骗犯罪的其他传

---

① 孙秀芹,"证明责任视野中的犯罪构成研究",《河南公安高等专科学校学报》,2008 年第 4 期,第 55 页。
② 秦前红、李少文,"网络公共空间治理的法治原理",《现代法学》,2014 年第 6 期,第 16 页。

统犯罪形态，如造谣传谣。同理，它们都存在重新类型化的必要，而这就势必会影响到犯罪证明的目标达成。

当下时代所要解决的根本性问题是，哪些刑法规范需要调整？哪些证明方法需要创新？面对日新月异的网络犯罪形态，哪些问题是表象性的？哪些问题是本质性的？表象性问题是不断变化的，而本质性问题是基本不变的，只有抓住本质性问题才能解决千变万化的表象问题。这就使得法学领域必须探根究底，去寻找到问题的源本答案。因而，法理学与行为学的底层问题思考就浮出水面。

第四节　法理学与行为学的引入

法律是什么？刑法从何而来？证明方法取决于什么？只有追根溯源才能寻找到问题的答案。一旦形而上的问题被揭露，那么一切形而下的问题就自然水到渠成。值得说明的是，人类文明的认知是会随着世界的变化而变化的，但是在特定时期范围内人类往往存在相对恒定的公理与定理。比如，笔者就认为，人们过去所推崇的"法治"在网络智能社会就面临着极大的挑战，在不久的将来存在被颠覆的风险。但是，任何问题的讨论必须基于某些假定不变的前提条件。因而，本书的讨论仅限于过去或当下学界相对认可的通识、通说或通理等一系列假定理论前提而展开，研究结论也许有益于时代当下的"法治"建设，但难言于未来的智能社会图景。

一、法律是一种行为规范

法律是什么？法律是调整社会关系的行为规范。一般认为，"法的直接调整对象乃人的行为，法的间接调整对象乃包括个人利益和社会整体利益在内的社会之利益关系。"[①] 传统法学教材如此描述："当法与一般的行为规则相联系时，法的表现形式成为法律。法律调整的是受到主体的意志和意识所支配的行为以及

---

① 姚建宗，"思考与补正：论法的调整对象"，《吉林大学社会科学学报》，1994 年第 6 期，第 26 页。

主体之间的社会关系。"① 可见，法律是用于调整人的行为，以及人与人之间所形成的法律关系的社会规范。这种观点在当下理论界是毋庸置疑的。"规范科学，诸如法律或者伦理，只关注行为，根据规则，其之应当发生。"② 从法规范角度而言，行为以及行为事实是法规范所要评价的主要内容，而行为所采用的方法、方式以及行为所产生的效果、影响以及后果，虽然也可能纳入法规范的评价范围，但是它们却始终是围绕着行为这个核心所展开。

法律的本质是行为规范，这种行为规范背后往往蕴含了立法者对规范行为的价值取向。传统的、获得多数学者认可的学说认为："法律规范是一种特殊的、在逻辑上周全的规范，一个完整的法律规范在结构上必定由三个要素组成，即假定、处理和制裁。"③ 法律规范的逻辑结构决定了，它是一种典型的"先归纳，后演绎"的运行过程，即立法是一种对行为及相关事实的归纳，而司法则是将具体行为及相关事实涵摄到既定法律规范行为。

现代民法学家卡尔·拉伦茨对立法及司法过程作如此描述："立法者必须接受既存的类型，虽然他仍可作更具体的规定，或者尝试重新界定类型的界限。而这里的类型，其指涉的事实上是一些以类似的——而非总是以相同的——方式出现之生活现象……而规范适用是：将个案归属到一般性规范之下的过程（涵摄）。"④ 法律制定是立法者基于生活现象的类型化而制定的评价性规范，法律适用则是司法者将具体案件事实涵摄到法律规范所归纳的事实类型。

从犯罪行为学角度而言，立法是对现象化的犯罪行为的模式化，而司法是对实践案件中的犯罪行为的实定化。刑法学者认为，"现象化的犯罪行为，是指由行为人具体实施的、在社会生活中表现出来的、具有犯罪性的动作要素的综合体。它发生在现实生活中，能被人们发现并认识，或处在被立法规制前，或虽处在被立法规制后但尚未被模型（式）衡量时，所呈现的状态。通常也称为自然状态的犯罪行为。而模型（式）的犯罪行为，就是被立法规范确定的犯罪行为。它体现在以犯罪行为为对象的立法过程中，具有法定性、规范性和概括性的特征。

---

① 朱景文，《法理学》，北京，中国人民大学出版社，2008年，第26页、第120页。
② [美]罗斯科·庞德著，邓正来译，《法理学》，北京，中国政法大学出版社，2004年，第131页。
③ 孙国华、朱景文，《法理学（第二版）》，北京，中国人民大学出版社，2004年，第292-293页。
④ [德]卡尔·拉伦茨著，陈爱娥译，《法学方法论》，北京，商务印书馆，2004年，第14-17页。

通过模型（式）的犯罪行为，可以在立法上确定入罪标准，为司法实践提供犯罪构成的形式要件，为公民守法提供行为的尺度。实定的犯罪行为，就是被司法确定的犯罪行为。犯罪行为的实定，是指运用模型（式）的犯罪行为对现实中发生的疑似的犯罪行为进行比对、衡量，将符合模型（式）犯罪行为要求的犯罪性行为予以确定的活动。在司法中被模型（式）比对后确定的犯罪性行为就是实定的犯罪行为。"① 可见，刑事立法的过程就是把现象化的犯罪行为归纳为犯罪行为模式②的过程，而刑事司法的过程则是把案件中的具体犯罪行为与犯罪行为模式进行比对、衡量并予以实定。

将上述立法与司法的运行过程进行概括，如图 1.1 所示：

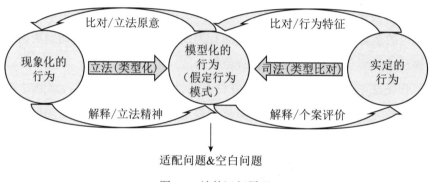

图 1.1　法的运行原理

当社会中的各种行为现象尚未被立法所确定时，其均表现为现象化的行为，即自然行为。立法过程则是将社会中现象化的行为进行类型化，并给予立法评价从而建立起模式化的行为，即假定行为模式。司法过程则是将本案中的具体行为与假定行为模式进行比对并予实定。

根据上述原理，从逻辑上讲，司法活动在对本案中的具体行为进行实定时，需要经历两次比对和两次解释的过程。第一次比对是将本案中的具体行为通过行为模式的特征分析与立法所确定的假定行为模式进行比对。第二次比对是通过立法原意分析将立法所确定的假定行为模式与立法所欲调整的现象化行为进行比对。从理论上讲，不论这两次比对的结果是否同一，司法者都要对这两次比对的

---

① 楼伯坤，《犯罪行为学基本问题研究》，北京，法律出版社，2014，第 12-13 页。
② 笔者认为，这里存在"模型"与"模式"的概念混用，"模型的犯罪行为"其实是指"模式的犯罪行为"。

结果依次作出解释。第一次解释是司法者根据立法原意及可能隐含的立法精神对模式化的行为与现象化行为的同一性作出解释。第二次解释是将本案中的具体行为与假定行为模式是否具有同一性作出评断性的解释。

当下法学界广泛存在一种不尽科学的思维方式，即当发生一种网络犯罪现象时，首先通过援引某一法律条文，然后针对该网络现象寻求规范解释。这种思维方式的逻辑过程是：首先假定某条现行法律条文是正当的，然后寻求自圆其说的解释论。虽然这看似符合法教义学的传统，但实质上是类比思维在影响人们的认知。

从司法意义上讲，目前网络领域广泛出现的司法乱象，可以归因于对第二次比对（立法比对）和第一次解释（立法解释）在逻辑思维上的跳跃，抑或是推理方法不当。[①] 少数情况下还可能存在对第二次解释（司法解释）的错误运用问题。以上三个问题属于现有法律与网络现象的适配性问题。当出现第二次比对（立法比对）和第一次解释（立法解释）无法进行时，则可以称之为网络现象在现有法律中的空白问题。空白问题更容易出现在新型行为形态中，如网络领域的数据爬虫行为、漏洞扫描行为、非法伪基站与 DDoS 攻击，等等。

拉伦茨认为："法官在司法实务中具有将个案案件事实适当归入于某一（立法所确定）法规范所确定的类型的义务。不管是在判断的具体化标准还是案件事实的归属类型，法官都有判断的余地空间。"[②] 法官在个案裁判时对法律规范可以进行或多或少的修正，即法官对法的续造。拉伦茨将法官对法的续造方法分为三类：法律解释、法律漏洞的填补（法律内的法的续造）和超越法律计划之外的法的续造（超越法律的法的续造）。显然，与传统犯罪相比，网络犯罪的刑事规范往往更需要法官的法的续造，而且更可能是超越现行实然法的法律续造，这是技术的创新性与法律的保守性之间的矛盾使然。实际上，这是司法对立法滞后的一种补救措施。

从理论上讲，更为妥善的解决办法当然是抓紧展开针对新事物、新现象的立法完善。然而，从立法意义上讲，当下时代所面临的现实问题是：立法的滞后性使得我们当前在立法程序上来不及、立法能力跟不上技术行为的变化节奏，进而

---

① 余继田，《实质法律推理研究》，北京，中国政法大学出版社，2013 年，第 289-290 页。
② [德] 卡尔·拉伦茨著，陈爱娥译，《法学方法论》，北京，商务印书馆，2004 年，第 17 页。

无法对新的行为样态及时做出评价。尤其是，网络智能技术的发展导致了人类行为方式的剧烈变化并呈现出明显的多样化表现，而变异的行为方式往往需要给予新的价值评价，多样化的行为则要求行为的价值评价要更具多元性。这些都导致了法律治理方式在时代当下产生了诸多困难和困惑。

综言之，作为一种行为规范，法律的形成过程和适用过程是基本确定的，即立法者首先通过立法程序将社会现象中的自然行为予以类型化并给予相应的价值评价。经过这种立法评价的自然行为即上升为法律上的模式化行为。当社会中再次出现相同或相似的行为方式时，司法者需要将其与立法上已经确定的模式化行为进行比对并予以司法确定。法的运行原理决定了，法治是一种相对滞后的行为模式治理，而这种治理方式在当前网络智能社会环境下所面临的现实困难是立法与司法难以应对网络智能技术所造成的行为变异性与行为多样性。

二、规范必须基于类型化行为

作为一种行为规范，法律的一半是规范，而另一半是行为。更重要的是，规范只有基于行为的类型化才能展开。因而，行为是法律的第一性，而规范是法律的第二性。对于行为第一性、规范第二性的认识，关涉到世界观、方法论与价值观的认知问题。

当人们无法正确认识世界观（行为）时，就无法采取正确的方法论（行为治理）进行处置。没有取得正确的方法论，人们就会（在立法上或司法上）采取摒弃、规避甚至拒绝的价值态度。反言之，人们只有首先树立起正确的世界观，才有可能找到恰当的方法论，最后获得正确的价值观。

事实上，世界观、价值观与方法论也会互相作用。国家往往根据某种犯罪治理的难度，对犯罪的相应证明标准进行调整。比如，如果某种犯罪处于高发期，或者很难打击，那么就要降低这种犯罪的证明标准，以提高打击力度。从哲学上看，这属于世界观、价值观与方法论的互相影响。如果我们从世界观上无法认识它，就会在价值观上抵触它，从而选择相对激进的方法论。反之亦然。一般来说，价值观问题是应用法学或部门法所要关注的问题，它往往不断调整；而方法论问题往往是法理学所要关注的主要问题，它往往相对稳定。显然，本书着重于法理学的方法论研究而非应用法学的价值观讨论。

换言之，相对于世界观与价值观，方法论往往具有更强的稳定性和科学性。因为，"科学的思维方式（还）有（另）一个特点，即那些用来建构其连贯一致的体系的概念，不带有情感色彩，只有'存在'，没有什么愿望，没有什么价值，没有善，没有恶，也没有目的。"[1] 法律是否科学关键在于是否有合理的法学方法论。[2] 因而，法理学中的法学方法论往往最可能成为法律全球化的共识。[3]

在行为模式相对稳定的过去，人们对法理学的思考往往侧重于法律的规范性而忽视法律的行为性，这是学科思维定式使然。然而，在法学理论上两者却不可偏颇。尤其是面临网络智能时代的转折，人们应当把关注焦点从法理学领域的规范化研究转移到更为前置的行为类型化。从法的运行原理来看，行为的类型化研究主要涉及立法工作，而行为的规范化适用则主要涉及司法工作。就法学科而言，从规范到行为的研究过程，其实是探寻价值本质的过程。

基于这种认识，当我们遭遇网络智能领域的新兴现象时，首先要考虑的是传统法律规范在行为的类型化及其涵摄上是否恰当。在传统行为模式中，模式化的行为与现象化行为的同一性一般不会存在太大争议，故而司法人员往往将此步骤略去。但是，在出现前所未有的新现象或新事物时，模式化的行为与现象化行为的同一性则经常是存疑的，因此司法人员必须对其进行审慎推敲并予回应。这就是司法人员在"立法解释"上的能动性体现，是为司法人员对法律的实践续造。而司法人员对本案行为与假定行为模式的评价与解释则是司法人员在"司法解释"上的能动性体现。

在行为类型化正当的基础上，才有行为规范化的科学性问题。只有将网络犯罪行为重新进行恰当的类型化，我们才能将其正确归入到相应的法益之中，从而建立起一套合理科学的刑事规范体系。结合传统刑法学理论，我国刑事犯罪行为的规范化一般是根据犯罪客体或法益来区分，并以此构建起我国现行刑法分则体系。当前我国刑法分则的法益区分主要有：国家安全法益、公共安全法益、市场

---

[1] [美]阿尔伯特·爱因斯坦著，方在庆编译，《我的世界观》，北京，中信出版社，2018，第458页。

[2] [德]阿图尔·考夫曼著，刘幸义等译，《法律哲学》（第二版），北京，法律出版社，2011年，第67页。

[3] 於兴中，《法理学检读》，北京，海洋出版社，2010年，第93-98页。

经济秩序法益、人身民主权利法益、财产法益、社会管理秩序法益等。由于侵犯不同法益对社会的危害性不同，我国刑法针对不同法益采取不同的证明标准，有些是行为犯，有些是结果犯，有些则兼而有之。

行为的类型化不仅关涉到刑事实体法的安排，也关系到刑事证明的走向。因为，从某种意义上讲，行为的类型化划分就决定了行为规范的法益归类，而规范的法益归类大体上就决定了犯罪证明的目标与标准。证明方法的运用或创造仅仅是从客观上迎合了实体法规范所设计的证明目标或证明标准需求。基于这种推理，不难得出另一个结论，即犯罪行为的形态间接决定了证明方法的采用。这体现了价值观对方法论的反向作用。

三、网络时代的行为再类型化

网络智能时代所面临的行为类型化问题是十分复杂的，有些是传统犯罪网络化所带来的重新类型化问题，有些则是全新网络犯罪形态的类型化问题。前者比如前述论及的网络诈骗问题，它存在特定对象与不特定对象的区分问题。当然，像网络造谣这些传统犯罪都存在网络智能图景下相似的重新类型化问题。

在此，以数据爬取这种全新的网络行为方式为例再行讨论网络犯罪的类型化问题。网络领域的数据爬取主要是网络爬虫技术的应用。网络爬虫，又称网页蜘蛛或网络机器人，它是一种按照特定技术规则自动抓取数据信息的程序或者脚本。网络爬虫技术的应用领域、应用场景十分广泛，实现网络数据爬取的技术实现方式也是类型多样。因而，对数据爬取行为就要有不同的行为类型化区分以及相应的法益归类。

一般来说，数据爬取行为可以分为广义数据爬取、中义数据爬取和狭义数据爬取。广义数据爬取是指行为主体通过网络爬虫技术，从不特定对象网站抓取不特定范围数据的行为。因为广义数据爬取行为往往涉及不特定对象网站的不特定数据权利，因而它更多属于公共安全利益规制所要考虑的范畴。所谓中义数据爬取，它是指行为主体向特定对象网站抓取不特定范围数据的行为。因为中义数据爬取行为主要涉及特定对象网站的数据信息，在主体关系上是"一对一"的，所以这种行为的正当性一般可以通过法律上的合同关系或侵权关系予以评价或调整，这主要是公民或法人的财产性权利规制所要考虑的范畴。而狭义数据爬取是指行为主体向特定对象网站抓取特定范围数据的行为。在这种情况下，我们要更多考虑的是对象网站中特定数据信息的权利归属或权利实质归属问题。后者是指被爬取的数据信息权利是属于对象网站，还是属于对象网站的用户，抑或是由二者共同共有。如果是二者共同共有，则又涉及数据权利与信息权利的分离，具体还涉及数据信息权利的所有权、使用权（授权）以及管理权等多种问题。诚然，数据权利与信息权利的归属与判断是网络智能时代所产生的新兴疑难问题，已经不是本书所能承载的讨论范围，暂不作深入论述。

不论是网络爬虫技术抑或其他网络智能技术，它们往往都存在"一种技术，多种运用方式"的问题，即同一种技术所产生的行为模式也是多样化的，不尽相同。也因此，同一种技术所带来的犯罪行为所对相应的法益侵犯也应各有不同，这需要法律上的多元评价。

比如，一般来说，广义数据爬取行为因为涉及不特定对象网站及不特定对象数据的权益，所以应当考虑归入公共安全法益之中。我国传统刑法理论认为，"公共安全是指特定或不特定多数人的生命健康、重大公私财物或公共生活利益的安全"[①]。不特定对象网站及不特定对象数据的权益已经足以涉及不特定多数人的生命健康、重大公私财物或公共生活利益的安全。至于是否纳入国家安全法益进行评价，亦属于可考量范围。这取决于立法机关是否认为该行为已经足以从政治上威胁到国家安全利益。

相对而言，中义数据爬取行为由于涉及的是某一个或几个特定网站上的数据权益，一般没有必要纳入公共安全法益的考量范畴，除非对象网站的数据权益存在特殊的保护必要。但是，它至少可以考虑纳入公民或法人的财产权益保护范畴。当立法机关认为这种数据爬取行为属于社会管理秩序或市场经济秩序的调控范围时，也可以纳入相应的法益范畴。实践中由于往往存在网站类型、网站用户数量以及网站影响范围的差异，因而可以借助于分类、分级的方法进行法益考量。这种思路在我国《网络安全法》的关键信息基础设施制度、网络安全等级保护制度等方面均已被采用。

---

① 王作富，《刑法》（第四版），北京，中国人民大学出版社，2009年，第271页。

最后，狭义数据爬取行为在绝大多数情况下并不涉及国家安全法益、公共安全法益、市场经济秩序法益、社会管理秩序法益以及重大财产安全法益等，故而适宜以民事法律关系进行调整和保护。尤其是，在对象网站与网站用户对于数据信息权利的实质归属尚无定论的情况下，更加不宜纳入公法的调整范畴。当然，还要认识到前述各种法益的保护边界通常也是模糊的，因而还有必要在立法技术上做好刑事法规范、行政法规范与民事法规范之间的衔接。

数据爬取行为之所以难以用传统法律规则进行评价，其主要原因是人们再无法找到一种与具有对象非特定性的数据爬取行为相似的传统行为方式进行类比思考。这就使人们失去了对数据爬取行为的认识方法基础，因而难以形成共同认知。这概莫是此类新型网络犯罪容易产生法律争议的主要原因。换言之，数据爬取行为不再是传统方式中对象特定性的行为，而是一种对象非特定性的行为。数据爬取的法律规制必须从本质上解决网络环境下行为对象的"不特定性"与传统法律视角下行为对象的"特定性"假定的不适配性问题。实际上，这种现象在与数据爬取相似的漏洞扫描、伪基站、DDoS 攻击等新型网络犯罪形态中都普遍存在。同理，传统犯罪行为的网络化升级中，对象扩大化问题也是普遍存在的现象，因而也需要考虑类似的解决方案。

综上，不论是传统犯罪行为的网络化抑或是全新的网络犯罪形态都面临着再类型化问题，而再类型化的处置安排必然会涉及刑事实体法的规范设计以及一系列的犯罪证明问题。可见，网络犯罪证明不仅向上与刑事实体法的规范设计紧密联系，它向下与网络犯罪本身的行为样态也息息相关。因此，要讨论网络犯罪证明问题必须全面分析、通盘考量，仅着眼于某个部门法或某几个部门法的局部学科思考不足以发现问题的本质，需要进行行为学层面甚至哲学层面的思考。

值得说明的是，虽然网络犯罪行为的类型化及法益区分是一个国家意志层面的立法问题，其中必然考虑到国家主权与网络安全的利益安排，但是网络犯罪背后所产生的行为模式变迁问题首先是整个人类共同面临的时代性问题。因而，在网络智能社会背景下研究网络犯罪证明有必要基于人类行为学而展开。个性要服从于共性。

第二章

网络犯罪证明的理论
反思：行为学的检视

因为人与人的社会关系必须通过行为发生作用，所以行为学是社会科学研究的主线。不论是法学、管理学、社会学还是其他相关社会科学，它们最终都是围绕着人的行为而展开，差别是有些学科关注的是个体行为或群体行为，而有些学科侧重于国家社会行为甚至整个人类行为。面对网络智能时代的社会转型，以行为学为视角对法学科进行检视是极为重要的。从法学科与行为学的交叉关系来看，行为学问题的相关讨论至少可以从以下两方面展开：一是，如何看待行为的外部关系，包括行为与技术的关系、行为与法律的关系、行为与事实的关系、行为与证明的关系等。二是，如何看待人类行为的自身变化，包括行为在工具性上的变化、行为在意志性上的变化以及这些变化对社会形态的影响等。前一方面是行为学与法理学相交叉的基础性问题，后一方面则主要涉及行为学自身的基础性问题。

第一节　技术、行为与法律的关系

如何看待技术、行为与法律的关系，这是技术时代面临的基础法理问题。如果不理解这个基础性问题，人们就很容易被纷繁复杂的技术形态和技术表象所迷惑，从而使人们对相关技术所引发的法律现象的理解陷入认知上的混乱。而这个问题的厘清需要基于技术和法律的基本定义和基础功能展开。从法理上讲，法律是行为的规范，并不是技术的规范。因而，技术本身并不直接影响法律，只有技术影响了人的行为时，技术行为才促成了法律的调整。从技术、行为与法律的底层逻辑关系上讲，技术的发展促使了行为方式的变化，而行为方式的变化决定了行为规则即法律的调整。就法学科而言，从法律到行为与从技术到行为的重心转移都是面向本质的回归。

一、技术促使人的行为方式升级

所谓技术，一般是指为了某种目的、共同协作组成的各种工具和规则体系。"技术是为达到某种目的的一种组合，技术是由零部件构成，这些不同的模块和它们之间的联系共同形成了一个工作构架（working architecture）。"[①]从广义上讲，技术可以是指各种手段、各种方法或各种技能。技术和宇宙、自然、社会一起共同构成了人类生活的四个环境因素。在不同的时代，技术一词有不同的内涵。在物质时代，技术一般是指某种工艺或技艺。所谓熟能生巧，巧就是技术。《史记·货殖传》中就出现了"技术"一词，意为"技艺方术"。英文中的技术一词最早出现在17世纪，当时也是仅指各种应用工艺。直到20世纪初，技术一词的含义才逐渐扩大到工具、机器及其使用方法等。

技术与人类历史一样源远流长，它远比科学古老。在古代，技术一般由工匠掌握，而科学往往专属于贵族和哲学家。随着中世纪以后经济与社会的快速发展，技术与科学不断接近。到19世纪，以科学为基础的技术进入了全新的发展阶段。随着科学与技术的转化效率不断加快，20世纪以后科学与技术的界限就越来越模糊了。技术与科学的关系一般可以理解为形与神的关系，技术是科学的有形化或物化，而科学是技术的无形化或神髓。物化可以使科学变得更为现实，神化可以使技术变得更为先进。

因为技术与科学的紧密关系，实际上现代技术已经可以在很大程度上直接理解为"科学的应用"。现代科学的发展离不开现代技术的物质基础，现代技术能够为科学研究提供充分必要的手段和设施。同时，它又往往为科学研究指明方向和需要。事实上，技术与科学的界限在21世纪的当下已经变得十分模糊。技术应用的问题往往需要寻求科学理论的突破，而科学理论的突破往往又能快速转化为技术应用。总言之，技术与科学之间是一种紧密联系、互相促进而又相互制约

---

① ［美］布莱恩·阿瑟著，曹东溟、王健译，《技术的本质》，杭州，浙江人民出版社，2018，第31-34页。

的关系。在当下时代，科学与技术在语词上一般合并使用，即科学技术，简称科技。

技术一词有广泛的领域区分，比如物质领域的加工技术、制造技术，能源领域的化工技术、材料技术，医药领域的生物技术、医疗技术，等等。在司法证明领域，这些技术领域都产生了相对应的技术证明方法，这往往是传统物证技术学所研究的对象范围，在刑事领域则称为刑事技术。在当下时代，当提出技术一词时，大多数人首先会自觉性地带入信息领域、网络领域、数据领域、智能领域的场景语境，它们是现代技术概念的主要场域。

显然，本书所讨论的技术是指信息、网络、数据与智能领域下的语境概念，而本书所讨论的网络行为与网络犯罪也是这种技术语境下的理解。在此情形下，网络行为可以描述为基于网络信息技术，以网络为工具或以网络为对象，在网络空间中实施的，表达人的意志的活动。本书所讨论的网络犯罪，既包括传统犯罪行为的网络化，也包括全新形态的网络犯罪行为，[1] 典型形态有网络电信诈骗、网络造谣传谣、网络传播非法视频、网络黑客入侵、物联网犯罪、暗网犯罪，等等。从行为对象来看，它们既有对人犯罪，也有对机犯罪和对物犯罪。[2] 从牵涉利益来看，它们既有特定对象的犯罪，也有不特定对象的犯罪。相应地，本书所讨论的技术证明也是这个场域上的概念，它与传统的物证技术或刑事技术相对应。此外，本书还采用"传统行为"或"传统行为模式"的概念来描述使用"物"、"书"、表情、眼神等传统方式实施的行为，以示理解上的区分。

从人类行为工具角度而言，技术往往是工具的内涵，而工具是技术的外化。技术必须借助于某种载体才能表现出来，"人"和"工具"是技术最为主要的两种载体形式。前者如能工巧匠、技师、工程师、科学家等；后者如甲骨文、竹简、图纸、档案、电脑硬盘等。一种工具，尤其是一种先进的工具，它们的制造、产生或使用往往都蕴含了技术的精华。简单的技术造就简单的工具，复杂的技术造就复杂的工具，高超的技术造就精端的工具。工具总是随着技术的升级而升级，进而使人的工具行为变得逾加强大。

随着网络与智能技术的出现，人的行为工具与人的工具行为出现了翻天覆地

---

① 伍刚，"网络犯罪类型研究"，《科协论坛》，2009 年第 12 期，第 183-184 页。
② 赵秉志、于志刚，"论计算机犯罪的定义"，《现代法学》，1998 年第 5 期，第 8-9 页。

的变化。这是一种前所未有的工具革命。网络智能时代的行为升级，其背后就是由科学技术推动行为工具的不断升级而产生。网络智能时代的工具甚至还产生了其自身的语言和全新的工具场域，即计算机语言和网络空间[1]，这深刻地影响了人的行为方式的变化。在此基础上，人类行为面临着全面技术化与工具化的演变，而智能时代的迅速到来更使得人类对这场历史变革的发展节奏前所未料。面对前所未有的历史变革，人类亟待对行为工具与工具行为展开全面而深刻的思考，以应对随之而来的智能社会变革以及全新的智能文明塑造。

二、行为升级决定法律变革

当人类的行为方式产生剧烈变化，由人与人的关系所组成的社会组织形态就会产生相应形式的变化。因为法律与社会总是密切相关的，所以社会形态的变化势必也会引起（调整社会关系的）法律形式乃至法律精神的变化。当下社会组织形态从根本上讲是由网络智能技术所催动的，因而社会组织形态就呈现出了与网络智能技术相近似的特征。

具体而言，首先是智能社会的行为方式特征，"点击生活、算法经商、模型治国"已经成为智能社会的三大主流行为样态。所谓点击生活是指人们可以通过智能技术一键式完成生产生活行为。算法经商描述的是企业的生产经营行为，传统企业利用智能机器、智能系统、智能算法等方式来实现生产经营的智能化升级，互联网企业更是如此。国家的社会治理也必将迎来智能化时代，模型治国指的就是国家政府、组织单位等必须借助技术方法（技术模型）来实现智能化监管。

其次是智能社会的组织结构特征。从社会组织结构形态来看，过去的社会是一种典型的"树状式"组织结构，从中央到基层是一种"树状式"的层级管理。即使当下，政府部门仍在强调社会的"网格式"监管。这种管理方式是把国家和社会划分成各个片区，进而各司其职地管理。诚然，传统的"树状式"管理对于线下社会的监管仍然具有一定的必要性，但是对于线上行为的监管则没有显现应

---

[1] 李一，"网络行为：一个网络社会学概念的简要分析"，《兰州大学学报》（社会科学版），2006年第5期，第49页。

有的效果。这是因为，互联网不仅改变了人们的行为方式，也深刻影响着社会的组织结构。互联网在技术上的"网点式"结构使得网络社会的线上监管也体现出"网点化"的特性。因为网络用户总是散落地分布在互联网的各个角落，所以相应的行为监管需要倚赖于网络平台这种超级网络结点而实现。网络社会的这种结构形态与网络技术的 P2S 结构或 P2P 结构具有十分相似的技术特性。

最后是智能社会的生产方式特征。从智能社会的发展来看，作为劳动者的人与作为生产工具的机器形成了极其强烈的竞争关系。很多劳动者的生产功能已经被智能设备、机器人、信息系统等生产工具所替代。同样受到智能化的影响，社会的监管方式也出现了中层管理被替代以及顶层管理集中化的特点。借助于智能监管方式与智能监管系统，监管者可以在顶层直接下达指令到基层，而不需要中间层的介入与处理。因为智能监管方式在社会治理的效率上具有明显的优势，它是科学技术在社会治理与监管中的运用，所以可以预见智能化的社会治理方式近在咫尺。

随之而来的是，法律领域也迎来了前所未有的变化。首先，物质时代的规则不尽然适宜信息时代的场域。在物质守恒定律的规律决定下，物质的总量是不变的，既不会被创生，也不会被消灭，它只会从一种物质转移到另一种物质。然而，信息的总量却是不守恒的。信息的不守恒定律告诉我们，它与物质、能量的守恒不同，信息可以增加，也可减少。相同的物质和能量，会因为结构不同而导致信息的性质和功能不同。[①] 有学者将这种信息不守恒归结为信息的共享性，"它是指信息在一定的时空范围内可以被多个认识主体接收和利用"[②]。

一般认为，物质和能量是守恒的，在交换过程中遵循等值补偿的原则。任何物和能，在一定的时空范围内，一旦被某人占有享用，那么其他人就没有占有享用权。如果占有者将自己所拥有的物或能转让给别人，那么他自己就必定失去对这些物或能的占有享用权。信息则不同，信息在交换之后，双方不仅都能够继续享有使用的资格，而且还会不断地巩固和增加新的信息。因而，信息的共享具有无限性，信息的交换、转让和使用可以无限地进行下去，最终为大家所共享共用。

---

① 侯宗肇，"信息不守恒初探"，《哲学研究》，1986 年第 3 期，第 31 页。
② 孙志鸿，"信息的本质和信息守恒问题"，《合肥工业大学学报》（社会科学版），1987 年第 4 期，第 52 页。

这种共享共用是通过信息的不断扩散而进行的。[①] 从技术原理上看，信息的共享性实际上是信息可复制性的表象效果。这种表象效果的深层原因是：信息的可复制性与物质的不易复制性存在技术本质上的不同。从技术本质来讲，信息总是以"复制"的方式进行传播，而不是像物质那样的"转移"。这也使得信息活动与物质活动在运行机理上存在根本性不同。

信息活动与物质活动在运行机理上的根本性不同，必然会对人的行为规则设计带来精神理念上的严重冲击。具体而言，由于物质总量的确定性，使得物质时代所形成的权利规则总是以具有排他性的绝对权为主，即某种物质权利要么属于你要么属于我，不能由双方共享，否则就会形成物质支配与管理的现实障碍。但是，信息的共享性使得信息的权利规则设计不必再拘泥于物质时代的绝对性和排他性，而应当努力转换到以"共享"为核心精神的限制性权利规则，即信息的权利规则应当鼓励"共享""共用"，同时采用大量的限制性规则设计以避免信息的"滥用"。显然，因为这两种法规范设计的理念以及背后的法律精神截然相反，所以势必会对当下法学界的思维定式造成严重的认知冲击。从物质时代的排他性规则转变为信息时代的限制性规则，这是信息社会与物质社会在法规范特征上的重要转变。

其次，法律精神的转变还可能影响人们对法律价值的期待。过去一般认为，法律的价值主要有秩序、自由、正义、公平、安全、效益等。显然，针对信息，如果我们采取以限制性规则为主以及鼓励共享的设计理念，那么我们实际上已经选择了自由与效益适当优先的价值取向。这必然会引起自由、效益与公平、安全在价值取向上的再次衡平。权利独享，这意味着公平、安全的价值优先，但是负面影响是必然制约经济社会的发展。权利共享，这意味着自由、效益的价值优先，但是负面影响是可能导致对权利的滥用和对安全的威胁。

基于法律价值衡平的严肃性，笔者认为，针对信息以及相应的数据权利（数据与信息是载体与内容的关系），当下不宜急于建立统一的数据信息权利规则体系，而应采取尽量谨慎、克制以及敬畏的态度。一方面，在方法论上，人们在很长一段时间内还难以解决数据信息权利的杂糅问题，包括信息权利与数据权利的

---

① 萧浩辉，《决策科学辞典》，北京，人民出版社，1995年。

复合，公属数据信息权力与私属数据信息权利的混杂，数据信息的所有权、使用权、管理权、传播权等权属关系的区分等。这些问题的解决需要很长一段时间的实践探索和认知积淀，而这些都关系到数据信息类型化在理论上的形成。另一方面，在价值论上，人们在很长一段时间内还难以做出针对数据信息权利规则的价值取舍。尤其是，因为数据信息、数据信息权利以及数据信息运用的复杂多样性，这会使数据信息问题的实践处置变得极其微妙，所以人们往往会因为实践细节的认知差异而表现出价值取向摇摆不定的现象。

再者，如果在短期内无法完成数据信息以及数据信息权利的理论类型化，进而也无法建立起合理科学的数据信息实体权利规则体系的情形下，寻求程序性规则对数据信息及其权利运用进行规制，这是当下相对可行的办法，但也是无奈为之。

具体而言，在互联网发展的早期阶段，人们就采用了避风港原则，即"通知＋移除"（notice－take down procedure），这种程序性规则对数据信息的相关处理行为进行规制。2018年生效的欧盟《一般数据保护条例》（*General Data Protection Regulation*，GDPR）更是把这种数据信息的程序性规制发挥到极致，即通过制定诸如数据主体的同意程序规则、控制者的告知程序规则、处理者的授权取得程序规则、存储者的转移程序规则等一系列程序规则来对数据信息的收集、管理、处理、存储、转移等行为进行规制。实际上，我国2017年《信息安全技术 个人信息安全规范》(GB/T 35273—2017)也是采取了类似的程序规制法，即该规范在体例上设计为个人信息的收集、保存、使用、委托处理、共享、转让、公开披露等，并建立了相应的具体程序要求。以上这些数据信息程序规制方法的共同特点是，它们并不肯定也不否定相关主体在实体性规则上获得、处置这些数据信息及相关权利的可能性，而是对这些数据信息的相关获得、处置行为进行程序上的引导和限制。从某种意义上讲，这是一种应对数据信息权利在自由、效益与公平、安全上的价值平衡的临时处置方案。

诚然，程序规制法在当下意义重大，它能够在一定程度上解决当前问题。尤其是因为这种规制方法的实务指导性较强，所以往往为英美法系国家所接纳。然而，从长远来看，程序规制法因为理论支撑不足、价值取舍不定，所以缺乏生命力、可持续性存疑。比如，GDPR虽然试图对数据信息主体的实体权利进行区分和确定，但是实际上却仍然沿用了物质时代的权利规则思维。这导致了整个规范的条款设计与信息时代的精神理念极不相称。也可以说，GDPR 是传统思维在信息时代的颠覆性的极致体现。这一点从全球各大互联网企业对 GDPR 的情绪反应上可见一斑。尤其值得注意的是，采用程序规制法往往还会存在一种因为忽视实体法的价值导向而"被带入"的法律现象。笔者认为，GDPR 的实体法价值导向其实是信息主权的扩张和入侵，如果在忽视实体法价值认知的情况下盲目随承它的程序规则，就很容易导致我国及其他国家在信息主权的价值追求上丧失独立性。

因此，我们既要看到程序规制法在当下选择的妥协必要，也要看到程序规制法所潜伏的巨大风险。除了上述价值偏离风险以外，采用程序规制法解决数据信息问题，还存在着另外的弊病，那就是：繁、杂、乱。原因是，程序规制法需要尽可能地归纳网络环境下各种数据信息行为在实施方式上的可能性，并引以程序规制。这就会引起技术客观表现与规则主观认识上的矛盾，即网络技术及其行为具有天然的自由、开放属性，而我们却非要穷尽一切办法将其归纳总结。

三、技术法律化与法律技术化

因于技术对行为的影响、行为对法律的影响，当下网络智能领域出现了技术规范法律化和法律规范技术化这两种非常重要的发展趋势。技术规范法律化的趋势动因是法规范的形成机理，即新型行为形态的规范化发展往往要经历从习惯到习惯法、从习惯法到制定法的过程。法律规范技术化的趋势动因是行为的技术化，它使得行为规范往往需要借助于技术语言来表达。网络智能时代背景下的技术规范法律化和法律规范技术化，它们共同使得技术规范有可能成为法律规范的一种替代表现形式。

首先，技术规范法律化是因为法规范的形成机理。纵观法律史的发展过程，在某种社会文明发展的原始时期，据以遵守的规范往往是从习惯开始。法谚有云：罗马法不得违背古老习俗的权威，道德德性通过习惯养成。"学界对习惯的界定一般着眼于两点：或者认为习惯是人们的一种行为模式，或者认为习惯是一种行为规范（或者行为规则）。"[①]习惯一旦经过国家司法或立法的权威认可，它就发展成习惯法，或者以成文法形式表现出来。简言之，国家成文法的制定往往要以社会习惯（包括行业的技术习惯）或习惯法为基础。

基于这种机理，网络智能领域的立法，尤其是网络环境下所出现的全新行为形态（如网络爬取、泄漏扫描、信道攻击等）的立法，势必也要基于社会习惯、行业习惯以及习惯法而展开。当然，相对于技术习惯而言，技术规范因为它往往具有更强的行业认同性，所以它更容易获得国家权威的认可。也就是说，技术规范最有可能成为习惯法的来源。

其次，法律规范技术化是因为行为规范的技术语言表达需要。因为技术决定行为、行为决定法律这种底层逻辑存在，所以网络智能领域的技术、技术行为、行为规范，它们总是需要借助于技术语言来实现表达。因而，法律规范技术化在网络智能领域总是不可避免地存在，这也是网络智能时代法规范最为显著的特征。

最后，在此情形下，技术规范本身也有了新的行为规范意义。从逻辑上讲，用以调整人们运用技术以及技术行为的规范形式主要有两种方式：一种是，通过法律规则调整运用技术的行为；另一种是，通过技术规范调整运用技术的行为。在过去，一般认为，技术规范是纯自然科学领域的问题。比如，有学者认为："技术规范是与社会规范相对的调整人与自然关系的规范的总称。"[②]显然，这里的技术规范是自然科学意义上的概念。事实上，技术规范作为一种方法中立的规范形态，它本身并无应用领域的界限区分，是人们赋予其应用价值和应用领域的理解。

当我们借助于技术规范来调整人的行为及人的社会关系时，技术规范就不再只是自然科学领域的问题，它可以兼具社会科学领域的行为规范调整功能。在法律框架下，这种行为规范的调整功能主要是通过技术规范对技术行为的引导和示范而实现。当然，因为技术规范本身在表达上一贯存在很强的技术性，所以用技术规范来调整人的行为必然也表现出技术规范法律化和法律规范技术化的双重特点。

---

① 王林敏，"论习惯和习惯法的概念界分"，《湖南警察学院学报》，2011年第4期，第97页。
② 徐梦秋、曹志平，"技术规范的特征与内涵"，《自然辩证法通讯》，2008年第5期，第50页。

在此背景下，我们所要考虑的主要问题是：如果作为习惯法，如何解决技术规范在我国现行法律体系中的法源效力问题，以及如何让具备法规范调整功能的技术规范妥善地加入社会行为的法示范与法评价功能。

关于技术规范的法源效力问题，从理论上讲，技术规范被国家权威接受认可的方式主要有两种，即立法和司法。因而，就存在"被司法吸收的、以判例形式存在的技术规范"和"被国家成文法确认的、以准用性规范形式存在的技术规范"这两种形态。众所周知，我国并非判例法国家，因此通过司法判例确认技术规范的法效力不具有可操作性。较为可行的方式是，通过指导性案例确认技术规范的相对规范价值。

当然，我国的成文法制度与欧美国家并不相同。我国现行法律体系下的技术规范实际上是区分国家强制性技术规范和非国家强制性技术规范这两种类型。国家强制性的技术规范在具体形式上一般表现为《××××技术规范》或《××××技术标准》，或者是《××××技术性法规》，而非国家强制性技术规范一般仅限于前二者。从某种意义上讲，《××××技术性法规》实际上就是将某些成熟稳定的技术规范从形式上完成到成文法的升级改造。诚然，国家强制性技术规范的客观存在确实能够从另一种形式上解决技术规范在我国的法源效力问题。但是，立法者也应当谨慎对待国家强制性技术规范的形成与确立。因为，它实际上与一般的成文法规范一样，已经潜伏着的技术与技术行为相对不确定性的法律规范风险。比较稳妥的处置方案是，在形成国家强制性技术规范时，做好原则适用性和向后兼容性的技术保留。

关于技术规范的法律改造，技术规范的形成与完善要特别注意法律精神的指引。法规范视野下的技术规范，对其形成机理的理解和控制就会决定随之而来的行为规范的合理性与科学性。这就如同对传统法理学的理解和运用会直接影响各部门法规范及其形成的科学性和合理性一样。从技术规范的风险控制来说，沿着"技术习惯——非国家强制性技术规范——国家强制性技术规范——成文法规范"的进程来推进技术行为的规范化，这是一种最为理想的理论状态。

在此，本书以网络爬虫领域的 Robots 协议为例，讨论如何完成从技术习惯到技术规范乃至成文法规范的改造。在网络爬虫领域，Robots 协议是一种非常重要的技术习惯，任何网络爬虫行为都要受到 Robots 协议这种技术习惯的约束。

所谓 Robots 协议，全称是"网络爬虫排除标准（Robots Exclusion Protocol）"，又叫爬虫协议或机器人协议。作为一种国际互联网的通行技术规则，Robots 协议基于以下两项基本原则而建立：一是搜索技术应当服务于人类，同时尊重信息提供者的意愿，并维护其隐私权；二是网站有义务保护其使用者的个人信息和隐私不被侵犯。

网站通过 Robots 协议在技术行为上告诉搜索引擎哪些页面可以抓取而哪些页面不能抓取，具体表现为数据爬取双方对 robots.txt 文件的处置与应答。robots.txt 是搜索引擎访问目标网站时必须查看的第一个文件（位于根目录下），它的主要功能是告诉搜索程序该服务器上哪些文件可以被查看，之后搜索程序就会按照该文件的指示来确定访问范围。若该文件不存在，该网站的任何页面都将被认为没有数据信息保护的需要。如果把网站看作酒店房间，那么 robots.txt 就是房间门口所悬挂的"请勿打扰"或"欢迎打扫"提示牌。它仅仅是告诉人们哪些房间可以进入而哪些房间不对外开放。"robots.txt 不是命令，也不是防火墙，如同守门人无法阻止窃贼等恶意闯入者。"① 因而，Robots 协议对网络爬虫行为的约束方式仅仅是技术上的道德规范。

显然，作为技术上的道德规范，Robots 协议仅仅是一种技术上的道德要求，它并没有从行为与法律的层面进行考量。因而，技术实践中经常会出现网络爬虫的行为冲突，进而上升为法律争议，甚至引发刑法制裁。诚然，作为一种技术规则，我们很难在 Robots 协议中注释法律上的行为责任，但是我们却可以赋予技术规则在行为意志因素上的考量。

具体而言，在当下的 Robots 协议下，当数据爬取主体启动爬虫程序开始抓取数据时，虽然数据爬取行为的外部行动已经开始实施，但是数据爬取双方的意志表达仍不够清晰明确。尤其是，数据爬取行为主要是基于机器或数据的算法并以智能化的方式来实现，因而就更容易使这种行为脱离数据爬取双方主体意志的预期和控制。这就使数据爬虫的行为冲突与法律争议几乎成为势必发生的常态。

如果能够将当下的 Robots 协议进行行为意志层面的技术改造，就可以在很大程度上减少行为冲突与法律争议的产生。具体而言，当下（自然科学意义上的）

---

① 引自 https://blog.csdn.net/u012110719/article/details/40712807，访问日期：2018 年 10 月 2 日。

Robots 协议在意志表达方式上可以概括归纳如下（见表 2.1）。

表 2.1　Robots 协议的行为表达

数据爬取双方主体及其意志		Robots 协议的表达
数据爬取主体	我想要分享你的数据	启动爬虫程序并设定范围
	我想要无偿分享	默示
	我想要有偿分享	无法表达
爬取对象网站	我不愿意分享	设置 Robots 协议为禁止
	我愿意无偿分享	设置 Robots 协议为允许
	我愿意有偿分享	无法表达且无法反馈

如上表所示，作为一种机器语言，Robots 协议并未考虑到因为数据潜在的商业价值而进行"有偿分享"的行为意志表达需要。在数据资产已然成为盛行观念的今天，机器却没能或没有有效表达人们对数据信息"有偿分享"的意志期待，这就容易成为行为冲突与法律争议的来源。

因而，如何利用机器语言，使数据爬取的双方主体能够更加充分而准确地表达其内在意志，这是技术规范行为化乃至法律化的关键。换言之，我们可以通过改进纯粹的 Robots 技术协议来实现算法行为下的意志表达方式，从而使机器语言与人的行为意志走向统一而非分离。

对此，笔者认为，可以在原有 Robots 协议的基础上增加有偿分享的参数，以及必要的反向表达机制。具体可见表 2.2。

表 2.2　Robots 协议的行为意志表达

数据爬取双方主体及其意志		Robots 协议的表达
数据爬取主体	我想要分享你的数据	启动爬虫程序并设定范围
	我想要无偿分享	默示
	我想要有偿分享	有偿分享参数（增加）
数据爬取网站	我不愿意分享	设置 Robots 协议为禁止
	我愿意无偿分享	设置 Robots 协议为允许
	我愿意有偿分享	反向表达参数（增加）

显然，上述有偿分享参数和反向表达机制的增加，都是为了使机器语言能够更加充分而准确地表达数据爬取双方主体的行为意志。经过这种改造后的 Robots 协议，虽然在表现形式上仍然是技术规范，但是实际上已经被赋予了法律精神下

的行为规范功能。而这种行为规范功能，已经同时考虑了网络爬取的外部行动与双方主体的内在意志这两个方面。

在此基础上，可以将改造后的 Robots 协议通过互联网行业协会等组织机构发布成为中国的互联网行业技术规范，并在时机成熟时上升为强制性技术规范或技术性法规。当然，上述方案并不排除后续可以根据技术实践行为的类型细分需要，进一步增加意志行为与行为意志的技术表达参数。在新事物发展的不同时期，我们需要基于技术以及行为模式的稳定性，在技术行为规则上给予不同弹性的规制方案。

值得注意的是，前述改造方案明确将爬虫协议的意志参数设定义务分配给了对象网站，这可能引发争论。因为，在过去，如果有人向他人索取物品，那么显然应当由索取方承担提出请求的动议，而不应由被索取方提出告知提示。然而，为何将网络爬虫协议的意志参数设定义务分配给对象网站呢？这就需要我们对网络时代的法律精神进行开拓性的理解，即前文所述及的：信息时代的法律规则应当由权利性规则转向义务性规则、从实体性规则转向程序性规则。

最后，技术规范法律化与法律规范技术化，并不是说技术与法律发生了直接作用关系。技术规范法律化纯粹是因为技术以及技术行为的规范需要法律精神来引导，从而使技术规范可以发挥行为规范的功能。这是技术应用的法规范需求。法律规范技术化则是因为法律所调整的行为已经由技术全面驱动，所以需要借助技术语言去表达规范形式的法律。这是法律语言的转换需要。值得注意的是，法律规范技术化与技术规范法律化主要是影响立法工作，但是立法终究不能替代司法人员的能动性。司法实务援引技术规范作为裁判依据时，要特别注意技术规范的法源效力及其层级，刑事领域不能把对技术规范的违反当然理解为"违反国家规定"，民事领域的援引解释一般不存在太大风险。司法人员对技术规范的理解和运用需要提高到一个新的层次。

第二节　行为、事实与证明的关系

刑事司法的主要任务是对过去发生的犯罪行为进行追溯和处罚。其中，刑事证明的任务是对过去发生的犯罪行为事实进行发现和揭示，而刑事实体法的任务是对已经被发现和揭示的、过去发生的犯罪行为事实进行评价和法律适用。刑事司法的时序逻辑表明，过去发生的犯罪行为及其具体方式决定了当下刑事证明的行为事实内容，而行为事实内容决定了刑事实体法的适用依据。行为对事实的时序前置决定了：行为事后的事实内容取决于事中的行为方式。而证明对行为的时序后置同样决定了：事后的行为证明方法取决于事中的行为方式及其所形成的事实内容。

一、行为方式决定行为事实的内容

因为法治是一种事后治理模式，所以犯罪行为只有在实施之后才能引以刑事法律予以惩治。犯罪行为的实施导致了犯罪行为事实的产生，犯罪行为的实施方式决定了它所产生的具体事实内容。当然，并非所有的事实内容都需要被揭示，刑事司法只关心实体法适用所关心的行为事实内容。换言之，犯罪行为的哪些事实内容需要被揭示或被证明，这是由刑事实体法要求所决定的。

根据证据裁判的基本原则，刑事司法所要评价的事实必须有相应的证据加以证明。因而，任何刑事证明问题都要回到"证据"与"事实"的证明框架内进行讨论。这里涉及一个抽象的哲学问题，即"证据""行为""事实"与"证明"，它们之间到底是什么关系？谁是第一性？因为它们的共同函数是时间，所以从时序特征来判断是最为科学的。换言之，在犯罪行为的证明中，犯罪行为在时序上首先发生，而证据是基于犯罪行为随后产生。进一步地，事实滞后于证据的产生，它是在案发以后由司法人员通过收集证据来反映，它的主要内容是先前犯罪行为的某种状态或过程。最后，证明是司法人员利用所收集的证据来反作用于行为事实的查明或认定的过程。

可见，行为是第一性的，行为的证明是第二性的，而证据和事实是行为与行为证明的中介。基于这种推理，犯罪行为的特点必然决定了相应证据的表现方式及其收集运用方法，同时也决定了行为事实证明的方法路径及其最终归宿。什么样的犯罪行为就决定了什么样的犯罪证据形式，什么样的犯罪证据形式就决定了该采取什么样的事实证明方法，而行为事实的内容总是由第一性的行为及其具体实施方式所决定。

二、行为事实是犯罪证明的主要对象

诚然，犯罪证明涉及一个庞大的事实证明体系。在传统法理学领域，学者一般都是根据事实本身与人的意志之间的联系关系，把法律事实分为事件和行为两种。前者是指不以当事人的意志为转移或者法律不把法律后果与当事人的意志相联系的法律事实，如自然灾害等。后者是指由当事人的意思表示而导致法律关系产生、变更和消灭的情况。"大量法律事实都属于法律行为，都与当事人的意志有关联。"[①] "最重要的法律事实，是法律意义下的行为。"[②]

一般认为，刑事诉讼的证明对象主要包括被指控的犯罪行为其构成要件的事实，与犯罪行为轻重有关的各种量刑情节的事实，排除某行为之违法性、可罚性的事实，免除或减轻刑事责任的事实以及刑事诉讼的程序事实。[③] 基于犯罪构成要件对刑事法律的核心地位，犯罪行为的构成要件事实是犯罪证明的重中之重，而其他事实往往是在行为要件事实基础上的进一步展开。

换言之，不论刑事实体法对犯罪构成的要件事实采取何种规定，这些要件事实都是围绕着行为的各个方面所展开的。"虽然案件事实是复杂多样的，但是形形色色的案件都是由一些基本事实要素构成的，而这些事实要素就是证明客体的基本内容。刑事案件的事实要素可以简称为'七何'（英文中的七个'W'），即何事（What mater）、何时（When）、何地（Where）、何情（How）、何故（Why）、何物（What thing）、何人（Who）。"[④]

将案件中的行为事实转换到刑法规范的要件视角下进行理解，"何人"无非是指犯罪主体，"何事"则往往决定了犯罪客体，"何故"一般与犯罪主观方面有关，而"何时""何地""何情""何物"则从不同角度反映了犯罪的客观方面。因而，刑事实体法下的犯罪证明实际上是围绕着犯罪行为的各个方面的事实而展开。

---

① 陈金钊，"论法律事实"，《法学家》，2000 年第 2 期，第 54 页。

② [德]阿图尔·考夫曼著，刘幸义等译，《法律哲学》（第二版），北京，法律出版社，2011 年，第 124 页。

③ 何家弘、刘品新，《证据法学》，北京，法律出版社，2019 年，第 214-215 页。

④ 何家弘，"论司法证明的基本范畴"，《北方法学》，2007 年第 1 期，第 68 页。

三、行为技术化与行为证明技术化

基于行为第一性的论断，行为的技术化就决定了行为证据和行为事实的技术化，最终也决定了行为事实证明的技术化。这是哲学层面的思考、论断和启发。对它的理解和运用直接关系到网络犯罪证明的理论研究态度和实践方法对策。

就网络智能领域而言，因为行为工具的特定性，任何行为的实施势必都要首先受制于行为工具的属性约束，所以行为工具的技术性就决定了行为本身的技术化。具体而言，网络智能领域的任何行为的开展都必然表现为数据信息在技术上的产生、变化与消亡，因为作为工具的网络智能技术在运行机理上就是基于数据信息的产生、变化与消亡而实现的。在此基础上，就能理解"行为即数据，数据即行为"的基础观念。这是网络智能时代最为重要的社会科学认知。

反言之，网络智能领域任何行为事实的揭示势必也要基于对数据的产生、变化与消亡之发现与理解，即行为事实的技术化决定了犯罪证明的技术化。相对保守而言，任何网络行为必定产生相应数据的变化，而行为之举动必然也可以通过发现相应数据的变化而实现。相对激进而言，因为工具行为实施时其数据的产生、变化与消亡是通过技术所实现的，所以要发现数据的产生、变化与消亡之引起行为的事实必然也要基于技术而实现。证据就是"行为引发外界发生的各种变化"[①]。电子物证技术领域的溯源性分析正是基于这种理论认知而展开。所谓"溯源性分析"，也称"形成过程分析"[②]，它是指通过电子痕迹的时序重组来发现行为过程的技术方法。

值得注意的是，行为的技术化常常使人们对行为的认知产生偏离，进而影响行为证明的实现。比如，人们对网络造谣传谣及其相应的传播后果往往存在认知上的偏差，总以为网络谣言的大量传播与始作俑者存在着密切的关系。实际上，谣言传播却完全可能在所谓造谣者的意志预期之外或者不能为其意志行为所控制。再如，人们对网络传播行为与网络传播现象的理解也往往存在偏差，这种理解偏差也会使相应的行为证明被带入技术困境。

---

① 李学军，"新证据概念视角下杭州来某某失踪案侦查推进的理论阐释"，《法学家》，2022年第3期，第132页。

② 徐立根，《物证技术学（第四版）》，北京，中国人民大学出版社，2011年，第319页。

第三节　行为质变与证明质变

按照汉语词典的解释，所谓"行为"，谓举止行动，是指受思想支配而表现出来的外表活动。"意志"则是指决定达到某种目的而产生的心理状态。在心理学领域，"意志"一般是指人有意识、有目的、有计划地调节和支配自己行为，并达到预定目标的心理过程，常以语言或行动来表示。意志的定义反映了意志行动的基本特征，即目的性、计划性、主动性、创造性以及前进性。正如恩格斯所说，在社会历史领域进行活动的全是有意识的、经过思虑或凭激情行动、追求某种目的的人，任何事情的发生都不是没有自觉意图的，没有预期目的的。[①]黑格尔认为，在人的意志与行为的关系上，行为是人有意识的活动。作为主观的或者道德的意志表现于外，这就是行为。行为是对人的内在主观意志的外在的、客观化的表现，而意志对于行为来说具有支配性。[②]

汉语解释、心理学和法律史的统一，反映了"行为是内在意志的外部行动表现"这种定义在理论上已经基本确定。换言之，行为是一种受主体意志控制、表达意思的外部行动组合体，它总是由内部的意志性和外部的行动性这两方面组成。

但是，人的内部意志总是非常抽象的，而人的外部行动表现得相对具体因而更容易被认识。同时，考虑到人的外部行动往往要借助于某种形式的工具载体（语言工具或实物工具），因而思考人类行为的发展变化最好是从行为工具和工具行为的演变展开。

一、行为工具的质变

从人类行为学来看，人类的进化史其实就是工具利用的演化史。通说认为，人类发展进化史的重大事件有："直立行走—使用和制造工具—大脑进一步发达—

---

① 张文喜，"人的目的、意志与社会运动关系新解"，《浙江社会科学》，1994年第3期，第64页。
② 窦海阳，《论法律行为的概念》，北京，社会科学文献出版社，2013年，第31页。

语言（工具）的产生"①。在物质时代，实物工具和语言工具的利用是人类行为的基本方式。随着文字的出现，尤其是造纸术、印刷术的发展，人类首次实现了实物工具和语言工具的初步融合——把文字书写或印刷在实物纸张之上。

人类对工具利用的第二次突破则是随着信息技术的发展、为实物工具创造了其自身的语言，即计算机语言。从此，不仅人与工具之间可以互相"沟通"，而且工具与工具之间也可以互相"沟通"。人类通过行为工具的高级融合实现了"人类语言—工具—工具语言—工具—人类语言"的行为表达模式。随后，电、光等信号传输技术的进一步发展更使得这种行为表达模式突破了时间效率的约束与空间边界的障碍。人类与人类行为进入了真正的信息时代，即网络时代。

从行为的工具利用特征来看，在网络环境架构下所实施的行为表达模式（简称网络行为模式，或网络行为）与传统行为模式存在本质上的不同。简要地说，与传统行为模式相比，网络行为在工具利用上具有明显的"二次性"特征。（如图 2.1 所示）

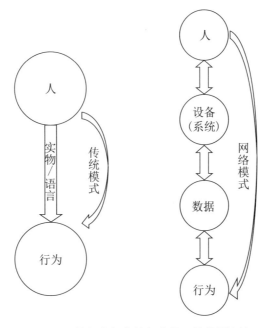

图 2.1　网络行为与传统行为的工具利用比较

① 《生物学》（教育部审定义务教育教科书八年级上册），南京，江苏凤凰教育出版社，2014 年，第 70-71 页。

在传统行为模式下，如果某个人要实施一个行为，他只需要借助于某个实物工具或语言工具，抑或是两者复合而成的实物文书，通过工具的一次利用既可完成行为的表达。而在网络行为模式下，他却必须经历两次工具利用方可完成行为的表达。人首先要借助于机器（含有信息系统的电子设备）进行某个具体行为的表达，这是第一次工具利用；机器则要借助于机器语言（以电子数据为表现形式）最终完成行为的完整表达，这是第二次工具利用。从人的行为实现过程来看，不论是第一次工具利用，抑或是第二次工具利用，它们都是整体行为的必要组成部分。实务界一般把第一次工具利用所实施的行为称为"系统行为"[1]，而把第二次工具利用所实施的行为称为"数据行为"。上述可称为网络行为的二次工具论，而这种模型则是网络行为的二次工具模型。

值得说明的是，如果从细节上对网络行为的工具进行研究，还可以发现其中还包含更多次的工具利用的情形。在网络行为中，除了机器可以理解为人的第一次工具，实际上信息系统也可以理解成机器的工具，而数据则可以理解为信息系统的工具。从这种意义上讲，网络主体实施网络行为要经过更多次的工具利用，即机器、系统、数据乃至算法（一种特殊的数据）。从技术理论上讲，这是技术模型的复合叠加使然。然而，就本书而言，笔者认为二次工具论足以描述宏观层面的问题，如果在二次工具论的实践运用中遇到微观层面的问题则可以另做微观解读，即把信息系统理解为机器的二次工具利用，把算法理解为数据的二次工具利用。不论是宏观理解还是微观解读，模型化都是不可或缺的方法思维，始于此终于此。

从"一次利用"到"二次利用"的工具行为升级，这看似是行为表达方式上的简单变化，实际上却是人类文明史上前所未见的行为质变。这种行为质变不仅表现为主体呈现方式的异化，也表现为行为方式的多样化以及行为时空特性的剧变。更重要的是，它还带来了行为表达的可数据化，数据科学因此得以诞生，它给一切问题的解决带来了全新的视角。

---

① "系统行为"一般也被称为"机器行为"或"设备行为"，但是它们不必然等同。随着云主机、云存储、云计算等相关技术的发展，一个、一组、一群电子设备中可能含有多个分布式或虚拟式的操作系统。笔者认为，采用"系统行为"的概念更有利于区分行为来源和行为性质。我国现行《刑法》第 285 条、第 286 条在描述相关犯罪时也采用"信息系统"的概念，这是最好的佐证。

二、工具行为的质变

因为工具是人类表达行为的主要中介，人们几乎无法跳过工具的中介而直接进行行为的表达，所以行为工具的质变势必引发工具行为的质变。同时，行为工具的发展趋势及其所呈现的特征基本上也决定了工具行为的规律特征。

在工具行为的视角下，首先工具的"二次利用"使行为主体与行为本身的间隔更为遥远，行为主体不得不以"数字身份"的形式呈现出来。显然，在"一次利用"的工具行为下，人们往往更容易直接地看到行为主体是谁，并且知道谁该对具体行为负责。然而，在"二次利用"的工具行为下，不论是对人行为（如网络社交）、对机行为（如网络入侵）抑或是对物行为（如物联网），行为主体与行为主体之间、行为主体与行为对象之间的关系都必须而且只能通过工具和工具语言来发现。人们不能跳过工具和工具语言的认识直接看到行为主体是谁。从网络犯罪证明角度而言，这就使得行为主体的证明更容易成为一个十分棘手的难题。

其次，工具的"二次利用"使行为方式更加多样化，工具语言的统一使人们在行为的技术表达上更为自由开放。且不论每一次新的技术发明和技术应用都会给人们带来全新的行为方式，即使是同一种技术也可以有各式各样的行为表达方式。因此，网络犯罪在行为方式上同样也呈现出多样化和复杂化的特征，而每一种具体网络犯罪的行为证明也往往需要寻求相对应的技术证明方法。更为麻烦的是，因为技术变化的剧烈性和频繁性，网络犯罪行为的技术证明方法还需要频繁更新、同步发展。期待于某种技术证明方法的归纳与稳定，这在技术变革如此迅速的时代背景下，只能是一个十分奢侈的想法。最后只能期待针对个案的技术应用情景研究相对应的个案技术证明方法。也就是说，随着网络技术的发展和新型网络犯罪的出现，我们需要根据每个案件或者每一类案件的技术特点去研制与其相应的技术证明方法。

最后，工具的"二次利用"还使行为的时空特性发生剧变，这使得网络行为摆脱了时间的约束和空间的障碍。正如美国天体物理学家拉里·斯马尔所说，这是自从（谷登堡）发明金属活字版印刷术以来所发生的最根本的变化，这种相互连结的网络基本上是时空的破坏者，它把距离和时间缩小到零。[①] 网络时空的突

---

① 罗时进，《信息学概论》，苏州，苏州大学出版社，2002年，第4页。

破，一方面使网络犯罪证明对行为空间的理解更为重要，另一方面也使网络犯罪证明对行为时间的把握更须精准。这就对侦查证明活动中行为空间的排他和行为时间的确定都提出了严峻的挑战。同时，网络空间的出现还使得经典行为理论的"主体—行为—客体"三要素体系面临严重冲击，以"空间—主体—行为—客体"为主要内容的四要素体系急需建构。①

显而易见，行为质变也对行为的治理带来了前所未有的全方面挑战。因为社会由人与人的关系所组织建立，而人与人发生关系的中介就是行为，所以行为治理是社会治理的核心，更是法律治理的主线。对行为治理的挑战，既是对社会治理的挑战，也是对法律治理的挑战。

首先，网络时空的突破急剧提升了行为的效率规模，这对行为治理的效率效果都提出了极高的要求。具体而言，一方面，网络技术极大地提高了人们开展生产生活的行为效率，并带来了明显的规模效应。"当世界上的计算机相互连接时可以构成一个区域性甚至全球性的网络，这个网络可以加速信息的传播，有利于新技术、新发明和新组织形态的扩散，并与经济体中的其他产业相融合，改变整个经济系统的运行规则。"②在网络技术的作用下，网络行为产生了一种非常重要的规模效应，即放大效应。另一方面，网络技术同样也使违法犯罪行为可以更加高效，同时在行为规模上得以显著扩张。试想，网络诈骗能够在几分钟内完成故事虚构、网络骗款、网络洗钱等一系列犯罪行为的闭环，而且网络诈骗的范围更是很容易就能完成由传统行为的特定对象范围到全网不特定对象范围的扩张。网络行为的时空效应使得网络行为的治理模式必须能够应对网络行为在效率和规模方面的急剧提升。从现代化数字城市的治理需求来看，它主要表现为对业务行为的风险控制和对违法犯罪行为的实时监管甚至事前发现。③

---

① 谢君泽，"寻觅网络法学方法论"，《检察日报》（学术版），2017 年 9 月 21 日第 3 版。
② 郭家堂、骆品亮，"互联网对中国全要素生产率有促进作用吗？"，《管理世界》，2016 年第 10 期，第 34-35 页。
③ 2017 年，中共中央、国务院决定设立雄安新区。随后，习近平同志作出建设"廉洁雄安"的重要指示。考虑到雄安新区建设资金投入量大、资金投入周期短，雄安新区的公职人员及参建企业成分复杂，雄安新区的廉洁要求高、腐败容忍低，传统监督手段在雄安新区建设中力不能及等问题，雄安新区相关部门决定率先探索利用大数据、人工智能等新一代信息技术实现智能监督。这种智能监督模式必须达到事中监督乃至事前预测的功效，必须能够有效预防腐败案件的发生、防止腐败案件进入事后调查阶段，进而避免腐败行为对国家事业造成严重损失。笔者作为主要负责人参与了该项目的研究建设。

其次，网络行为的多样性决定了行为治理要走向精细化。就以网络平台为例，网络架构和业务模式不同，网络行为的治理方法和技术策略也就大不相同。不同类型的"网络平台"必须有其不同的"非法"监测技术。[①] 比如，像阿里巴巴的淘宝网，由于信息主要都是"明文"存储，完全可以通过关键词监测技术，甚至是人工巡查达到行为治理目的。而腾讯的微信、QQ，依靠人工巡查几乎不可能完全治理任务，只能主要依靠关键词监测技术。至于移动电信联通这样的网络平台，它们的短信内容"监管"，可以采取与腾讯微信、QQ一样的关键词监测技术措施。但是，对于"伪基站"这样的违法犯罪行为，则又不能采用关键词监测技术而要采取"集中掉网监测"这样的针对性技术措施。像快播公司的P2P（点对点）视频业务，它的监管措施与采取P2S（点对服务器）的一般网站相比，就具有极大的差异性。采取P2S常用的监管技术措施，几乎不可能完成对P2P的有效监管。即使是基于相同的P2S，其业务运营方式不同，监管措施也不尽相同。同理，线下的企业治理、社区治理同样存在业务针对性和技术针对性的精细化问题。

再次，随着行为表达的数据化，数据资源的管理和运用也应随之纳入社会治理的范畴。前者比如数据资源的跨境流动和权属交易，后者比如算法行为的社会监督和行政监管。诚然，这些行为大多表现为"隐形"的数据传输和数据计算，如何从"隐形"行为中发现违法犯罪问题，这同样需要智能化的监测和捕捉。当然，如何实现相关行为在事前治理、事中治理与事后治理的统一，这是一个可以另外讨论的话题。

最后，网络行为主体的匿名化也提高了违法犯罪的发案概率，这也使行为治理倾向于实时化的需求。虽然我国《网络安全法》建立了网络实名制、举报投诉机制等措施，但是这些制度只能用于监管"好人"，对于有心做坏的"恶人"却难言有效，尤其是来自于域外或境外的"恶人"。只有以"恶行"为前提的法律，才有更好的效果。[②] 反言之，这些法律制度对违法犯罪的惩治能力相当有限。只有通过实时性的监测和捕捉，才能更为及时地发现和制止那些违法犯罪行为。

---

① 谢君泽，"网络平台的法律责任界定——兼评'快播案'与百度贴吧事件"，《中国信息安全》，2016年第2期，第75页。

② [德]拉德布鲁赫著，米健、朱林译，《法学导论》，北京，大百科全书出版社，1997年，第106页。

行为工具与工具行为的质变，不仅使人的行为方式产生了根本性的变化，也对人与人之间所形成的社会结构和社会形态带来了深刻影响。这种社会结构形态的变化也呈现了与互联网技术相对应的特性。如果说，传统社会是一种"网格式"的组织结构，则网络社会已经变形为"碎片化"的组织结构。[1] 在传统社会中，由于时间与空间的限制，人以及人的行为都具有一定的区域性，因此社会治理和法律制度也具有与此相对的区域性。然而，随着网络技术的出现，时间与空间的要素限制被突破，人们在网络空间的行为不再受到区域的约束，所有人都具备了相同的时空要素。这就导致全国人民乃至全世界人民都在同一个网络（空间）中开展生产生活等活动。

在这种"碎片化"组织结构下，社会主体也呈现出二元化特征。在网络环境下最终只存在两种形态的社会主体，即网络用户与网络平台。从信息行为角度来看，网络用户是访问并使用网络信息资源的需求方。由于网络节点的分散性，网络用户往往表现为"碎片式"的分布状态。而网络平台则是为网络用户提供信息资源交换、组织资源调度的纽带性组织。网络平台是网络用户的"集结点"，它具有天然的管理职能。网络平台不论在技术上的"集结性"特点还是在职能上的"管理性"特点，都决定了它是网络行为治理的核心焦点。

诚然，行为质变对行为的治理带来了前所未有的全方面挑战，但是它也为相应问题的解决带来了前所未有的新机遇。"二次利用"的工具升级从根本上讲是因为工具语言的出现，它虽然导致了多米诺效应问题，然而也可以基于这种特性为相应问题的解决方案寻找创新契机。工具语言的利用使得行为表达实现了可数据化；行为表达的数据化使得一切行为可记录；一切行为的记录使得行为的可计量成为可能；行为的可计量则是大数据证明乃至行为治理实现全面智能化的逻辑基础。

基于以上论述，我们可以认为，近代人类社会是沿着信息化、网络化、数据化、智能化的路径向前发展。早期的信息化（数字化）是从单机计算机开始，而后网络技术的发展极大促进了计算机的功能和运用范围。在计算机和网络的共同

---

[1]　谢君泽，"网络平台的法律责任界定——兼评'快播案'与百度贴吧事件"，《中国信息安全》，2016年第2期，第75页。

作用下，大量的数据得以产生，因而又有了讨论数据和大数据的必要性。基于数据与大数据，人工智能以及社会治理智能化才有了发展可能。因而，前一者是后一者的基础，后一者是前一者的继续发展。

值得重点强调的是，信息化、网络化、数据化与智能化的不断推进，对人类的发展而言有利有弊，不可偏视。从人类的行为工具视角来看，技术工具的不断发展切实提高了人类运用工具发展生产力的技术能力。虽然这种发展对生产关系也带来了严重冲击，尤其是对人的行为治理带来了全新挑战，但是随着科技治理手段的升级运用，这并非不可应对。

更为严峻的问题是，从人类的工具行为视角来看，技术工具的不断发展使得人类行为对工具的依赖性更为强烈，而这种依赖性很有可能进一步发展为服从性，人类很可能再也无法摆脱行为工具的桎梏。从反面来看，信息化、网络化、数据化与智能化的不断发展，意味着人类对工具行为及其背后行为意志的一步步失控。就网络行为而言，这种失控表现为人的网络行为往往偏离行为意志的控制，它会因为网络空间和网络工具的技术特性而造成行为目的和行为后果的失控。从智能行为而言，智能机器人的产生使得人的行为意志更有可能与工具行为的意志相分离，甚至使工具本身也产生行为意志并走向独立。

意志，它存在时外化为物质。个体行为时，它表现为能量；群体行为时，它表现为信息。意志，它是人类、人类行为乃至人类文明之所以存在、发展、变化的动因。意志的失控就意味着人类、人类行为与人类文明堕入无法自拔的深渊。显然，这已经属于人类精神文明所要考虑的问题。当然，这些问题的背后都可以用二次工具论和模型化思维加以解释。它们是行为主体与行为工具（即网络行为下的数据或者智能行为下的算法）在模型间隔距离上的不断扩大化使然。

三、行为证明的质变

在人类实践活动中，人不仅要依赖自身的体力和智力，还要借助于工具的制造和使用，同时人们也要借助于语言和符号进行人际沟通、结成社会关系。人类的实践活动为语言的产生和工具的制造提供了客观基础，而语言和工具一旦形成又能反作用于人类的实践活动，它们为人类实践的进一步发展提供工具中介。"工具的制造、语言的运用，不仅增强了人的实践能力，而且扩大了人的实践范围，提高了人的实践质量，使人的实践具有工具性、中介性的特征。"①

在传统行为方式下，语言和工具是人类开展实践活动的主要中介工具，人们主要借助于语言和工具②这两种中介或其组合来实现行为的表达。比如说，某人通过口头语言完成了恐吓、敲诈等行为的表达；某人通过凶器打击完成了伤害、破坏等行为的表达；某人也可以通过语言与工具的组合体（如书信）完成恐吓、敲诈、伤害、破坏等行为。不论是语言还是工具或其组合，在传统行为方式中，它们往往是"一次利用"即告行为的完成。这意味着，不论是人证、物证或书证，它们往往只要经过"一次解读"即可获得用于证明行为事实的"证据信息"。

在此，不难发现，传统证据种类的划分很可能体现了行为在语言和工具这两种工具中介特征的"暗合"。证据学者裴苍龄先生就曾提出："证据只有三种：物证、书证、人证。"③他认为："证据是事实，而事实构成证据只有三种情况：一是客观存在；二是被'书'记载；三是被人感知。客观存在只能存在于物中或者以物为依托，因而只能构成物证。被'书'记载只能构成书证。被人感知也只能构成人证。人证中，既有证明，也有证据。"④如果切换到行为工具视角下看待证据种类，就可以发现物证是行为中介——实物工具的证据形式、人证是行为中介——语言工具的证据形式，而书证则是语言与实物工具的结合。因而，不论是裴苍龄先生主张的"证据三种说"，还是学理上"言辞证据"与"实物证据"的类型区分，抑或是"物证"与"书证"种类划分，⑤它们都体现了与行为工具中介——语言、实物工具或其组合的对应性。值得注意的是，从模型化思维来看，传统行为模式也存在着一种简单的行为模型，即"人——实物/语言——行为"，只是这种行为模型因为过于简单所以没有引起人们的关注和重视。

① 席恒，"试论人的本质的要素与特征"，《郑州大学学报》（哲学社会科学版），1997年第1期，第21-22页。
② 这里的"工具"主要是指实物性工具。如果从抽象意义上讲，语言也是一种"工具"。
③ 裴苍龄，"论证据的种类"，《法学研究》，2003年第5期，第49页。
④ 裴苍龄，"再论证据的种类"，《中国刑事法杂志》，2009年第11期，第57页。
⑤ 何家弘，《新编证据法学》，北京，法律出版社，2000年，第85页。

随着信息技术所引发的行为工具质变，网络行为的工具形态及其相应的证据形式与证明方式也就发生了根本性的变化。在网络行为模式下，第一次工具利用所借助的电子设备，即一种"物"，它的证明价值就没有想象中的那么重要，它往往只反映了涉案电子数据或大数据的证据来源，这对于其中证据的可靠性判断些许还存在着一定的证明价值，但是它对于具体网络行为的事实证明却力不能及。后者必须依赖于电子设备或相应网络空间中的电子数据或大数据本身。实际上，随着"云计算""云主机""云存储"等云技术的不断发展，作为一种"物"的电子设备，它本身对于证据可靠性的判断价值也相当有限，人们应该更加重视其中涉案数据或大数据的信息来源及其形成、流转过程的证明价值。聚焦于电子设备或某种存储介质的形式要求，其实是人们受到了传统的证据形式观念和思维定式的影响。如果一味偏好这种传统的证据形式追求，而不对其背后的行为产生机理进行深层思考，就会使相关的制度建设裹足不前甚至与未来的大方向背道而弛。

基于网络行为的二次工具论模型，网络环境下的行为证明其实已经演变成"人—机器—数据—行为"这样的模型，如图2.2所示。

图2.2　基于二次工具模型的行为证明

网络环境下所实施的行为，首先是人对机器的第一次工具利用，其次是机器对数据的第二次工具利用。以上整体行为的二次工具利用特征，导致了当涉及人的整体行为证明时，其中的同一性关系将变得更加复杂。也就是说，如果要证明某人干了某事，在网络环境下首先要证明某人是否使用了某机器，其次要证明某机器是否调用了某数据，最后要证明某数据是否实施了该行为。

在传统行为证明中只要完成"人—语言／工具—行为"一次同一性证明即宣告结束，而在网络行为中必须完成"人—机器—数据"与"机器—数据—行为"两次同一性证明方可完成"人—行为"的证明。扩展而言，网络行为的证明要陆续解决以下问题：这个电脑是不是这个人使用或所有，即机器与人的同一性；这些数据是不是来自于这个电脑，即数据与机器的同一性；这些数据是不是实施了那些行为，即数据与行为的同一性。从整体上看，只有完成了前述一系列问题的同一性证明，才能认定"这件事是不是那个人干的，或者这个人干没干那件事"这个大的人事同一认定，也即整体行为的认定。当然，以上还没有把电子设备、电子数据所隐含的多层级微观同一性关系问题计算在内，如机器与系统的同一性、算法与行为的同一性等。

上述一系列的同一性证明问题还可以切换到证据视角下进行讨论，即证据的关联性问题。所谓证据的关联性，又称证据的相关性，它是指"证据与案件事实之间的联系"①。这里的案件事实主要是行为事实。证据之所以能够成为行为事实的证明依据，是因为它能够在一定程度上反映行为事实的内容或状态。证据是行为证明的主要依据，行为事实是证据证明的主要目标，证据因其与案件中行为事实的相关性得以进入证明活动。

根据数据证据与行为事实的关联方式及其证明意义不同，学界一般将数据证据的关联性区分为实质关联性和形式关联性。前者也叫内容关联性，后者也叫载体关联性。所谓实质关联性，它是指"电子数据的内容与待证犯罪事实是相关的，电子数据的内容直接影响着案件性质"②。内容关联性是指"电子证据的数据信息同案件事实之间的关联性"③。而形式关联性即物理关联性，它解决的是"人与有形物（存储电子数据的介质）的关联性问题"④。载体关联性，则是指"虚拟空间的身份、行为、介质、时间与地址要同物理空间的当事人或其他诉讼参与人关联起来"⑤。

由于二次工具性特征的存在，网络犯罪中数据证据的实质关联性主要表现为"二次关联"问题。第一次关联问题是电子数据与电子设备（信息系统）的关联；第二次关联是电子数据与具体行为的关联。采用模型化描述如图2.3所示。

① 何家弘，"论证据的基本范畴"，《法学杂志》，2007年第1期，第30页。
② 魏勇，"电子数据的关联性实证研究"，《中国刑警学院学报》，2017年第2期，第14页。
③ 刘品新，"电子证据的关联性"，《法学研究》，2016年第6期，第178页。
④ 魏勇，"电子数据的关联性实证研究"，《中国刑警学院学报》，2017年第2期，第14页。
⑤ 刘品新，"电子证据的关联性"，《法学研究》，2016年第6期，第178页。

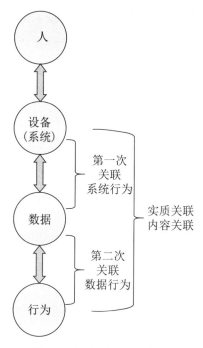

图 2.3　电子证据的实质关联

从行为证明角度而言，第一次关联，即电子数据与电子设备（信息系统）的关联，可以称为"系统行为"的证明问题。第二次关联，即电子数据与具体行为的关联，可以称为"数据行为"的证明问题。不论是"系统行为"抑或是"数据行为"，从工具论上讲，它们都是人的整体网络行为的有机组成部分，它们都是人的整体网络行为的细分概念。换言之，"系统行为"是将网络行为的第一次工具利用细分出来进行讨论，"数据行为"则是将网络行为的第二次工具利用细分出来进行研究。另外，如果考虑到网络行为在微观上的更多次工具利用，那么还存在"机器行为"和"算法行为"的细分概念。从人的整体行为与技术工具的关系而言，"系统行为""数据行为"以及"算法行为"是网络智能技术的实质工具运用，因此这三者可以统称为网络智能领域的"技术行为"。而"机器行为"则是网络智能技术在传统行为视角下的形式工具运用。这与传统实物工具的表现形式十分相似，虽然其技术内涵已大不相同。

诚然，系统行为和数据行为的确定，只是解决了"技术行为"层面的问题，这不足以完成整体网络行为的证明。整体网络行为还包括了另一层同一性关系，即"人与机器（系统）"。这个问题就是数据证据的形式关联性之所以存在的意义。进一步地，从意志行为角度出发，理论上还存在"人与主观意志"的关联问题。模型化描述如图2.4所示。

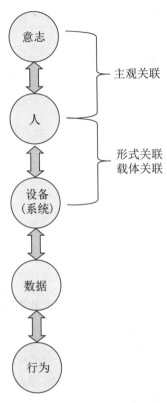

图2.4　电子证据的形式关联

在传统证据观念与思维方式的影响下，人们往往将机器、设备或其存储介质等形式载体理解为电子数据形式关联性的判断依据。实际上，这种认知在信息时代的思维方式下仍存在很大的局限性。换言之，在信息时代的思维方式下，机器、设备或其存储介质等未必适宜作为数据证据的载体来看待。从证据理论上看，电子数据之所以可以证明案件事实，是因为电子数据产生于网络行为进而蕴含了某种能够反映网络行为事实的证据"信息"。从信息技术理论来看，"信息"的载体一般应理解为"数据"，虽然这种"数据"最终还是要记录或存储于某种机器、设备或其存储介质等传统形式载体之上。综合以上两种理论，可以认为，"数据"是证据"信息"的实质载体，而机器、设备或其存储介质等则是"数据"这种实质载体的传统形式载体。显而易见，就证据事实的反映程度而言，实质载体的证据意义明显要大于形式载体的证据意义。因而，在信息证据的意义背景下，电子证据的载体关联性应当侧重于对"数据"这种证据"信息"实质载体的关注，包括数据的来源及其形成过程等。作为数据的传统形式载体，机器、设备或其存储介质等仅仅是一种必要的补充。尤其是，在机器、设备或其存储介质等逐步实现云技术化的情形下，对传统载体形式的过分关注已经逐渐丧失价值。

基于上述讨论，在现今证据法体系下，网络行为的证据与证明已经变得前所未有的复杂。如果不能直面电子数据、大数据的证据形态来研究新的证明机制和证明方法，而始终局限于传统证明机制调整的思维定式，势必会使问题的解决方案偏离人类行为的发展规律和时代特征。网络行为的证据形式归纳和证明方法研究势必要在全新的人类行为特征基础上进行重新梳理和展开。而行为工具与工具行为的二次性模型能够为相关证据理论研究和制度建设提供行为理论上的参考系。深刻认识网络行为在工具利用上的二次性模型特征是网络犯罪证明的认知基础，相关的制度建设和方法研究只有基于此才能得以顺畅地展开。

小结：技术证明时代的到来

在人类历史的发展进程中，证明方法曾有过两次历史性进化。第一次进化是，从以神证为主的证明方法进化到以人证为主的证明方法。第二次进化是，从以人证为主的证明方法进化到以物证为主的证明方法。与此相应，司法证明史就可以相对划分为三个阶段：第一阶段以神誓和神判为主要证明形式，第二阶段以当事人和证人的陈述为主要证明方法，第三阶段以物证或科学证据为主要证明手段。[①]人类社会在证明方法上的发展进化实际上与人类行为工具的演化史密切相关。人类社会从神证时代走向人证时代与人类在语言沟通能力上的进化密切相关，而造纸术与印刷术的出现更是人证时代与物证时代的分水岭。从物证时代走到当下的、

---

① 何家弘，"神证·人证·物证——试论司法证明方法的进化"，《中国刑事法杂志》，1999 年总第 40 期，第 60 页。

以数据为核心的技术证明时代，显然是行为工具与工具行为在网络信息技术的推动下使然。

人类在传统方式下实施行为主要借助于工具的"一次"利用，即借助于"物""书""语言"等工具的一次利用即告行为完成。由于"一次工具利用"的行为特征，当传统行为涉及司法活动的事实证明时，往往需要借助于"物证""书证"等实物证据或者"证人证言"等言词证据，这些往往是人类感官或传统物证技术所能承担的能力范围。但是，对于网络行为而言，传统事实认定方法就会受制于二次工具利用特征所带来的影响。传统事实认定方法很难面对主体与行为的分离（因为其中存在了机器、数据的间隔），它使主体行为的表达显得更加"隐蔽"。对于这种变化，美国证据学家达马斯卡曾言，"伴随着过去50年惊人的科学技术进步，新的事实确认方式已经开始在社会各个领域（包括司法领域）挑战传统的事实认定法。越来越多对诉讼程序非常重要的事实现在只能通过高科技手段查明。随着人类感官察觉的事实与用来发掘感官所不能及的世界的辅助工具所揭示的真相之间鸿沟的扩大，人类感官在事实认定中的重要性已经开始下降。"[①] 这反映了人们对证据与证明的认知转移现象，而这种认知转移现象在背后其实是由行为及其工具的质变引发的。

网络行为具有与传统行为方式截然不同的"二次工具性"特征，当网络行为涉及事实证明时，不仅要收集到行为所使用的电子设备，还要收集到该电子设备因实施具体行为所遗留的电子数据。这些技术化、专业化的电子数据很难被人类感官或传统物证技术所识别，只有那些拥有高度专业化知识或杰出技艺的人方能领会和判断。因而，在网络信息时代背景下，行为证明就转变为以电子数据为核心的技术证明方法。实际上，这种发展趋势还可以从技术、行为与法律的底层逻辑关系推理得到，即行为的技术化决定了行为证明的技术化。

行为证明的方法总是与以工具为核心的行为模式相对应，这还可以用哲学上的对称破缺理论予以解释。所谓对称破缺理论，包括对称理论和破缺理论。所谓对称，它是指"自然界一切事物或过程都存在或产生它的对应方面。这些对应方

---

① [美] 米尔建·R.达马斯卡著，李学军等译，《漂移的证据法》，北京，中国政法大学出版社，2003年，第200-201页。

面表现为现象上的相同、形态上的对应、性质上的一致、结构上的重复、规律性的不变等等"①。从辩证唯物主义的视角来看，对称性其实是一种特殊形式的对立统一，这种对立统一体现为事物或过程的矛盾双方中总是存在差别中的一致、不同中的共同、对立中的统一这些相互平衡的特征。对称性就是那些具有较多的共同点、较强的统一性，并且处于势均力敌、地位平衡的矛盾双方。所谓破缺，也即不对称性，它用于描述矛盾双方失衡的现象，它是对对称性研究的必要补充。"对称破缺也像对称性分析一样是一种重要的观念和方法……不对称性往往是通过更高级的对称性来解决的。"②对称性与非对称性在一定条件下可以相互转化，形成一个新的、协调一致的和谐统一。

对称性是从事物发展变化的动态视角对主要矛盾的表现形式进行了描述。如果从静态视角对这种主要矛盾进行表达，它可以被描述为某种"属性"。对称性的作用过程则是这种"属性"的传递。矛盾发展的不对称性的部分，则可以理解为这种"属性"的丢失或变异。在行为与行为证明的关系中，技术工具是双方主要矛盾的表现形式，它占据了主导地位。因而，行为的技术工具属性就会传递到行为证明活动。换言之，网络行为的技术工具属性也是网络行为证明的技术工具属性，这就是对称性的作用过程。值得说明的是，描述动态的理论一般优于描述静态的理论，因为动态的变化是事物发展的根本特性，而静态的不变永远是相对的。模型化就是一种描述动态的方法理论，而属性则是一种描述静态的认识理论。

因为对称性是在研究物质作用中被发现的，所以对称性理论过去主要运用在现代物理学领域。因为大自然在本质上对物质世界采取了对称化管理，所以物理学家对对称性的研究抓住了自然世界的本质，许多人因此而获得诺贝尔奖。近些年，对称性理论的研究已经拓展到社会科学的经济学领域。"在数学和经济学的边界上，涉及信息对称问题的博弈学研究也获得了诺贝尔奖；而 2001 年的经济学家研究微观经济学中的信息对称与不对称又获得了诺贝尔奖。"③

---

① 黄国翔，"论对称性"，《湘潭大学学报》（社会科学版），1986 年第 3 期，第 17 页。

② 王骁勇、刘树勇，"对称性理论的发展"，《首都师范大学学报》（自然科学版），2000 年第 12 期，第 46 页。

③ 李德昌，"信息力学与对称化管理"，《西安交通大学学报》（社会科学版），2004 年第 2 期，第 13-14 页。

可见，对称性的理论研究抓住了物质活动和信息活动的共同本质。基于这种认识，哲学家认为，对称性研究已经使自然科学从牛顿时代所遵循的"实验→理论→对称性"的归纳途径转变到爱因斯坦时代的"对称→理论→观察"的逻辑途径。[①] 而博弈论、微观经济学等各个社会科学领域对信息对称性研究的突破，表明了它也能够适用于社会科学领域的研究。"对称→理论→观察"的逻辑路径可以使社会科学领域突破就事论事、案例教学的障碍，打破归纳总结的思维定式，沿着"对称→理论→实践"的逻辑道路前进。

哲学家对对称破缺理论的研究为社会科学的方法论研究提供了两条非常重要的思想启发。一是，对称破缺理论是物质与信息的"共同"方法论。这为我们面对从未遭遇的信息时代提供了思考研究的方法论源泉。二是，对称性理论告诉我们可以采用对称→理论→观察的逻辑途径，而不再是过去的实验→理论→对称性的归纳途径。面对物质时代的思维定式困惑和信息时代的未来认知缺陷，对称破缺理论从顶层方法论上为当下乃至未来的研究路线指明了方向。

对称破缺理论启示我们，一方面技术的发展极大地影响了犯罪行为的表现方式，另一方面技术的发展同样也极大地影响了犯罪证明的方法和方式。网络犯罪是随着行为的技术化和网络化而产生的犯罪，网络犯罪证明则是随着犯罪行为的技术化和网络化而产生的上层需求。行为的技术化和网络化既决定了网络犯罪的实体法形成，也决定了网络犯罪证明的方法出路。从证据学角度而言，犯罪行为的技术化和网络化决定了犯罪行为证据在表现方式上的技术化与网络化，也决定了犯罪行为的证明必须借助于技术化和网络化的方法路径。这是对称性理论所给予的方法论指引。[②] 基于这种理解，技术对网络犯罪证明的影响，不应只是技术方法在网络犯罪证明某些局部环节中的运用，而是全面覆盖了网络犯罪证明的整体机制乃至方方面面。这昭示着技术证明时代的到来！

最后，作为社会科学或者法学领域的一个问题，技术证明的研究显然不能只停留于技术本身，它必须以行为为中介与法律进行沟通和对话。对于行为的研究，主要有两种方法：现象归纳法与结构分析法。前者是基于对行为的表象观察，采

---

① 李德昌，"信息力学与对称化管理"，《西安交通大学学报》（社会科学版），2004 年第 2 期，第 13-14 页。

② 王德胜，"作为方法的对称和非对称"，《自然辩证法研究》，2002 年第 6 期，第 10 页。

取的是由外而内的认知路径。后者是基于对行为的本质剖析，采取的是由内而外的认知路径。前者主要受到法律学科思维的影响，因为法学者偏爱现象归纳法。在实体法领域，广泛存在现象归纳法的运用，它是提炼行为模式的主要方法。在证据学领域，亦不乏对现象归纳法的运用，比如印证与自由心证等犯罪证明模式 [1] 的讨论。后者主要受到技术学科的思维影响。因为技术总是由某些零部件和模块组成进而达到某种工作目的，所以结构分析就是一种非常重要的技术分析方法。如果把结构分析法引入法学领域，一般来说定位在法理学或法学方法论上的讨论相对容易被人接受。

因为本书的模型化研究是以技术上的模型化特征为基础，以哲学上的对称破缺理论为依据而展开，所以本书的研究适宜定性为证据学领域在方法论上的讨论。基于技术、行为与法律的关系，以及行为、事实与证明的关系，本书的模型化研究采取了以下逻辑推进路线：网络技术的模型化—网络行为的模型化—网络犯罪构成要件的模型化—网络犯罪行为事实的模型化—网络犯罪证明方法的模型化。

---

[1]　龙宗智，《诉讼证据论》，北京，法律出版社，2021年，第291-328页。

第三章

网络犯罪证明模型化的猜想与归因：第一性的引力

哲学上对称破缺理论的突破向人类宣示，不论是自然科学领域还是社会科学领域，人们都可以从"实验→理论→对称性"的归纳方法转变为"对称→理论→实践"的演绎方法。面对网络智能技术所带来的社会剧烈变化，如果仍然采用归纳法研究社会现象，那么就可能使人类在社会科学的发展节奏上永远严重滞后于自然科学领域。而演绎法很可能是开启未来社会科学研究的金钥匙。

归纳和演绎是人们认识事物的两种基本逻辑形式，前者往往是感性经验的总结，后者则侧重于理性的思维推理。与归纳法相比，演绎法是更为高级的逻辑形式，它对理性思维以及方法运用提出了更高的要求。"演绎法的链条不能无限倒推，必须最终有一个自确定的元起点——第一性原理（First Principle）。"① 它必须天然真实，可作为推理的基石。第一性原理（First Principle）原初是一个物理学上的名词。广义的第一性原理是指一切基于量子力学原理的计算，即根据原子核与电子的相互作用原理来计算分子（或离子）结构和能量，进而计算出各种物质的性质。狭义的第一性原理是指一切从头算（ab initio），即不使用任何经验参数，只使用电子质量、中子质量、质子、光速等少量数据直接进行量子计算。

从思维方法来看，第一性原理就是一种从头思考的思维。这种思维不需要任何经验判断，而只需要借助于公理、常理和定理等基本常量的推理和演绎，就能够计算得知体系的基本状态和基本性质。第一性原理其实是一层层拨开事物表象看到里面的本质，再从本质一层层往上推理出万事万物的表象。简言之，第一性原理就是回溯事物的本质，重新思考该怎么做。"过去我们相信'实践出真知'的归纳创新，现在我们推崇的是逻辑上正确、事实上就一定正确的演绎创新，一言以蔽之，就是基于第一性原理的第一创新。这种创新可以跨越领域依赖性，在不同领域中通用。"② 基于第一性原理的研究方法，它不再是从问题到理论的研

---

① 李善友，《第一性原理》，北京，人民邮电出版社，2021年，第25页。
② 李善友，《第一性原理》，北京，人民邮电出版社，2021年，第118页。

第三章　网络犯罪证明模型化的猜想与归因：第一性的引力　　071

究[①]，而是转变为从理论到问题的研究。

运用第一性原理有一个非常关键的问题，那就是必须找到一个基础的、不证自明的基石假设，一切逻辑推理必须基于这个基石假设而展开。基于技术决定行为、行为决定法律的基础逻辑，网络智能社会的第一性应当从技术领域中寻找，因而技术的第一性研究就尤为重要。结合网络信息技术原理探论，本书提出模型化是网络信息技术第一性的猜想，而这种第一性（模型化特征）又继而影响了行为学、法学以及社会科学的方方面面，当然也包括网络犯罪证明。从对称性理论来看，这种现象的产生是因为模型化属性发生了从技术到行为的传递，进而依次接递到行为之上的各个领域。这就如同太阳对地球和地球对月球的引力特性。

所谓模型，按照《新华字典》的解释，它是指按实物比例和结构制成的物品。从理论的抽象意义上讲，模型是指结构相对确定的参照系。而模式一般是指事物的标准样式。模型与模式都具有"标准化"的功能，模型一般是按照某种比例和结构进行标准化，模式则是按照某种样式进行标准化。模型是一种"物"，具有静态和具体化的特点，更显具体意义上的指导功能；模式既可以描述"物"的样式也可以描述"事"的样式，它更加宽泛且抽象，适宜描述动态的事物。面向解决实践具体问题的技术领域偏好使用"模型"的概念，而面向解决抽象认知的法律领域则偏好使用"模式"概念用以描述某类行为方式。

模型化其实是一种把问题技术化和工程化的思维方法。换言之，本书之所以采用网络犯罪的证明"模型"，而非证明"模式"，旨在采用技术和工程的方法来描述和解决法律问题。从本质上讲，这是一种"先讨论工具的形态与运用方式，后研究行为结构与表现方式，最后讨论随行为而来的上层问题"的逻辑进路。模型化能够帮助人们认识和理解技术行为及其相应的技术证明方法乃至整个技术证明机制。

以下，本书首先通过网络技术的原理分析，发现网络行为的工具具有天然的模型化属性。其次本书发现，基于这种特定化工具所实施的行为，同样也伴随着模型化的特征。再次通过法律到行为的话语体系转换，可以进一步发现刑法规范在降维之后也可以进行行为学层面的模型化描述。最后通过技术、行为与法律的

---

① 陈瑞华，《论法学研究方法》，北京，法律出版社，2017 年，第 238-239 页。

模型化分析与一体化综合，本书提出了针对网络犯罪的行为事实体系证明模型，简称网络犯罪的证明模型。

第一节　网络环境的模型化

在传统犯罪侦查活动中，犯罪现场勘查，即犯罪现场的环境分析，向来是一项十分基础而又至关重要的工作。从行为角度来看，犯罪的现场环境关涉到行为在时、空、人、事、物上的发展变化之可能。因而，对犯罪现场环境的认识往往关系到对犯罪行为本身的理解，进而影响侦查决策。显然，网络犯罪的现场环境分析与传统犯罪现场勘查一样重要，它也会直接影响到人们对网络行为与网络犯罪的理解，因为网络环境是网络行为与网络犯罪得以开展的前提基础。诚然，网络环境与传统环境在表现方式上有所不同，传统环境往往可以被人的肉眼直接感知，而网络环境却不能。因为网络环境总是以某种技术结构的形态表现出来，所以对网络环境的理解往往也要借助于相应技术结构的方法思维，即模型化。换言之，模型化不仅是网络环境的技术特性，也是认识网络环境的技术方法，这符合对称性原理。借助于模型化的思维方法，人们就可以像分析传统犯罪现场环境那样绘图构造，进而对网络环境进行相对可视的结构分析。

一、网络通信的模型化

就网络行为与技术工具的关系而言，任何网络行为首先是一种网络技术的工具利用，而网络技术的利用过程就是信息通信的技术过程。同时，当这种信息通信的技术实现可以连接各方、四通八达时，就形成了信息通信的网络。

信息论创始人申农将信息通信的基本过程用基本通信系统模型进行了概括和描述，即信息通信是从信源系统出发经信道系统传输到达信宿系统的过程（香农模型）[①] 如图 3.1 所示。

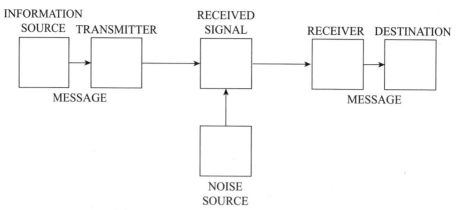

Schematic diagram of a general communication system.

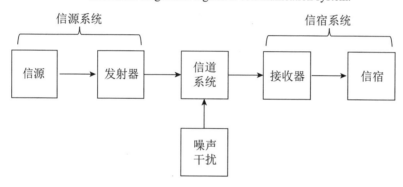

图 3.1　基本通信系统模型

香农模型简明扼要地描述了信息通信的基本原理，它反映了任何信息通信都是"信源—信道—信宿"的信息交换过程，而这就是信息通信的基本模型。信息通信的过程就是基于这种基本技术模型所实现，而信息通信网络则是这种基本技术模型在结构上的不断拓展和叠加。

在复杂的互联网环境下，信息通信还要遵循特定的互联网通信模型，只有基于特定的技术通信模型才能实现机器和"机器语言"的互联互通。就当前互联网技术而言，遍布全球的海量计算机与网络设备都要遵守共同的技术模型，即 OSI 参考模型和 TCP/IP 参考模型。OSI 参考模型（OSI/RM）是由国际标准化组织 ISO 提出的、互联网领域开放系统之间的互连参考模型。而 TCP/IP 协议则是美

---

① 　C.E.SHANNON, "A Mathematical Theory of Communication", Reprinted with corrections from *The Bell System Technical Journal*, Vol.27, 1948, 379-423, 623-656.

国国防部提出的、计算机和因特网的互连参考模型。因为 OSI 参考模型和 TCP/IP 协议模型都是基于独立的协议栈概念，所以两者的功能基本相似，[①] 如图 3.2 所示。

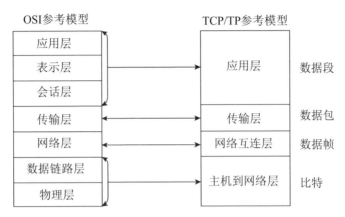

图 3.2　OSI 参考模型与 TCP/IP 协议模型的比较示意

由于 OSI 参考模型可以对应到 TCP/IP 协议模型之中，因此可以以 TCP/IP 协议模型为主将其划分为相对稳定的四个层面，即应用层、传输层、网络互连层、主机到网络层。其中，应用层在传输层之上，而应用程序是使用 TCP/IP 所提供的服务来激活该层。在传输层中，TCP 可以提供一系列公共的通讯功能使应用程序之间可以在因特网上进行通信。网际层（网络互连层）主要是提供网际互联硬件的确认地址（IP）功能，而网络接口层（主机到网络层）主要是处理路由和 IP 数据报的分发。[②]

香农模型描述了信息通信过程的基本结构，而 OSI 参考模型和 TCP/IP 参考模型描述了复杂互联网环境下信息通信的基本网络结构。不论是通信过程还是通信网络，在技术上它们都是通过模型以及模型的扩展来现实的，因而它们都可以采用模型以及模型化的思维方法来描述。实际上，这种现象是由技术的本质所决定的。因为技术总是由某些零部件和模块组成进而达到某种工作目的，所以技术分析的最好方法就是将那些零部件、模块的组成及其相互作用采以模型或模型化描述。

① 王海芹、汪生燕、边雪清，"OSI 参考模型与 TCP/IP 协议模型的比较"，《青海国土经略》，2009 年第 5 期。
② 许叶青、曾繁文，"TCP/IP 协议功能分析"，《江西广播电视大学学报》，1999 年第 2 期。

事实上，技术上的模型化描述方法，也可以拓展运用到对技术行为的描述，这往往有利于人们对相应技术行为的法律理解。比如，基于对香农模型的技术理解，可以对网络平台的技术行为进行类型区分。具体而言，网络平台的技术行为区分首先要考虑到"信源"的不同，根据信息来源将其类型化为"自供自给型"和"引导交换型"。[①] 从信息来源角度，前者既承担"引导资源交换"的职能，又承担收集、提供资源内容的职能；而后者只承担"引导资源交换"的职能，不承担收集、提供资源内容的职能。

技术行为的性质不同，技术行为的责任也就不同。"自供自给型"既要承担"合法"开展引导交换的责任，还要承担资源内容本身的法律属性瑕疵责任，而"引导交换型"的法律责任则应限制在"引导交换"的行为责任范围。不同类型的技术行为，在涉及法律责任时也有不同的证据证明要求。有些是引导交换行为的监管措施证明问题，有些则是资源内容的权利属性证明问题。总言之，技术应用决定了行为模式，行为模式决定了法律定性。法律定性不同，则其所涉及的证明任务就自然不同。"自供自给"和"引导交换"这两种技术行为模式，虽然在技术实践活动中往往存在交融的情形，但是在法律活动中应当对这两者严格区分，因为它们的主体行为定性和法律责任界定完全不同。

网络平台的技术行为划分，也可以基于 OSI 参考模型和 TCP/IP 参考模型而展开。网络平台是一个成分复杂的概念，它与网络服务提供者的概念近似。"广义的网络服务提供者，泛指一切提供网络服务的个体和组织，包括网络信息提供者、网络技术服务提供者，网络内容服务提供者（ICP）以及其他参与网络服务的个体和组织。狭义的网络服务提供者是指为网络信息传播提供技术支持和服务的主体，也就是通常所说的网络中介服务者。网络中介服务提供者包括网络连线服务提供者（IAP）和网络平台服务提供者（IPP）。"[②] 有学者提出，"造成我国网络服务提供者刑事责任边界不确定的重要原因之一在于网络服务提供者类型化的缺失，而正确的处理方法是基于行为的技术功能区分。"[③]

---

① 谢君泽，"网络平台的法律责任界定——兼评'快播案'与百度贴吧事件"，《中国信息安全》，2016 年第 2 期，第 73 页。

② 陈煜，"信息网络传播行为法律规制研究"，《云南大学学报》（法学版），2013 年第 6 期，第 143 页。

③ 王华伟，"网络服务提供者的刑法责任比较研究"，《环球法律评论》，2016 年第 4 期，第 44 页。

显然，OSI 参考模型和 TCP/IP 参考模型为网络平台或网络服务提供者的类型区分提供了一种技术功能的依据。比如，应用层的问题往往与应用程序的开发者和运营者有关，传输层的问题往往与网络基础设施运营商有关，网络互连层的问题则对外与网络基础运营商有关、对内与网络平台或网络用户自身设置相关，主机到网络层的问题一般是后者自身的问题。

不同技术层面的问题，往往涉及不同的行为主体。行为主体所承担的技术行为不同，相关的行为性质与责任归属也应当有所不同。提供应用的网络平台，应当仅承担应用相关的法律责任；提供网络通信服务的基础运营商，则应承担网络通信的相关责任。不同的网络平台应视其技术行为的介入层面与技术行为的功能差异予以区分。否则，必然会引起法律定性上的争议，进而带来证据证明上的困难。从证据证明角度来讲，当涉及不同层面的技术行为时，因为其所介入的程度不同，所以相应的证据收集方法与技术证明策略也就大不相同。

二、网络单元的模型化

犹如在观察传统行为时，人们并不会在意"物"或"书"在微观上是由哪些化学元素、物理粒子构成的，我们对网络行为的观察往往首先着眼于相对宏观的层面。虽然从物理形态上看，具体网络行为是借助于形形色色的电子设备的，但是从逻辑形态上看它实际上却是借助于电子设备中的信息系统，而信息系统则是通过程序、代码、算法、指令等来进一步实现技术行为。换言之，电子设备是信息系统的形式载体，而信息系统才是具体行为得以实施的"工具"，这种"工具"是程序、代码、算法、指令的集合体。因而，以信息系统为单元进行网络技术和网络行为的考察，是人们宏观认识上的需要，这在云技术化的今天尤为必要。

显然，网络通信的过程也可以进行系统单元层面的模型化描述。结合通信系统的基本模型和 OSI 参考模型、TCP/IP 协议模型，应用层属于信源系统或信宿系统所要处理的问题，传输层、网络互连层、主机到网络层则都属于信道系统所要处理的问题，而要传输的"数据"则属于信源系统、信宿系统、信道系统所共同处理的问题。从系统单元角度的网络技术模型可以描述为图 3.3 所示。

图 3.3　系统单元视角下的基本通信模型

就当下而言，人们对系统单元的关注，主要侧重于应用层，即信源系统或住宿系统。比如，我国现行《刑法》第285条、第286条在涉及相关犯罪时均采用了"信息系统"的概念，现行法律制度对信源和信宿层面的信息系统已经进行了制度上的法益保护。然而，从通信原理上讲，信息系统的涵盖范围实际还包括上述模型中的信道系统。换言之，我国当前法律对信道系统的保护缺少考虑，这就使得实务中的、类似 DDoS 攻击的信道系统破坏案件缺乏实体法上的依据。可见，采取模型化的系统单元分析，有利于人们归纳法律上的利益考虑以及相应的制度建设。

诚然，"系统"本身也是一个非常复杂的概念。在网络信息技术领域，"系统"一词在不同层次的理解上也有大小之分。我们可以把一个整体计算机叫做一个系统，而这个系统内部又可以再细分为硬件系统和软件系统。软件系统还可以区分为操作系统与应用软件系统，操作系统又可以区分为单机操作系统和网络操作系统、应用软件系统又可以区分为办公软件系统、数据库系统、文件管理系统等等。一般而言，信息技术领域普遍会基于功能的完整性把一个整体的"信息系统"作为认识和研究的单元。[①]

当把计算机或其中的某个有机系统作为"信息系统"来讨论时，我们其实无意间已经把它们类比为网络空间中某种"实物形态"的行为工具，而各种细分系统则可以看作是整体行为工具的各个组成部分。当然，由于技术本身就由不同的零部件或模块有机组成，因而整体工具和工具细分部分的关系也可以通过模型化描述予以完成。

---

① 章宁，《信息系统原理与研究方法》，北京，中国人民大学出版社，2012 年；冯玉珉、郭宇春，《通信系统原理》（第 2 版），北京，北京交通大学出版社，2011 年；韩其睿，《操作系统原理》，北京，清华大学出版社，2013 年；倪庆萍，《管理信息系统原理》，北京，北京交通大学出版社，2016 年；王珊、陈红，《数据库系统原理教程》，北京，清华大学出版社，1998 年。

从网络行为的证据调查和行为证明来看，具体网络行为的分析往往需要借助于整体系统以及细分系统的各个层面而全面展开。电子物证领域的"电子痕迹溯源法"[①]就是基于不同系统层面所收集的电子痕迹来完成行为的追溯和证明。而这些电子痕迹就是犯罪行为在整体系统以及各个细分系统层面所遗留的证据记录。

具体而言，电子设备由硬件系统（计算设备、网络设备、存储介质等）和软件系统（操作系统、应用程序、代码指令等）组成。网络行为要借助于电子数据，经由电子设备的操作系统、应用程序及代码指令，依时序逐层运算才能得以完成。在这一过程中，电子设备中的静态数据和动态数据都记录了行为的动作。前者如，操作系统、应用程序、代码指令等软件数据，记录软件运行过程所产生的日志数据，以及人所意欲传播或记录的信息内容数据，等等。后者如，正在内存中执行的程序指令数据，正在传输的网络中继数据，以及正在计算的信息内容数据，等等。此外，电子设备中还存在着一些时静时动的特殊数据，如账户密码、证书密钥等电子签名数据，它们往往反映行为主体的身份。

三、网络环境的模型化思考

网络是网络行为的环境基础，网络系统单元是网络行为的工具基础，它们一并组成了人类开展各种具体网络行为的基本条件。网络的模型化与网络系统单元的模型化，它们共同决定了网络行为所依赖的工具及其环境具有明显的模型化特征。

事实上，网络环境分析是网络行为研究的基础工作。不同的网络环境会使网络行为在主体、对象以及行为方式等各方面表现出差异性。比如，针对广域网或局域网这两种不同的网络环境，网络行为的各个方面就有所不同。广域网就意味着涉案的网络主体可能来自互联网上包括境内外的任何人，而局域网就意味着涉案的网络主体很可能是来自于单位的内部人员，除非局域网与广域网之间存在"跳板"或"缺口"。这些认知对于网络犯罪案件的查明与证明都具有十分重要的意

---

① 徐立根，《物证技术学》（第四版），北京，中国人民大学出版社，2011年，第313页、第319页。

义。再如，网络环境是采取 IPV4 方案、IPV6方案或者 IPV9 方案也会涉及网络犯罪主体的认定与证明。在互联网环境下，如果将 IP 地址（IPV4）作为特征信息，它往往缺乏特定性，即只能指明区域范围。但是，如果在局域网环境或区域网环境下，它的指向性与精确性又有所提高。相对而言，IPV6 和 IPV9 不论在广域网或局域网都有很强的主体特征反映。网络环境这些不同的技术特性都关系到网络犯罪案件的侦办与惩处。

因而，在认识具体网络行为之前，人们的首要任务就是通过模型化的方法精确描述其网络环境的状态和特点。就如同在传统犯罪案件中，人们首先需要对犯罪行为的实施环境进行精准理解，从而确定作案人以及相应的犯罪行为手法。这往往直接关系到整体案件处理的成败。诚然，随着互联网的普及化，大多数网络犯罪是产生于互联网（广域网）之中。但是，任何单机终端都是位于互联网的边缘，人们应该警惕互联网边缘容易发生网络环境特殊化的可能。即使人们在大多数网络犯罪案件的侦查时忽略网络环境的考量，也不能排除网络环境分析对网络犯罪认定的基础性意义。

第二节　网络行为组织结构的模型化

在网络环境的基础上，网络行为需要通过某种方式组织起来，从而确定数据交换的方式与受众范围。网络行为的组织方式基本上就取决于技术上的网络体系架构。也可以说，技术上的网络体系架构是人们实现某种网络行为而选择的技术工具方案，它往往直接决定网络行为的方式与效果。

一、网络体系的模型化

就当下而言，C/S 结构和 B/S 结构是两种最为常见的体系结构风格，目前很多软件系统都是架构在这两种风格之上。[①] 不管是 C/S 结构还是 B/S 结构，它们

---

① 李云云，"浅析 B/S 和 C/S 体系结构"，《科学之友》，2011 年第 1 期，第 6 页。

的共同特点是可以相对地划分为客户机和服务器，而这二者在网络环境下往往被两方不同的网络主体所使用。也因此，它们可以被统称为P2S（Peer to Server）结构。一般来说，客户机由网络用户所操作使用，而服务器由网络平台所运营管理。模型化描述如图3.4所示。

图 3.4　C/S 结构与 B/S 结构

作为一种技术方案，网络体系的技术架构也难免迭代发展。在近些年，P2P（Peer to Peer）成为网络技术领域的新宠儿，改变了C/S和B/S一统江湖的状态。它是一种不通过中枢服务器，而在个人电脑之间直接实现文件交换和共享的新技术。在P2P这种体系结构下，没有所谓提供信息的服务器与接受信息的客户浏览器之分，因为每台电脑都可以既是信息的提供者又是索取者。而对等点之间能够在不需要依赖集中式服务器支持的情况下，通过直接互联来实现信息、处理器、存储甚至缓存资源的全面共享。[1] 在技术领域，P2P网络可以根据是否存在中央服务器分为混合式、分散式和有超级节点的P2P网络。[2] 在实务中，基于网络管理和知识产权保护等目的，"合法"的P2P网络一般都存在中央服务器对索引目录的管理，或者采取与P2S(Peer to Sever)的混合设计，没有资源管理功能的P2P网络一般不会被法律所允许。这是因为，这种网络往往容易脱离国家主权的监管，成为"暗网"。因而，一般的P2P网络仍然可以相对地划分为服务器和客户机，但是这里的服务器仅仅是承担资源管理与调配的功能，而不是像C/S和B/S那样的资源供给。

C/S结构、B/S结构、P2P结构，这三种体系结构基本上确定了当下网络行

---

① 郭清蓉，"基于C/S和P2P模式的信息资源共享与交流比较"，《图书馆学研究》，2007年第2期，第23页。

② 周文莉、吴晓非，"P2P技术综述"，《计算机工程与设计》，2006年第1期，第76页。

为的三种主流组织方式。它们不仅确定了网络行为开展的基本方式，同时也决定了网络组织者对网络范围内参与者行为的控制能力。换言之，在涉及网络行为或者网络犯罪的定性认识时，首先要对以上三种行为组织方式予以区分和确认，方可言其他。

二、网络主体的模型化

纵然一般（合法）的 P2P 结构和 P2S 结构在服务器的技术功能上存在明显不同，但是因为 P2P 服务器仍然发挥着资源管理和调配的功能，所以从行为主体对网络行为的控制角度而言仍然可以采取与 P2S 结构相同的模型描述。

换言之，基于前述三种网络体系结构（C/S 结构、B/S 结构、P2P 结构），以及在网络通信基本模型和网络系统单元基本模型的基础上，可以将网络主体及其行为方式采以如图 3.5 所示的模型化描述。

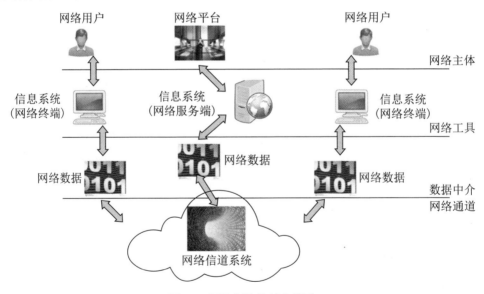

图 3.5　网络行为的基本模型

在上述行为模型中，信息系统是网络主体实施网络行为的中介工具，"数据"则是信息系统表达具体行为的中介工具，而网络信道系统则是网络数据得以传输的通道。以上"数据"，还可以根据其功能及其所处状态的不同，区分为在信息系统中一般以存储形态存在的静态数据和在信道系统中一般以传输形态存在的动态数据。因为上述主体模型已经足以反映人的整体网络行为，所以它也可以被称为网络行为的基本模型。显然，它与网络行为的二次工具论模型是统一的。

虽然不同的网络平台或网络用户都可以基于上述基本模型开发出针对不同业务特点的应用方式，但是在底层架构上它们都首先要满足上述模型。换言之，不论是何种业务性质的网络应用，只要涉及网络行为的证明，首先就是解决对上述网络行为基本模型的确认问题，随后才是基本模型之上的业务应用行为问题。从行为的组织结构来讲，因为任何上层行为模式的表达都必须基于特定的网络组织结构而展开，所以下层网络组织结构的选择关系到上层行为模式的效果。在智能化的背景下，下层的网络行为组织结构往往在客观上决定了意志行为的参与范围与控制程度，上层业务行为所采取的模型或算法则往往反映行为意志的主观方面。

网络行为基本模型的提出，不仅有利于网络安全与网络犯罪的相关立法研究，也基本确定了网络行为证明的技术目标。一方面，基本模型所体现的信息系统、网络数据、网络信道等，它们分别牵涉到系统安全、数据安全、信道安全等新型法益的保护问题。[①] 另一方面，基本模型所反映的主体关系和行为关系，为网络主体行为的二元化结构区分，即网络平台行为与网络用户行为，提供了直接的理论依据。同时，因为网络行为的基本模型反映了网络行为证明的同一性体系，所以它还能为一切网络行为的证明提供一个最为基础的参照系。

三、网络行为组织结构的模型化思考

即使在人工智能的技术图景下，任何工具也都不能自行开展网络行为，任何网络行为都是人的意志行为表达的结果。但是，也要认识到，在不同的场景下行为主体的意志参与方式与控制程度有所不同，而 C/S 结构、B/S 结构、P2P 结构这三种不同体系结构的选择直接决定了行为主体意志的参与方式与控制程度。基于刑法主客观相统一的原则，意志内与意志外的行为及其相应后果应当有不同的罪过处分。因而，不同网络行为组织结构不仅直接关涉到犯罪行为的定性，而且

---

① 谢君泽，"网络安全法的主客体探讨"，《中国信息安全》，2015 年第 4 期，第 112 页。

也关系到犯罪行为证明所应达到的理论标准。

就后者而言，因为不同的网络行为组织结构是具体犯罪行为的重要组成部分，所以它也必然牵涉到证明方法的选择与证明目标的达成。在 C/S 结构和 B/S 结构的网络组织体系下，客户机与服务器上的实体数据及相应的行为痕迹是侦查与证明的首要目标。而在 P2P 结构体系下，有可能无法获得或者根本不存在这种服务器数据行为分析的可能。一般情况下，在有中央索引服务器的情况下，可以获得实体数据的索引信息进行分析，或者能够发现有实体数据的存在。但是，即使如此也往往会因为缺少相应的行为记录而无法作为判断具体意志行为的直接依据。

综上，网络行为的体系架构与组织方式直接决定了具体网络行为的技术表达方式。当涉及具体网络行为的事后证明时，网络行为的体系架构与组织方式极大地影响了行为证明的方法对策乃至相关的刑事证明标准。这仍然是技术决定行为、行为决定法律使然。

第三节　网络犯罪构成要件的模型化

犯罪证明是实体法与证据法的交叉性问题。实体法确定了犯罪构成的要件要求，它涉及犯罪在行为上的各方面要素。证据法要解决犯罪行为在各方面要素上的事实证明，它涉及行为事实的证明方法。虽然实体法和证据法最终能够在行为层面达成统一并进行对话，但是实体法上的行为事实与证据法上的行为事实仍然存在着方法论上的处理逻辑先后问题。这涉及法律适用在方法论上的讨论。

一、法律与事实在方法论上的讨论

从方法论上讲，任何犯罪证明都会涉及法律与事实的逻辑关系问题，即先法律后事实，还是先事实后法律。这是一个非常重要的法律思维方法问题，它往往与国家所采取的基本法律体系密切相关。"西方理性主义传统要求，应当坚持事实问题与法律问题的区分。证据活动指向的是对事实主张真实与否（the truth of factual propositions）的证明，而司法裁判的法律维度，则关心将法律规范适用于既定事实的正确性或合法性。如果将事实认定与'法律发现'（law-finding）合二为一，那么，证明的目标将会变得捉摸不定，而且，似乎还会对事实认定的理性品格产生消极影响。"[①] 可见，英美法系国家对事实问题与法律问题的区分尤为重视。

对此，有学者认为，成文法体系是遵循从法律到事实的制度逻辑，而判例法体系是遵循从事实到法律的制度逻辑。"前者是从成文法规则出发衍生出一系列的程序和证据制度，而后者则从具体的证据着眼，在此基础上通过一个个的判例而积累其相应的法律规则。"[②] 因而，成文法体系与判例法体系在法律思维方法上存在明显不同。该学者还提出，"从法律出发的要件事实论应成为建立我国规范法学基本范畴体系的首要方法。要件事实论是沟通实体法和程序（证据）法的一座桥梁，它从刑法上的犯罪构成出发，到与各构成要件直接相关的主要事实，再到与主要事实相链接的间接事实、辅助事实，从而使案件处理过程中可能出现的纷繁复杂的各个事实情节，都可以在实体法的规范结构下寻找到自己的位置，并在此基础上适用各自的程序（证据）规则。"[③]

笔者认为，要件事实论成功解决了司法实践中实体法与证据法在运用上的位阶先后与顺序主次问题。要件事实论十分有利于人们对于实体法与证据法、法律与事实的关系理解，它既能够促进证明方法的理论研究，也能够使刑事司法实践聚集于案件的主要矛盾。要件事实论的潜在问题是，它在理论与实践中的运用容易使人们带来"有罪推定"的嫌疑，即先假定犯罪嫌疑人或被告人触犯了某个罪名，再寻找相应罪名的事实要件加以证明。然而，不论是何种方法理论，它本身并没有价值判断上的倾向性，价值判断的倾向性取决于运用方法的人而非方法本身。从司法实践而言，司法人员可以基于要件事实论不断开展思维方法上的"试错"，比如先采取多个罪名进行要件事实的匹配性试探，最终在某一个罪名下获得匹配性的成功操作。从某种意义上讲，不论是成文法体系抑或是判例法体系，理性的司法人员都应当积极采取从法律到事实，再从事实到法律的反复思维过程。

---

① ［美］米尔吉安·R.达马斯卡著，吴宏耀等译，《比较法视野中的证据制度》，北京，中国人民公安大学出版社，2006年，第27页。

② 孙远，"证明对象、要件事实与犯罪构成"，《政治与法律》，2011年第8期，第102页。

③ 孙远，"证明对象、要件事实与犯罪构成"，《政治与法律》，2011年第8期，第110页。

有所不同的是，成文法体系思维必须得到从法律到事实的匹配性验证，而判例法体系思维则应当是从事实到法律的结论获得。

从实际出发，笔者鼓励要件事实论的采用，因为它对于我们处置纷繁复杂的网络犯罪行为具有抽丝剥茧的作用。要件事实论主张从刑法上的犯罪构成出发，到与各构成要件直接相关的主要事实，再到与主要事实相链接的间接事实、辅助事实，这可以使十分复杂的网络犯罪案件显露出清晰的事实骨架，而这种事实骨架显然是围绕着行为本身而展开的。

二、犯罪构成在行为模型上的理解

结合我国刑法犯罪构成理论，犯罪的成立必须具备四要件，即犯罪主体、犯罪主观方面、犯罪客体和犯罪客观方面。所谓犯罪主体，是指实施危害社会的行为、依法应当负刑事责任的自然人和单位。所谓犯罪主观方面，是指犯罪主体对自己的危害行为及其危害后果所持的心理态度。所谓犯罪客体，是指我国刑法所保护的、为犯罪行为所侵害的社会关系。所谓犯罪客观方面，是指刑法规定的构成犯罪的客观外在表现，即某种特定的犯罪行为。[1] 虽然近年来刑法学界存在犯罪构成四要件与三阶层的激烈争论[2]，但实际上三阶层理论只是试图在四要件的基础上进行逻辑进路上的优化，并不是全然的否定。[3]

法律是行为的规范，刑法必然也是围绕着犯罪行为在各要素上的规范而展开。因于刑法规范是以犯罪行为为主线的确定性和犯罪构成在刑法理论上的稳定性，犯罪构成理论在行为学视角下的话语体系转化是完全可行的。换言之，犯罪构成可以转化为行为学角度下的四个方面，即犯罪行为主体、犯罪行为意志、犯罪行为后果以及犯罪行为过程，如图 3.6 所示。

---

[1]　王作富，《刑法》（第四版），北京，中国人民大学出版社，2009 年，第 35-96 页。

[2]　陈兴良，"犯罪构成论：从四要件到三阶层"，《中外法学》，2010 年第 1 期，第 49 页；兴良，"刑法阶层理论：三阶层与四要件的对比性考察"，《清华法学》，2017 年第 5 期，第 6 页。

[3]　高铭暄，"对主张以三阶层犯罪成立体系取代我国通行犯罪构成理论者的回应"，《刑法论丛》，2009 年第 3 期，第 1 页；高铭暄，"论四要件犯罪构成理论的合理性暨对中国刑法学体系的坚持"，《中国法学》，2009 年第 2 期，第 5 页。

图 3.6　行为视角下的犯罪构成

图 3.6 展示了犯罪构成在行为视角下的表达，即犯罪行为的主体在行为意志的催动下实施了犯罪行为过程，而犯罪行为过程导致了犯罪行为后果的发生。其中，犯罪行为主体包括自然人与单位两种类型；犯罪行为的意志包括刑法上的意识与意志两个方面；犯罪行为过程则反映了犯罪的客观方面；犯罪行为后果包括对财产权利、人身权利、社会管理秩序、公共安全等刑法利益的侵害。以上四方面可以称为行为的四个要素，而关于这四方面的事实则是四个行为要素事实。显然，话语体系的转换是为了便于行为学视角下的统一理解，然而对它们的内含理解仍不应失去刑法上的意义。

比如，刑法上的意志与行为学上的意志在概念范畴上就有所不同。刑法上的主观方面（广义的意志）包括行为人对自己的行为是否会发生危害社会结果明知的意识方面和行为人对自己的行为将要引起的危害结果持有希望或放任的意志方面（狭义的意志）。可见，刑法上明确区分了意识与意志的并列关系。而行为学上所提及的意识与意志，它们经常是混用的关系。比如，恩格斯说，在社会历史领域进行活动的全是有意识的、经过思虑或凭激情行动、追求某种目的的人，任何事情的发生都不是没有自觉意图的，没有预期目的的。[1] 黑格尔说，在人的意志与行为的关系上，行为是人有意识的活动，意志作为主观的或者道德的意志表现于外，这就是行为。行为是对人的内在主观意志的外在的、客观化的表现，而意志对于行为来说具有支配性。在意志的行为中，仅仅以意志在它的目的中所知晓的这些假定以及包含在故意中的东西为限，承认是它的行为，而应对这个行为负责。行动只有作为意志的过错才能归责于行为人。[2] 他们对意识与意志的概念区分似乎并不明显。因而，笔者认为，行为学上的意志可以认为是广义上的意志概念，它是意识与狭义意志的统称。

---

① 张文喜，"人的目的、意志与社会运动关系新解"，《浙江社会科学》，1994 年第 3 期。
② 窦海阳，《论法律行为的概念》，北京，社会科学文献出版社，2013 年，第 31 页。

最后，从刑法学到行为学的话语体系转换，其实是从规范到行为的降维。这种降维的目的是使之能够与从技术到行为的升维相对应，进而将法律与技术在行为学层面达成统一，方便研究与对话。刑法规范降维之后的行为四方面回到了同一个维度，它们均是围绕着行为这一个逻辑起点而展开。至此，以犯罪构成为核心的刑法规范在行为学层面就有了模型化描述的现实。

三、要件事实在行为模型上的分解

基于刑法学到行为学的话语体系转换，刑事证明应当首先从整体犯罪行为所涉及的四个方面及相应的四个要素事实而展开。这是要件事实论所给出的方法论指引。它要求犯罪证明从刑法上的犯罪构成出发，到与各构成要件直接相关的主要事实，再到与主要事实相链接的间接事实、辅助事实。

具体而言，我国 2018 年修正的《刑事诉讼法》第 52 条规定："审判人员、检察人员、侦查人员必须依照法定程序，收集能够证实犯罪嫌疑人、被告人有罪或者无罪、犯罪情节轻重的各种证据。"最高人民法院 2021 年《刑诉法解释》第 72 条进一步规定，"应当运用证据证明的案件事实包括：（一）被告人、被害人的身份；（二）被指控的犯罪是否存在；（三）被指控的犯罪是否为被告人所实施；（四）被告人有无刑事责任能力，有无罪过，实施犯罪的动机、目的；（五）实施犯罪的时间、地点、手段、后果以及案件起因等；（六）是否系共同犯罪或者犯罪事实存在关联，以及被告人在犯罪中的地位、作用；（七）被告人有无从重、从轻、减轻、免除处罚情节；（八）有关涉案财物处理的事实；（九）有关附带民事诉讼的事实；（十）有关管辖、回避、延期审理等的程序事实；（十一）与定罪量刑有关的其他事实。"其中，第（二）项主要涉及犯罪客体是否遭到了犯罪行为的侵犯，它是行为后果的要素事实；第（三）项主要涉及犯罪行为主体的认定与证明，它是行为主体的要素事实；第（四）项主要涉及犯罪行为主观方面的认定与证明，它是行为意志的要素事实；第（五）项主要涉及具体犯罪行为的认定与证明，它是属于行为过程的要素事实。以上四个要素是犯罪行为事实的骨架部分，而其他部分都是基于以上主要行为事实的展开。

基于这种理解，犯罪证明所涉及的行为事实也可以按照行为要素进行模型化描述，如图 3.7 所示。

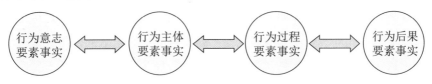

图 3.7　要素事实的行为模型

　　要素事实在行为层面的模型化，能够切实帮助犯罪事实证明实现任务主线的清晰化。从某种意义上讲，这是通过刑事证明在方法论上的努力去减轻刑事证明对世界观的压力。这能够使人们清晰地看到刑事证明的整体结构，进而把握刑事证明的主要任务与思考方向。这种努力在面对纷繁复杂的网络犯罪形态时显得尤为必要。

第四节　网络犯罪行为事实体系的模型化

　　既然技术与法律都可以通过模型化的思维方法在行为层面达成统一，那么行为事实的模型化自然就水到渠成。简言之，网络犯罪行为事实的模型化就是要将网络犯罪技术所表达的行为模型与网络犯罪实体法所要求的行为模型进行融合、形成有机体系，进而在犯罪证明视角下建立行为事实证明的结构模型。

一、外部行为事实的模型化

　　基于网络行为的二次工具论，网络犯罪行为的事实证明首先需要解决"人—机器—数据—行为"这样的模型，如前文图 2.2 所示。

　　正如前文所述，网络环境下所实施的行为，首先是人对机器的第一次工具利用，其次是机器对数据的第二次工具利用。人在整体行为上的二次利用特征导致了当涉及人的整体行为的证明时，它的同一性关系变得更加复杂。也就是说，如果要证明某人干了某事，在网络环境下首先要证明某人是否使用了某机器，其次要证明某机器是否调用了某数据，最后要证明某数据是否实施了该行为。在网络行为中必须完成"人—机器—数据"与"机器—数据—行为"两次证明方可完成

"人—行为"的同一性证明。

换言之，网络行为的证明要陆续解决以下问题：这个电脑是不是这个人所有的，即机器与人的同一性；这些数据是不是来自于这个电脑的，即数据与机器的同一性；这些数据是不是实施了那些行为，即数据与行为的同一性。其中，人与"机器—数据—行为"的同一性不仅是技术领域的关注重点也是刑事定罪的核心问题。从整体上讲，只有完成了前述一系列同一性证明，才能认定"这个事是不是这个人干的，这个人干没干这个事"这个大的人事同一（性）认定，也即整体行为的认定。这里还没有把电子设备、电子数据所隐含的多层级微观同一性关系计算在内。

值得重点强调的是，模型描述本身也存在表达能力的缺陷，上述行为证明模型还没有涵盖到一个基础性问题，即网络环境与网络行为组织结构的模型化。网络环境与网络行为组织结构往往直接关系到行为的性质，包括行为的对象范围和行为的控制程度等基础性问题。然而，这种情况并没有，也不可能被过去所形成的、主要适用于传统空间的刑事实体法所理解和涵盖。对此，立法人员与司法人员都要引起足够的重视。在法律实务中，如果遇到行为的定性分析时，司法者仍然需要积极调用前述的技术性模型予以慎重思考。一般来说，因为网络环境与网络行为组织结构是网络行为的基础，所以对它们的模型化分析理应作为上述行为证明模型的前序基础来对待。正如前文所述，以"主体—行为—客体"三要素体系所构建的经典行为理论正面临着严重冲击，以"空间—主体—行为—客体"四要素体系为内容的新行为理论亟待构建。

最后，以上模型仅仅是从技术工具的视角对行为事实进行了模型化描述。因而，它仅仅是描述了网络行为的外部行动方面，不足以反映行为学与法学层面的全面要求。换言之，上述行为事实模型仍待于行为学与法学视角下的继续完善。

二、意志行为事实的模型化

技术、行为与法律，虽可共通，但并不共同。行为学与法学对技术的考察有其特殊的需求。一方面，行为学视角下的行为事实模型应当要考虑意志因素。时、空、人、事、物只可以描述行为的外部行动，要加入意志因素考量就要引用何时、何地、何人、何事、何物、何因、何情这七个要素的维度考量。另一方面，刑法视角下的行为事实模型不仅要考虑意志因素的区分还要考虑行为后果的评价。刑法定罪要求遵循"主客观相统一原则"。只是解决了犯罪主体（实施犯罪的人）、犯罪客观方面（即犯罪行为的具体表现）这两个法律要件是远远不够的，犯罪主观方面和犯罪后果也是法律评价的重要内容。

因而，行为学与法学视角下的行为事实模型就有必要进行"行为主观"与"行为后果"这两个方面的结构改造。换言之，在刑事实体法规范视角下的行为事实模型可以描述如图 3.8 所示。

图 3.8　网络犯罪的行为事实证明模型

在技术、行为与法律的综合要求下，网络犯罪行为的事实证明俨然变成了一个庞大而复杂的体系。司法者不仅要考虑网络犯罪的行为过程（客观方面），还要考虑网络犯罪的行为后果（客体）和网络犯罪的主体意志状态（主观方面）。它们分别引起了行为过程的"人—机器—数据—行为"的同一性证明问题以及行为与后果在引起与被引起的因果关系问题、主体意志与外部行为的控制能力问题。当然，网络犯罪行为人（主体）更是一个基础性问题。以上共同构成了整体网络犯罪的行为事实证明模型。

值得注意的是，因为我国现行刑法对待网络犯罪仍然停留在结果犯或情节犯的思维，所以行为与后果在引起与被引起的因果关系问题往往是当下网络犯罪证明的焦点问题。比如，以我国现行《刑法》第 285 条规定的非法侵入计算机信息系统罪，非法获取计算机信息系统数据，非法控制计算机信息系统罪，提供侵入、非法控制计算机信息系统程序、工具罪，第 286 条规定的破坏计算机信息系统罪以及第 253 条之一规定的侵犯公民个人信息罪等为代表的典型网络犯罪都要求以达到某种"后果"为入罪要件。这些"后果"要件集中体现在《关于办理危害计算机信息系统安全刑事案件应用法律若干问题的解释》《关于办理侵犯公民个人信息刑事案件适用法律若干问题的解释》等相关司法解释文件之中。即使是像电信网络诈骗、网络造谣传谣等涉网型网络犯罪，同样有各式各样的"后果"要求或"情节"要求。这在《关于办理电信网络诈骗等刑事案件适用法律若干问题的意见》《关于办理利用信息网络实施诽谤等刑事案件适用法律若干问题的解释》等文件中也有对应体现。网络犯罪立法对结果犯或情节犯的过度偏爱，导致了每案必有如前文所述的"数额"计算与证明问题。这已然成为网络犯罪刑事司法的实践特色！

三、犯罪行为事实体系的模型化思考

诚然，除了与刑法犯罪构成直接相关的主要事实，即上述网络犯罪的行为事实证明模型，网络犯罪证明还经常需要解决一些与主要事实相链接的间接事实、辅助事实，如排除某行为之违法性、可罚性的事实、免除或减轻刑事责任的事实以及刑事诉讼的程序事实等。它们是整个犯罪行为事实体系的必要组成部分。

一般情况下，因为这些间接事实、辅助事实都是围绕着主要（行为）事实而展开，所以在必要时仍然可以以网络犯罪的行为事实证明模型为基础、采用模型化的思维方法作拓展分析。当然，这里的前提是它们必须是网络（线上）的行为证明问题。如果涉及传统（线下）证明问题，比如有关年龄、精神状态等刑事责任能力的问题，就是模型化思维方法力不能及的范围。因为，这已经破坏了模型化理论的前提假定。

任何理论都是一种基于某种条件假定不变的推理，任何实践都是面对条件不断变化的应对。面对一切理论，既不可以迷信膜拜，也不可以怀疑一切，它们的背后终究会有一套逻辑思维在支撑。我们唯一能做的是揭开背后的逻辑真相，检视它的逻辑条件与思维方法是否依然合理得当。这在网络智能时代的历史转折背景下尤其重要。

面对网络犯罪证明，只有先形成正确的世界观，才有可能找到正确的方法论。只有基于科学的方法论，才能破解人们的价值观困惑。从法律到行为再到技术是发现本质的过程，从技术到行为再到法律则是重构现象的过程。这符合 U 型理论[①] 的思维方式。

从根本意义上讲，网络犯罪证明的模型化是由网络行为的模型化所决定的，而网络行为的模型化则由网络技术的模型化所导致的。网络犯罪证明模型是技术、行为与规范的一体化研究成果。换言之，网络犯罪行为事实体系的模型化研究，正是因为抓住了技术、行为与法律的共同本质，所以它对于任何网络犯罪证明问题的解决都具有普遍性的指导意义。更为重要的是，面对纷繁复杂的网络犯罪形态，网络犯罪的行为事实模型给出了具体化的参考系。这对于解决学科知识壁垒和学科思维定式而引起的认知分歧具有十分重要的方法论意义。

首先，从法理学意义上讲，模型化是一种面对技术社会的法学方法，它有利于人们在思维上认识技术、行为与法律的关系。其次，从立法意义上讲，网络技术的模型化能够帮助立法者正确认识技术行为的原理并为行为的类型化提供结构清晰的蓝图。再次，从司法意义上讲，网络行为的模型化能够帮助司法者认清各种纷繁复杂网络行为的全貌，为各种颗粒的具体行为提供具象。最后，行为事实的模型化能够为具体案件问题的解决提供直接的方法指引，比如犯罪构成的行为判断、犯罪证明的方法运用，等等。当然，仅就证据学领域而言，我们还可以基于此重新思考网络时代的证据理论研究、重新梳理网络犯罪的证明制度建设。值得欣慰的是，网络犯罪证明的模型化研究已经引起了司法机关的重视，2020年《人民检察院办理网络犯罪案件规定》在一定程度上已经吸纳了网络犯罪证明的模型化思维。

虽然我们为网络犯罪行为事实的证明构建了一个相对合理的理论模型，但是这种理论模型是否能够在实践中发挥作用、实践过程中会有哪些问题，这些还都需要人们在实践活动中不断地加以验证和总结。这正是对称破缺理论所给出的逻辑进路，即"对称→理论→实践"。

---

① [美] 奥托·夏莫著，邱昭良等译，《U 型理论：感知正在生成的未来》，杭州，浙江人民出版社，2013，第 28 页。

第四章

网络犯罪证明模型化的实践与验证：新的思维方法

从理论上讲，模型化思维是一种网络智能领域的普适性方法，它可以适用于任何一种网络犯罪证明问题的解决，这是由网络行为在技术工具上的特定性所决定的。但是，任何普适性方法都不能进行无限地验证。因而，本书仅以最典型的网络犯罪案例——快播案为例讨论模型化思维的展开过程。之所以以该案例进行讨论，是考虑到：（1）快播案是证据公开、证明公开、法律适用公开都最充分的网络犯罪案件，因而问题的讨论就具备了充足的素材和依据；（2）快播案是最受理论界与实务界关注的网络犯罪案件，因而最容易引起学界的思考和共鸣；（3）快播案的技术问题最为新颖、复杂，它最能体现网络技术认知的基础性与重要性，对它的研究最具有普遍性的推广意义。从以上各方面来讲，快播案堪称是网络犯罪研究的历史经典。

第一节　对网络技术的理解

技术决定行为，行为决定规范。规范评价要基于正确的行为认知，正确的行为认知要基于对技术工具应用的深刻理解。这些认识是运用模型化思维的前提基础。就快播案而言，只有基于对行为背后技术应用原理的充分理解，才能对行为本身的定性认识以及进一步的规范评价采取正确的态度。因而，模型化思维下的快播案讨论势必要从技术—行为—法律的逻辑进路展开。

一、案情简介与问题争议

快播公司是一家以视频分享为主营业务的互联网企业。作为一个网络平台，它利用新兴的网络技术极大地提高了网络传输和资源交换的效率。2013 年 11 月 18 日，文化执法部门查获扣押了快播公司的托管服务器共四台。2014 年 4 月，公安机关接到群众举报及相关部门案件移交、立案侦查、搜集证据并抓获涉案人员十余名。2014 年 5 月 15 日，全国"扫黄打非"办公室通报，快播公司存在传播淫秽色情内容信息的行为，快播公司在提供服务时不履行内容安全管理责任，罔顾社会公德，突破法律底线，大肆为淫秽色情等违法有害信息传播提供平台和渠道，严重危害未成年人身心健康，影响极为恶劣，必须予以严惩。

2015 年 2 月 6 日，北京市海淀区人民检察院正式以涉嫌传播淫秽物品牟利罪向北京市海淀区人民法院提起公诉。2016 年 1 月快播案开庭审理，控辩双方围绕快播公司的技术行为、行为定性、行为责任以及相关证据证明问题展开了激烈对抗。2016 年 9 月 13 日，北京市海淀区人民法院做出判决，认为被告单位深圳市快播科技有限公司及相关责任人以牟利为目的，在网络上传播淫秽视频，其行为均已构成传播淫秽物品牟利罪。2016 年 12 月 15 日，北京市第一中级人民法院二审裁定维持原判。

快播案一出即引起了理论界与实务界的极大关注。在快播案判决之前，就有人讨论快播公司是否构成传播淫秽物品的共犯[①]，有人讨论"技术中立"与"技术无罪"[②]，有人讨论快播公司网络安全管理义务不作为[③]，有人讨论快播公司是否存在传播淫秽物品的主观故意[④]，等等。也有专家学者敏锐地察觉到快播案存在特殊的"行为"问题……遗憾的是，他们要么没有进一步加以阐释[⑤]，要么

---

① 车浩，"谁应为互联网时代的中立行为买单？"，《中国法律评论》，2015 年第 1 期，第 47 页。
② 朱巍，"技术中立不能成为快播案的抗辩词"，载公众号法律读库，访问时间：2016 年 01 月 09 日；黄旭巍，"快播侵权案与技术无罪论"，《中国出版》，2016 年第 23 期，第 50 页。
③ 陈兴良，"在技术与法律之间：评快播案一审判决"，《人民法院报》，2016 年 09 月 14 日第 1 版。
④ （笔名）国平，"'快播'之罪止于此，关乎彼——兼与张明楷、陈兴良两位教授商榷"，载公众号法学学术前沿，访问时间：2016 年 09 月 25 日。
⑤ 魏东，"简评'快播案'一审判决"，载法律博客 http://weidong1111.fyfz.cn/b/900492，访问时间：2016 年 02 月 10 日。

仅进行了简单的类比而没有展开深入分析。[①]

　　基于快播案所引起的社会关注,《中外法学》在 2017 年第 1 期邀请了诸多专家学者对快播案所涉及的法律问题进行专题评论,评论焦点主要集中在快播行为的法律认定。有学者认为,在快播案中快播公司存在以下两种不当行为:(1)不履行网络安全管理义务的不作为。(2)利用缓存技术为传播淫秽物品提供缓存服务的作为。而后者无疑与快播公司的缓存技术存在较大的关联,对于此种作为性质理解上的困难,是产生分歧的原因。[②] 文中,该学者引用了快播案一审判决书[③],将快播公司界定为网络内容提供商即网络信息服务提供者,而非网络平台提供服务商,因而对快播公司不能简单适用技术中立原则。

　　遗憾的是,该文章仅从法律适用的角度对快播案进行探讨,并未对“技术行为”本身做深入的定性分析。这种法律适用是建立在一审判决对于快播公司行为定性正确的逻辑基础之上。然而,事实上,一审判决基于“中心调度服务器参与其中”的逻辑而简单认定“快播公司由此成为提供包括视频服务在内的网络信息服务提供者”这一结论本身就存在错误。在此基础上展开关于“中立的帮助行为”以及“不纯正不作为”等相关法理论证与法律解释,这是一种“基于结果导向的法律解释推理论证”,它使我们对法律解释的关注盖过了对行为认定的质疑。同样,其他相关学者关于“不纯正不作为”[④]等相关问题的论述及其在快播案的适用,也存在类似的基础认识与论证路径的选择偏差问题。

---

① 张明楷,“快播案定罪量刑的简要分析”,《人民法院报》,2016 年 9 月 14 日第 3 版。
② 陈兴良,“快播案一审判决的刑法教义学评判”,《中外法学》,2017 年第 1 期,第 20-21 页。
③ 判决原文论述为:“本案被告单位快播公司,是一家流媒体应用开发和服务供应企业,其免费发布快播资源服务器程序和播放器程序,使快播资源服务器、用户播放器、中心调度服务器、缓存调度服务器和上千台缓存服务器共同构建起了一个庞大的基于 P2P 技术提供视频信息服务的网络平台。用户使用快播播放器客户端点播视频,或者站长使用快播资源服务器程序发布视频,快播公司中心调度服务器均参与其中。中心调度服务器为使用资源服务器程序的站长提供视频文件转换、链接地址发布服务,为使用播放器程序的用户提供搜索、下载、上传服务,进而通过其缓存服务器提供视频存储和加速服务。快播公司缓存服务器内存储的视频文件,也是在中心调度服务器、缓存调度服务器控制下,根据视频被用户的点击量自动存储下来,只要在一定周期内点击量达到设定值,就能存储并随时提供用户使用。快播公司由此成为提供包括视频服务在内的网络信息服务提供者。”北京市海淀区人民法院刑事判决书(2015)海刑初字第 512 号。
④ 高艳东,“不纯正不作为犯的中国命运:从快播案说起”,《中外法学》,2017 年第 1 期,第 68 页。

虽然以上学者对快播案的法律适用讨论已是无源之水、无本之木，但是关于"快播案的认定困难归咎于缓存技术的法律认识问题"这一论断却是正确的。对此，有学者提出，"缓存是本案的核心行为"①。随后该学者在认为"缓存是一种行为"的基础上，也展开了不作为犯、作为犯及义务犯等相关问题的论述。然而，缓存是一种行为吗？如果不是行为，那又该如何定性？将缓存直接理解为一种行为进而展开法律分析，这种认知的逻辑潜在风险极大，难免存在"先入为主"的嫌疑。

以上专家学者的共同特点是：基于刑法部门法，从不作为犯或作为犯的推理论证来寻求网络传播的法律解释论，但并未就网络传播行为本身进行深入讨论。事实上，对网络传播行为本身的理解和定性才是快播案审理认定的关键。显然，因为快播公司是通过网络技术工具的利用来开展业务行为的，所以对这种行为的正确认识必然要基于对其行为所采取的技术应用方案及其背后原理的深刻理解才能得到。

二、对缓存技术的理解

众所周知，快播公司的行为认定困难主要是因为它采取了网络缓存技术来实施具体业务行为。网络缓存技术是缓存技术在网络领域的应用。所谓缓存（Cache），它最早是指数据交换的缓冲区，硬件读取数据时，首先从缓存区查找，如找到则直接执行，否则，就从内存中查找。因缓存的运行速度快于内存速度，故缓存是为了帮助硬件更快速地运行。以上是硬件层面的技术缓存。缓存不仅是一种技术，它还是一种思维。从思维层面来讲，它是为了提高效率而在事件处理上所采取的临时性和预先性处置的策略。从这个角度来讲，它与传统军事领域的预谋划策、随机应变等事件处理思路并无不同。因而，从根本上讲，缓存是一种为了提高数据交换效率和效果而实施的技术方法、技术机制、技术方案和技术思维。

随着网络技术的不断发展，缓存的技术应用从原来的硬件领域拓展到了软件领域和网络领域。随着运行效率需求的提升，在软件运行层面也出现了大量的技

---

① 周光权，"犯罪支配还是义务违反"，《中外法学》，2017 年第 1 期，第 54 页。

术缓存。比如，为了提高网页访问的速度，Internet Explorer 浏览器软件经常采用累积式加速的方法，将用户曾经访问过的网页内容存放在电脑里（一般是系统盘的 Windows\Temporary Internet Files 目录下）。以后用户每次访问该网站时，浏览器就会先搜索该缓存目录，如果其中有访问过的内容，那么浏览器就不必再从网上下载，而直接从缓存中调取，以此提高网站访问速度。在利用 Microsoft Office Word 软件编辑文档时，也会产生若干暂时存储数据的临时文件。[①] 当 Word 以正常方式关闭时，所有临时文件将关闭并删除。当 Word 以非正常方式关闭时，这些临时文件就可以被用作数据恢复。临时文件[②] 也属于软件层面的技术缓存。实际上，像 Outlook 邮箱软件及其他各种软件，甚至是操作系统软件，都普遍运用了缓存技术。

在网络环境下，为了优化性能和节省带宽，大流量数据交换的信息系统也会通过配置缓存服务器来实现网络数据交换的技术缓存[③]，即网络缓存。它的目的是把需要频繁访问的数据尽量存放在离网络用户较近或者访问速度更快的系统中，以此来提高数据访问的效率。缓存服务器经常与调度算法或专门运行调度算法的调度服务器协同工作。调度算法或调度服务器，是一种基于负载均衡目的而对所有服务器资源进行统一管理调配的技术策略。当调度算法或调度服务器与缓存服务器一起工作时，可以通过优化负载均衡的方式提高缓存的性能。

综上，技术意义上的缓存有三个层面的内涵，硬件层面的技术缓存、软件层面的技术缓存、网络层面的技术缓存。上述三个层面的技术缓存，在各个层面之间或某个层面内部，均有不同的技术方案。

快播案的刑事争议焦点是对网络缓存的法律认识。快播案中，公安机关从查

---

① 陈晓红等，"篡改 Microsoft Office 办公文件的实验研究"，《证据科学》，2009 年第 17 卷第 3 期，第 376 页。

② 临时文件是为暂时存储信息而创建的文件，这样可以释放内存以用于其他目的，或者在程序执行某些功能时充当安全网络以防止数据丢失。https://support.microsoft.com/zh-cn/kb/211632，访问时间：2016 年 9 月 25 日。

③ 有学者认为，搜索引擎的"快照"不属于"系统缓存"，因此不适用避风港原则。笔者认为，这是一种偏于狭隘的认识，快照本质上属于网络层面的缓存。对此，其他学者亦有相关论述。王迁，"搜索引擎提供'快照'服务的著作权侵权问题研究"，《东方法学》2010 年第 3 期，第 126 页；丁晓东，"搜索引擎的缓存技术与法律责任"，《重庆理工大学学报》（社会科学），2013 年第 7 期，第 16 页。

扣的四台缓存服务器里提取了 29841 个视频文件进行鉴定，认定其中属于淫秽视频的文件为 21251 个。[①] 这四台缓存服务器及其中的淫秽视频是将该案认定为传播淫秽物品牟利罪的关键证据。事实上，该案是缓存技术在 P2P（点对点）网络环境下的应用。

三、对缓存技术行为的理解

网络缓存技术在 P2P（点对点）网络环境下的应用给人们对快播案的技术行为理解带来了认识上的困难。关于网络缓存技术在行为效果上的传播，法学界大多数人要么是回避了这种传播现象在行为意义上的深究，要么是凭经验和感觉直接认为它是一种传播行为。如果不加深究地将快播公司的行为定性为刑法上的"传播"行为，会开启负面示范的"潘多拉魔盒"。不论是新兴的互联网企业，还是面向互联网转型的传统企业，他们都会面临因技术传播现象带来的刑事法律风险。简言之，互联网技术决定"非法"信息的技术传播具有天然的必然性，如果对技术传播不加区分，那么任何可能的互联网技术应用都会使相关企业陷入永恒的"定罪逻辑"风险之中。因而，有必要重新深刻反思快播案中行为认定的逻辑以及后续的法律适用问题。

实际上，缓存首先是一种纯粹的技术与思维，不宜直接将它作为一种行为进行法律分析。这是因为：一方面，如果把狭义的缓存技术看作一种行为，那么它将面临技术中立原则的挑战，且不论缓存技术本身在方案设计上存在着极大的不确定性。缓存技术在方案设计上的技术改造、技术升级等在网络领域是十分频繁的，快播案中就存在缓存技术方案的调整问题。将一个技术上存在极大不确定性的事物视为一种具体行为进行法律分析，势必需要极其谨慎。尤其是在尚未对缓存技术本身进行行为模式层面上的全面分析归纳的情况下，更是如此。另一方面，如果把广义的缓存思维看作一种行为，那么会面临更大的理论挑战，即思维是一种行为。这明显违背了行为理论的基本原理。

在快播案中，司法人员根据以下两点理由认为，快播公司的行为属于针对"不

---

① 北京市第一中级人民法院刑事裁定书（2016）京 01 刑终 592 号。

法"视频资源的"有意识的主动行为"。第一点理由是，快播公司的缓存服务器偏好"不法"视频资源，除淫秽视频和侵权视频外，其他视频屈指可数。第二点理由是，快播公司的中心调度服务器一旦发现用户下载速度不能满足观看需要，就会通过缓存调度服务器指令最便利（同一运营商或距离最近）的缓存服务器直接向用户提供视频文件。[①] 按照传统思维方式，这种推理似乎顺理成章。然而，事实上，我们必须认识到网络行为与传统行为在技术工具的运用方式上存在根本不同。在这种行为方式差异下，行为意志的表达方式和受控程度也完全不同。因而，不宜采用与传统行为相类比的思维方式来理解网络行为。

具体而言，网络技术上的调度服务器与传统客运服务那样的汽车调度中心存在显著不同。作为负责优化缓存性能的调度服务器[②]，它是根据调度算法自动化运算处理的，调度主体及其主观意愿并不能直接参与其中具体数据的处理。而传统客运汽车的调度则不同，调度人及其主观意愿能够直接参与其中。

值得说明的是，相关专家学者对快播公司的行为认识也采取了类比思维。有学者将"向用户提供缓存服务器里的淫秽视频文件"类比为"以陈列方式传播淫秽物品的行为"[③]。还有学者甚至提出，"在处理网络犯罪的复杂案件时，如果有可能，需要尽可能将其还原为现实世界犯罪，将传统上处理现实社会犯罪的思路作为处理新型网络犯罪的重要参考。在本案中，快播公司拽取、缓存淫秽物品的行为，和现实世界里贮存、陈列、传播淫秽物品的作为行为并无二致。"[④] 这是十分不恰当的。虽然均是简称"类推"，但是类比推理与类型推理在思维方式上存在本质不同，传统法学对这两种思维方法的基本概念可能存在混用问题。[⑤] 法律界常称的"类推"应当主要是指类型推理而非类比推理，至少是以类型确定

---

① 范君，"快播案犯罪构成及相关审判问题——从技术判断行为的进路"，《中外法学》，2017年第1期，第36页。

② 刘永卫等，"基于缓存区段的P2P流媒体调度算法"，《计算机工程与科学》2008年第6期，第66页；郑凯，"一种P2P VOD系统的缓存部署及调度机制"，《华南师范大学学报》（自然科学版），2009年第2期，第34页；郑文烽、许胤龙，"采用分区缓存调度策略的P2P点播系统"，《计算机工程》，2010年第9期，第90页。

③ 张明楷，"快播案定罪量刑的简要分析"，《人民法院报》，2016年9月14日第3版。

④ 周光权，"犯罪支配还是义务违反"，《中外法学》，2017年第1期，第54页。

⑤ [美]波斯纳著，苏力译，《法理学问题》，北京，中国政法大学出版社，2002年，第111页；夏勇，《法理讲义——关于法律的道理与学问（下）》，北京，北京大学出版社，2010年，第767页。

为目的的类比推理，这是由法的运行原理所决定的。

类比思维虽然有助于理解新的事物，但它并非是一种科学严谨的论证方法。"尽管类比推理应用广泛，但通过类比推理从前提得出结论是或然的。"[①] "类比陷阱可以说是无处不在的，如果稍有考虑不全面，即会陷入其中，科学界就曾出现过类似的错误判断……"[②] 要科学严谨地认识网络领域的新事物与新现象，不可过分依赖类比思维，而应寻求基础理论的理解与支撑。

换言之，快播公司的主观意愿所能直接参与的是调度算法的设计，而不是具体非法视频的处置。调度算法的设计是用来解决哪些资源需要缓存技术的介入而加速响应的问题，它不会去区分这些资源哪些非法或合法。因而，这种算法行为是一种通过算法技术规则自动执行的通常业务行为，而不是专门针对非法资源的"有意识"主动行为。当然，如果算法之中存在某些"刻意"的技术设置，则另当别论。从技术意义上讲，调度服务器的介入只能说明快播公司有可能对视频资源进行技术监管，即存在技术监管的操作可行性。

纵然快播案判决对于缓存的行为定性存在偏颇，但是它从行为理论的角度对缓存现象进行观察思考却是值得肯定的。虽然从理论上讨论网络法律适用似乎无需考虑网络技术问题，因为技术中立，但是就实务而言，办理网络司法案件必须研究网络技术，这并非是要研究网络技术本身而是要研究网络技术所形成的行为模式。

第二节　对网络行为组织结构的理解

基于"空间－主体－行为－客体"的网络行为理论，要揭示网络技术背后所形成的行为模式，首先要对网络的技术环境包括网络组织结构进行思考与分析。这是因为，技术上的网络组织结构决定了行为上的网络组织结构，进而产生行为上的抽象"空间"。以快播案为例，缓存技术所基于的网络组织结构是分析快播行为的（网络）空间基础。因为不同网络行为结构所产生的网络空间特性不同，

---

① 王洪，《法律逻辑学》，北京，中国政法大学出版社，2007 年，第 162 页。
② 问道、王非，《思维风暴》，北京，华文出版社，2009 年，第 90 页。

所以具体的网络行为模式必须基于特定的网络行为结构及其所形成的网络空间状态而展开。

一、网络缓存的组织结构

不同的行为空间产生不同的行为方式，不同的行为方式产生不同的法律问题。从本质上讲，后者是行为组织结构的变化所带来的形而上问题。显而易见，网络缓存所带来的行为问题和法律问题要比单机系统之内的硬件缓存、软件缓存复杂得多。

具体而言，相对于单机系统之内的硬件缓存、软件缓存，网络缓存因为空间的扩张而产生更多的法律争议。一般来说，硬件缓存、软件缓存主要常见于计算机内部，因而鲜少涉及利害关系人的权利侵犯，即使存在相关的权利侵犯也难以被人发现。而网络缓存的应用因为涉及网络主体之间的数据信息权利争议，尤其是这种争议因为网络的公开性更容易被发现，所以因此而产生了更多的行为问题和法律争议。

事实上，避风港原则就是面对网络缓存问题所形成的初期法律解决方案。避风港原则最早适用于著作权领域，后来随着网络领域的扩张又被广泛推用至目录索引、超文本链接、搜索引擎、网络存储，甚至是 P2P 环境等各个方面。[1] 避风港原则实际上是应对技术缓存思维的法律解决方案。从信息资源交换角度而言，网络服务提供商所提供的目录索引、超文本链接、搜索引擎、网络存储、P2P 环境等，它们是网络用户之间进行数据交换的技术中介，而这种技术中介其实就是网络用户之间进行信息资源交换的"缓存区"。当然，目前避风港原则也面临着被人类抛弃的风险。2015 年 10 月 6 日欧盟法院宣布避风港协定（*Safe Harbour Agreement*）无效。[2] 我国学者也早已提出，避风港原则在我国存在极大的不适应

---

① 蔡晓东，"搜索引擎的缓存技术与法律责任"，《重庆理工大学学报》（社会科学），2013 年第 7 期，第 16 页。

② The Court of Justice declares that the Commission's US Safe Harbour Decision is invalid, Court of Justice of the European Union, PRESS RELEASE No 117/15, Luxembourg, 6 October 2015 Judgment in Case C-362/14 Maximillian Schrems v Data Protection Commissioner, http://curia.europa.eu/jcms/upload/docs/application/pdf/2015-10/cp150117en.pdf.

性[①]，《信息网络传播权保护条例》模仿美国以免责条款的形式规定了避风港规则，是法律移植的败笔[②]。避风港原则的不合理性，源于它隐含了一个十分重要的逻辑假定，即事先承认了网络平台的技术中介属于法律上的传播行为，至少是帮助（共同）行为。因而，避风港原则是对预先逻辑假定的传播行为的免责条款而非归责条款。[③]

诚然，快播案中也存在网络空间行为组织结构的理解问题。有人认为快播平台所使用的不是 P2P（Peer to Peer）技术，而是 P2SP（Peer to Server & Peer）技术。如果是后者，因为行为组织结构对行为方式的基础性和重要性，那么快播案的行为性质势必就会发生重大变化。遗憾的是，快播案庭审并未对 P2SP 进行专门调查确认，而是把问题理解为意识形态的变化，即"2013 年底，为规避版权和淫秽视频等法律风险，在王欣的授意下，张克东领导的技术部门开始对快播缓存服务器的存储方式进行调整，将原有的完整视频文件存储变为多台服务器的碎片化存储，将一部视频改由多台服务器共同下载，每台服务器保存的均是 32M 大小的视频文件片段，用户点播时需通过多台服务器调取链接，集合为可完整播放的视频节目。"[④] 笔者一定程度上怀疑这种技术缓存方案调整与法律风险规避目的的关系，因为缓存的技术方案调整本身是一件十分常见的技术事件。由于未接触到讯问笔录及讯问视频，对此无法考证。

二、不同网络缓存组织结构的行为差异

快播公司在网络缓存技术方案上的调整，在客观上究竟是犯罪意志的变化还是纯粹技术意义上的改进，不得而知。但是，就理论研究而言，却不得不对不同网络组织结构所形成的行为模式差异进行讨论，因为行为模式的差异会直接影响相关行为的定性判断。

① 陈绍玲，"避风港准入门槛在我国的不适应性分析"，《知识产权》，2014 年第 12 期，第 3 页。
② 刘晓，"避风港规则：法律移植的败笔"，《齐齐哈尔大学学报》（哲学社会科学版），2011 年第 4 期，第 72 页。
③ 刘家瑞，"论我国网络服务商的避风港规则——兼评'十一大唱片公司诉雅虎案'"，《知识产权》，2009 年第 2 期，第 13 页。
④ 北京市第一中级人民法院刑事裁定书（2016）京 01 刑终 592 号。

从技术角度而言，P2SP 与 P2P 的差别在于：P2SP 是 P2P 和 P2S 的混合结构，它可以将 P2S 的服务器资源和 P2P 的共享资源整合在一起。不论在资源整合上，还是数据交换效率上，P2SP 都比纯粹的 P2P 更加先进。

从行为角度讲，这两种不尽相同的技术方案所产生的行为效果是否相同，主要取决于 P2S 服务器上资源的取得方式。如果 P2S 服务器上的资源取自 P2P 资源，那么应该将 P2S 视为 P2P 的辅助技术。这在行为性质上与纯粹的 P2P 基本相同。如果 P2S 服务器上的资源是网络平台额外提供的，那么就应该把 P2S 和 P2P 看作两种相互独立的行为模式。当然，从行为的技术方案来看，P2S 服务器上的资源取得有可能兼采两种方式，即既将 P2P 资源作为 P2S 服务器资源输入，又由网络平台额外提供部分自供自给的资源。

从法律角度出发，不同的技术架构就意味着网络平台在信息资源交换中所承担的角色与功能不同，因而产生不尽相同的行为义务和责任。如果采取 P2P 网络架构，那么网络平台主要是承担引导交换功能，即"引导交换型"网络平台。[①]这种类型的网络平台只实施信息资源交换的引导行为，而不实施信息资源内容的收集、提供行为。因而，只需对前者行为负责。如果采取的是 P2S 网络架构，那么网络平台就变换为"自供自给型"的行为。这种类型的网络平台，虽然也部分承担信息资源交换的引导交换功能，但是它同时还扮演着信息资源收集者和提供者的角色。因而，需要同时对这两种行为负责，后者尤其是重点。当然，不同的行为责任意味着不同的事后证明目标。

从数据资源交换的效率出发，笔者认为，快播公司极有可能采取了 P2SP 网络架构。如果此种推断成立，那么法院就必须对其中的 P2S 和 P2P 进行严格区分，判断快播公司的技术行为性质以及相应的数据资源权利来源保障责任，或引导交换的监管义务。

三、不同网络缓存组织结构的证明差异

基于以上论述，网络平台所采取的行为组织结构及其所形成的空间环境基本

---

① 谢君泽，"网络平台的法律责任界定——兼评'快播案'与百度贴吧事件"，《中国信息安全》，2016 年第 2 期，第 73 页。

上就决定了上层技术行为（业务行为）的实现方式。反言之，对上层业务行为的理解必须基于对下层技术方案的考察。显然，对于大规模的网络平台而言，上层业务行为在网络环境下的实施往往通过自动化行为实现，即算法行为。故而，网络平台的业务行为认识往往牵涉到算法行为的识别。算法行为是指人们通过算法及其所蕴含的技术规则来实现具体化行动的网络行为。算法是算法行为的核心，它往往以某种技术行动的规则形式表现出来。

就快播案而言，在 P2S 网络、P2P 网络及其之间的处理算法是快播公司实现自动化业务行为方式的集中表现。因而，对它们的认识也是判断快播公司业务行为性质的关键。从某种意义上讲，快播案的审理是人们对 P2S 和 P2P 这两种不同技术行为模式进行区分和认识的历史契机。司法人员应该在区分 P2S 和 P2P 这两种不同的行为模式之后，分别对其中所采取的技术算法规则进行识别与判断。其中，P2S 和 P2P 这两个不同网络之间数据互通的交换策略是行为的关注重点。

就快播公司的行为证明而言，核心问题其实是算法规则的识别与认定。遗憾的是，就整个快播案件而言，关于算法行为与行为算法的证明问题始终都没有浮出水面。当然，虽然快播案并未从算法行为与行为算法层面展开讨论，但是其中关于与行为算法有关的缓存算法问题的讨论却是始终存在的。只是，因为本案的缓存算法讨论并没有基于特定的网络体系架构而展开，所以终究难以据以确定快播算法行为的性质。换言之，快播案对网络缓存算法的讨论仅仅是基于 P2P 网络部分的缓存策略而展开，而更为重要的 P2S 网络部分以及 P2P 与 P2S 的网络互通资源交换的算法策略部分反而均不在讨论研究范围之内。因而，这势必使整个案件的最后行为定性满布疑云。

诚然，仅就 P2P 网络部分的缓存策略而言，快播案的法官已经意识到调度服务器在网络缓存技术方案中的参与，并且试图基于调度服务器的功能将传播行为区分为帮助传输模式和参与传输模式。显然，因为法官对技术行为的认知缺陷，最终并未对技术上的调度服务器功能形成正确的认识，所以得出了不尽妥当的法律判断，即该案基于对缓存服务器和调度服务器的调查，最终认为快播公司的（算法）行为属于针对"不法"视频资源的"有意识的"主动行为。

实际上，基于技术与法律的综合理解，P2S 资源交换的算法行为以及 P2P 与 P2S 的资源互通交换算法策略，才是快播行为定性的法律重点，因为它们直接关系到数据资源的权利属性和相关管理义务的判断。从理论上讲，P2S资源交换的算法行为要求平台承担更强的资源权利来源保障责任，而P2P与P2S的资源交换算法策略则更能直接明显地体现网络平台从P2S网络把资源转移到P2P网络的行为意志状态（主观故意）。换言之，如果仅限于P2P的网络缓存算法讨论，终究只能将快播公司归结到资源交换的合理监管义务，即避风港原则所要调整的内容。

综上，不同的网络组织结构决定了不同的网络算法行为，而网络行为的具体算法则集中反映了算法行为的意志状态。不同网络组织结构的网络算法行为，其行为模式与行为定性差异极大。在具体网络犯罪案件办理中，针对特定网络环境下的特定算法行为及其行为特定算法展开分析，这对算法行为的法律定性认识具有至关重要的意义。基于此，快播案犯罪证明的关键可以归结为不同网络环境下不同算法行为的特定行为算法的技术证明问题。

第三节　对网络犯罪构成要件的理解

显然，根据我国传统刑法理论的定罪逻辑，快播公司能否入罪要根据犯罪构成的四要件进行具体判断，包括对犯罪主体、犯罪主观方面、犯罪客体和犯罪客观方面的证明与认定。诚然，这四个要件在本案的审理与认定中都存在一定的困难，但是它们的问题性质却不尽相同。简言之，本案中的犯罪客观方面和犯罪客体的认定问题主要来自于刑事实体法对技术行为和规范适用的理解障碍，而犯罪主体和犯罪主观方面的证明问题则主要来自于刑事证明在技术证明方法上的挑战。

一、对传播行为客观方面的理解

就行为客观方面而言，传播现象在网络领域的行为理解是快播案的基础性问题。快播公司的行为与现行传播淫秽物品牟利罪所意欲调整的（传统意义上的）传播行为是否本质上相同，抑或是产生了质的变化？这是全案展开讨论的逻辑起点。

从传播淫秽物品牟利罪的立法原意上讲，该罪名本来是用于调整针对具体描绘性行为或者露骨宣扬色情的淫秽性的书刊、影片、录像带、录音带、图片及其他淫秽物品的播放、放映、出租、出借、承运、邮寄等的行为。显然，立法者当时并没有预见到、也不可能预见到网络环境下的淫秽物品传播现象，尤其是诸如本案的、网络平台在正常运营过程中的淫秽物品传播问题。

那么，网络平台在正常运营过程中传播淫秽物品在立法上是否属于传播淫秽物品牟利罪所意欲规制的行为？进一步地，网络平台在正常运营过程中传播淫秽物品在司法上是否"应当"被确定为传播淫秽物品牟利罪？如果不是，网络平台在正常运营过程中传播淫秽物品是属于什么性质、什么类型的行为？我们应当运用什么样的法学方法去看待和思考这一系列问题？这些问题的回应，不仅关系到快播个案的定性，也关系到整个互联网产业所潜在的企业法律风险，甚至也进一步影响未来立法活动中对网络平台的法律义务设定和责任归属。

传播一词具有丰富的语义。将其放在政治语境下理解，是指观念或精神内容的传递过程；放在公共社会语境下理解，是指一切精神象征及其在空间中得到传递、在时间上得到保存的手段；放在信息系统语境下理解，是指信息从信源经过信道到达信宿的传递过程；放在新闻媒介语境下理解，它又凸显出"传播媒介"的语义……目前最广义的传播概念，它是指信息的传递，既包括接触新闻，也包括表达感情、期待、命令、愿望或其他任何东西。随着网络技术的出现，传播一词有了最新的语境：传播技术的语境。

传播概念的泛用似乎无伤大雅。但是，在法律语境下，传播概念却绝不可随意混淆。正如黑格尔所说，在意志的行为中，仅仅以意志在它的目的中所知晓的这些假定以及包含在故意中的东西为限，承认是它的行为，而应对这个行为负责。行动只有作为意志的过错才能归责于行为人。[①] 尤其在刑事领域，传播概念的法律界定更是直接关系到定罪与量刑。事实上，实践中不管是立法者、司法者抑或是人民大众，在对传播概念的法律理解上，都或多或少地掺杂了"法外"语境。

反言之，法学界对网络技术语境下的传播技术、传播行为与传播现象的理解，这至关重要。从技术角度而言，网络环境下的数据交换本质上是网络上的信息通

---

① 窦海阳，《论法律行为的概念》，北京，社会科学文献出版社，2013年，第31页。

信过程，即信源系统—信道传输—信宿系统。这种信息通信过程本身就是信息的技术传播过程。从行为角度而言，所有基于网络信息通信的行为，即网络行为，都具有天然的信息技术传播属性。这与传统领域的信件传递完全不同。传统领域的信件传递是通过"物质转移"来达到传递信息的目的，而网络领域的信息通信则是通过"多次不断"的"信息复制"来达到信息传递的目的。换言之，传统的信件内容的知悉仅有双方主体，一般情况下信件的传递中介并不能取得信息内容本身。而网络领域的信息通信则是多主体的，至少是多节点的，且信息传递的中介主体或节点必然取得信息内容。任何一次网络信息通信，都是将信源的信息以多次不断复制的方式最终传递到信宿终端的过程。这种多主体、多节点的信息复制特点，决定了网络信息通信必然是技术上的信息传播。

换言之，任何基于网络信息通信所实施的技术行为都具有天然的信息技术传播属性，任何网络行为首先是信息的绝对技术传播。但是，并非任何信息的技术传播都能归咎于人的行为。因而，从行为认知层面上讲，就有必要将法律意义上的传播行为从信息网络的技术语境中剥离出来，这是法律人不可回避的任务。

这种认知澄清显然需要科学的方法指引。人们不宜再借助于类比方法思维，而应寻求基本概念、基本理论、基本精神的阐明。一方面，传播概念的澄清首先可以借助于我国刑法对传播行为的概念界定。具体而言，现行刑法与传播相关的罪名均对其采以动词词性。比如，编造、故意传播虚假恐怖信息罪，编造并传播证券、期货交易虚假信息罪，制作、复制、出版、贩卖、传播淫秽物品牟利罪，传播性病罪，传播淫秽物品罪……这些罪名中的传播一词，要么以动词词性单独使用，要么是与编造、制作、复制等动词并列使用。从文义解释和体系解释来看，这里所谓的传播显然属于行为意义上的传播。

另一方面，要把法律上的传播行为与技术上的信息传播现象区分开来，还可以借助于经典行为理论。以行为的基本特征来认识传播行为，这本身也是快播案司法人员一直努力争取的目标。基于前文对行为的概念讨论，行为是由内部意志性和外部行动性两方面构成的。因而，判断某种行为是否属于法律上的传播行为，应当围绕行为主体是否具有传播的主观意志性以及是否存在客观上的外部行动性而展开。

只有行为主体为了某种具体信息内容的传播目的，在网络上实施了某个链接的点击或者具体某个 / 些文件的上传或下载等各种具体外部操作行动，进而实现具体信息内容的传播意志表达，这才是属于具有传播行动的目的性和主动性的行为，才能够反映行为主体在具体传播行为上的内在意志与外部行动，才能纳入法律意义上的传播行为范畴。

当然，如果采取自动化或智能化的行为方式，在具体信息内容的传播目的意志能够明确的前提下，也可以构成法律意义上的传播行为。问题在于，这种前提条件的判断，即能否确定行为人在具体信息内容传播上的目的意志。在自动化或智能化的行为方式下，这种具体行为的意志因为其抽象性，确实很难区分。比较好的解决方案是，对自动化或智能化所采取的技术工具，即算法，进行识别和判断。

不可否认，网络智能领域存在着大量的人的法律传播行为，但是也存在着更为广泛的技术传播现象。这些技术传播现象明显具有技术的被动性。它们虽然事实上产生了信息传播的效果，但是它们并无主体传播行为的目的性和主动性，因而不能被认定为法律意义上的传播行为。在网络环境下，这种技术传播现象尤为常见。比如，在网络领域发生的数据泄露、数据窃取以及利用恶意链接钓鱼等网络入侵案件中，数据信息的拥有者虽然并没有信息传播的主观意愿，但是在被网络入侵情况下他们也会因为某种原因（被骗取）去实施一定的行为。一旦这种行为被入侵者所利用就会发生信息的传播，这种传播现象虽然也确实是由行为人所实施的，但是却并非由行为人的意志所控制。因而，它们就不属于行为意义或法律意义上的传播行为。在此情形下，即使事实上发生了信息的大量传播，也不应认定数据信息的拥有者实施了法律上的传播行为。纵然以网络入侵者的视角，这种行为也不宜看作法律意义上的传播行为，因为其意志目的并非信息的传播，而是信息的窃取或盗用。

可见，网络上的行为从技术上讲必然是一种信息传播，但是该种技术上的信息传播却不必然是法律意义上的传播行为。因而，从法律认识上讲，将传播行为与事实上的技术传播现象相区分，具有时代的必要性，它应当成为网络时代法学研究的基本问题。

从传播行为与技术传播的关系区分来看，网络上的任何行为，首先必然是技术上的信息传播，即技术传播。从逻辑上讲，任何传播行为必然包含技术传播现象。（如图4.1左侧所示）但是，从法律概念和法律规范意义上讲，传播行为所牵连伴随的技术传播，完全可以被吸收到对应的传播行为进行评价。对传播行为所必然伴随发生的技术传播本身进行法律上的单独评价，这是无意义的。

故而，法学领域可以对两者进行必要的逻辑关系调整，即传播行为与技术传播是互补关系（如图4.1右侧所示）。调整后，既不影响传播行为的法律评价效果，也有助于法律概念与相邻概念的区分和理解。

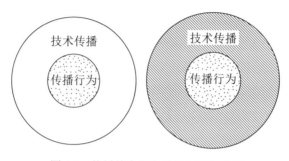

图4.1　传播的全包含关系与互补关系

如果进一步对传播行为与技术传播进行定义区分，前者可以表述为：网络主体借助网络技术、以网络为工具，在网络空间中所主动实施、表达人的具体信息内容传播意志的行为。后者可以概括为：因为采用网络技术实施网络行为而在事实上产生的信息传播。前者具有行为主体对具体信息内容传播的目的意志性和行为主动性，而后者具有行为工具技术的必然伴随性。

举例以释之：当某人通过计算机上网查看、转发互联网上的信息时，是浏览器的缓存信息反映行为人在信息内容传播上的内在意志性和外部行动性，还是点击转发的具体操作体现这种信息内容传播的内在意志和外部行动？显然是后者。前者只是后者的技术伴随。换言之，如果这种行为构成了法律上的信息传播，那么它必定是因为行为人实施了主动点击并转发的行为，而不可能是因为信息缓存现象的存在。

基于以上讨论，快播案的网络缓存应该属于技术传播而非法律传播，即快播案非法视频的信息传播是网络缓存技术的必然伴随现象。快播案中，快播公司并不存在主动点击并转发，或者相似性质的文件上传行为，它只是利用网络智能技术实现了信息的被动转发。因而，从经典行为理论来看，快播案的信息传播并不具备传播行为的基本特征。当然，如果在案件侦办审理过程中，发现快播公司在网络缓存技术以外，还采取了上传或转移非法视频信息的情况，那么就应该另当别论。

跳出传播现象的微观观察，从宏观层面考虑，快播公司本质上是以信息的技术传播方式在网络空间开展"生产经营"活动的。换言之，信息的技术传播是该公司开展"生产经营"行为的具体实现方式。这种网络空间上的"生产经营"行为与传统意义上的"生产经营"行为并无二致。

总而言之，快播公司不构成法律上的传播行为，而属于以技术传播方式实现"生产经营"的行为。如果因为涉及刑法溯及力原因，导致该案不能适用"拒不履行网络安全管理义务罪"，那么从网络空间的"生产经营"行为角度寻求传统意义上生产经营的法律扩张解释是最为可行的路径。笔者认为，该案适用"重大责任事故罪"最为妥当。

当然，如果非要以信息传播行为定性，那么要重点关注的是：快播公司在网络缓存技术的应用中是否夹带着某些特殊的行为动作。具体而言，如果有证据表明，快播公司存在故意以网络平台或以匿名"网络用户"的身份上传淫秽视频，那么就完全有可能被认定为传播淫秽视频。即使快播公司并未主动上传提供或者主动转发，但是如果存在经过相关人举报或权利人通知而未履行删除处置义务的情形，也可能构成转化形态的传播行为。但是，在当前仅有证据证明快播公司主观上不履行或故意不履行网络安全管理义务，而不能证明快播公司故意放纵某个或某些"具体"非法信息的网络传播情形下，不宜认定它实施了淫秽物品的传播行为，或者构成传播行为的帮助（共同）行为，更不宜对该"具体"非法信息乃至其他非法信息进行以传播行为定性的法律追责。

显然，这里已经涉及抽象的故意与具体的故意的区分。抽象的故意，是指网络平台对于其所运营的网络平台被他人用作违法犯罪行为的知情。具体的故意，是指网络平台对于其所运营的网络平台被他人用作某一或某些具体违法犯罪行为的知情。也就是说，本着刑法的谦抑性，刑法主观归责应当限定于对"具体"违法犯罪行为包括非法信息的明知，即具体的故意，而抽象的故意不宜成为刑法主观归责的认定依据。当然，具体和抽象也是相对而言的，从理论上讲还有必要对其进行级别和类型的进一步划分。此外，亦不可将网络安全管理义务的不作为与传播淫秽物品的行为互为论证。

二、对传播行为后果的理解

基于行为与行为后果的密切关联，传播行为与传播现象的辨识必然关系到行为后果的判断。如果确认快播案件中所谓的信息传播大多数是技术传播现象而非信息传播行为，那么快播案的犯罪后果就要从传播行为的角度去寻找，而不能将技术传播现象所带来的客观存在计算在内。

也就是说，如果以传播淫秽物品牟利罪定性，快播案的后果认定要从P2S网络环境下快播公司所实施的、故意以网络平台身份上传淫秽视频（假定存在），以及P2P网络环境下快播公司所实施的、故意以匿名"网络用户"身份上传淫秽视频（假定存在）这两方面去寻找。因为，这两种行为才属于快播公司故意实施传播淫秽视频的具体行为，快播公司应当对这两种行为方式下的数据资源权利性质负责。如果没有证据证明快播公司实施了上述两种行为，那么只能从P2P环境下快播公司对其平台网络用户所上传或传播非法淫秽视频所造成的大量信息传播的监管义务角度寻求追责依据，而这也仅是避风港原则所要调整的合理监管义务。

当然，如果以传播行为的转化形态去理解，那么快播案还可以从另外两个视角寻求行为后果的证成。其一，快播公司是否收到了相关人举报或权利人通知而未履行删除处置义务，进而导致权利瑕疵的信息资源被进一步广泛传播，这里的数额规模是多少？其二，快播公司是否利用P2S与P2P的网络互通，将P2S的非法信息转移到P2P共享网络上，这里的数额规模是多少？这两部分可以认定为转化形态传播行为的后果。前者是明知非法传播而懈怠不履行义务所构成的行为转化。后者是明知监管义务可以履行而（故意）不履行所构成的行为转化。

如果上述行为后果的证明方向能够被确定，那么带来的进一步问题是数额规模的计算。显然，在大规模和智能化的网络平台之中，这些反映行为后果的数据记录必然混杂在十分庞大的数据集群之中，因而必然会涉及行为因果关系的辨识。这就进入了大数据证据与大数据证明的研究范畴。

显然，传统刑法理论对行为与后果之间的"联系"要求是十分明确的，即存在行为上引起与被引起的因果关系。"一个人只能对自己的危害行为及其造成的危害结果承担责任。因此，当危害结果发生时，要确定某人应否对该结果负责任，就必须查明他所实施的危害行为与该结果之间是否具有因果关系。危害行为与危害结果之间的因果关系，是指犯罪构成客观方面要件中的危害行为同危害结果之间存在的引起与被引起的关系。"[①] 行为与后果的这种关系必须是"行为因果关系"，而非哲学意义上的"相关关系"。因此，不可将模棱两可、因果关系辨识不清的数据记录作为犯罪证明的入罪证据。

可见，快播案还隐藏着更为深层的证据问题与证明问题，一直没有浮出水面。而这些证据与证明问题事实上与实体法上对行为性质与行为类型的区分直接相关。要解决全新技术带来的犯罪证明问题，势必要形成实体法与证据法一体化的体系解决方案。

三、对传播行为主体的理解

作为单位犯罪，快播案在网络犯罪主体的认定上并没有太大的困难。但是，对于自然人的网络犯罪而言，网络犯罪主体的证明与认定往往是一个极其困难且复杂的问题。这是因为，与传统行为模式相比，在"人—机器—数据—行为"的二次工具模型下，行为主体与行为本身的间隔更为遥远。受制于网络空间的开放性与司法资源的局限性，网络犯罪主体的认定与证明不论在犯罪侦查实践中还是司法庭审阶段都面临严峻挑战。两者在思维方法的运用上可以互补互通。

在网络环境下，作案人实施网络犯罪行为首先要借助电子设备这一载体，电子设备进一步通过数据信息的变换与交换去实现具体的技术行为。电子设备是作案人实施整个犯罪行为时在传统时空环境下所使用的工具，数据信息则是电子设备表达具体行为时在网络环境下所使用的工具。当涉及数据行为的证明与认定时，司法人员往往要逐级向上溯源才能确定真正的罪犯。

传统同一认定理论是犯罪主体证明的主要方法，网络环境下的行为主体认定也要基于同一认定的理论演绎而展开。同一性认定的依据是客体特征，同一性认定结论的科学可靠性主要取决于客体特征的特定性、稳定性、反映性。作为整体犯罪行为的两种（次）工具形态，电子设备和电子数据都可能含有因使用工具所遗留的、反映行为主体身份的客体特征。同时，因为行为是特定主体的行为，所

---

① 　王作富，《刑法》（第二版），北京，中国人民大学出版社，2004年，第58页。

以行为痕迹也可能含有反映行为主体身份的客体特征。

因此，可以根据客体特征来源不同，将网络犯罪主体的同一认定方法区分为：以数据信息为中介的同一认定、以电子设备为中介的同一认定、以行为痕迹为中介的同一认定。进一步地，网络犯罪主体的同一认定，可以按照特征信息的发现与收集——特征信息的分析与运用——同一认定结论的确定性评断这三个步骤展开。

在上述方法的运用过程中，网络犯罪的行为溯源往往会遭遇机器或数据环节的同一性断裂。此时，就要借助于信息对称性与不对称性的思维方法进行分析判断。与传统犯罪相比，网络犯罪主体的认定往往更考验司法人员的思维能力，局限于纯粹的技术应用一般都不足以解决问题。

一个犯罪案件中的大同一认定往往由多个小同一认定（包括种类认定）组成，对作案人的同一性认定可以通过对手机、电脑等电子设备的同一性认定来完成，也可以通过对电子签名和密码账户的同一性认定来完成，还可以通过对网络系统和数据信息的种类认定来完成。在这一认定过程中，犯罪侦查人员不仅要掌握同一性认定的具体方法，也要掌握专业的思维方法如逆向思维、博弈思维以及信息对称性与不对称性的思维等。尤其在面对疑难问题时，司法人员要发散性思维与收敛性思维并重。

总言之，网络犯罪主体认定是一个与网络技术的应用和发展密切联系的司法问题。它是一个犯罪技术与侦查证明技术之间剧烈博弈的永恒话题。随着网络智能技术在犯罪中的不断升级，在将来，大数据证明和人工智能证明将是破解网络犯罪证明的主要方法。其中相应思维方法的认识和提高是最为重要的基础保障。

最后，就快播案的单位犯罪而言，不论是犯罪侦查阶段还是司法庭审阶段，都不存在犯罪主体的认定或证明的实质性困难，这纯粹是网络平台犯罪的主体特性使然。对于以自然人为主要群体的网络犯罪，包括自然人所实施的"网络平台犯罪"（比如虚拟币诈骗），网络犯罪主体的证明与认定研究仍然任重而道远。

四、对传播行为主观方面的理解

虽然快播案的犯罪主体认定并没有实质性困难，但是快播案的犯罪主观方面证明困难却与大多数的自然人网络犯罪一样，始终存在。快播案在犯罪主观方面的认定与证明是一个极其值得研究的问题，而这个问题的研究结论同样能够适用于自然人的网络犯罪，尤其是机器人犯罪和智能犯罪。

就快播案件而言，由于缓存算法的介入，法律界对快播公司的犯罪定性产生了较大的争论，其中就包括犯罪故意的证明与认定。就快播公司被诉的传播淫秽物品牟利罪而言，其典型的犯意形态一般是直接故意而非间接故意。从逻辑上讲，法院应该首先讨论快播公司对淫秽视频的传播是否具有直接故意，即快播公司是否"明知"自己行为的危害结果而且还持追求或希望态度。

关于是否"明知"，法院认为："本案并不要求各被告人对于快播公司缓存服务器在调度服务器的支配下传播淫秽视频的具体方法、技术具有认知，只要求各被告人对于快播公司传播淫秽视频这一基本事实具有明知即可。"[①] 显然，法院在该案中所认定的"明知"是一种概括性的明知，即"可能知道"，"可能知道"不等于"明确知道"。概括性认识这一概念最初使用在毒品犯罪案件中，它的具体含义是："在运输毒品案件中，只要能够证明嫌疑人、被告人对运输物品的非法性具有概括性认识，不需证明行为人明确认识行为对象为毒品，即可认定成立犯罪。"[②] 作为一种"抽象"的明知而非"具体"的明知，概括性认识在一定程度上降低了明知的证明标准。

诚然，且不论概括性认识的正当性如何，这一认定方式缓解了"明知"的证明困难，但是它并没有解决快播公司对于淫秽视频的传播是否持主观上的追求或希望态度这一问题。笔者注意到，在该案中司法人员曾试图运用两种方法来解决这个问题，即行为类比和技术鉴定，但最终都没有成功。

快播案在认定快播公司的行为属于针对"不法"视频资源的"有意识的主动行为"基于两个理由，一是快播的缓存服务器偏好"不法"的视频资源，二是快播公司的中心调度服务器一旦发现用户下载速度不能满足观看需要，就会通过缓存调度服务器指令最便利（同一运营商或距离最近）的缓存服务器直接向用户提

---

① 北京市海淀区人民法院刑事判决书（2015）海刑初字第 512 号。
② 褚福民，"证明困难解决体系视野下的刑事推定"，《政法论坛》，2011 年第 6 期，第 52 页。

供视频文件。① 如果该观点成立，则"有意识的主动行为"之"主动"应该倾向于是一种直接追求的希望态度，即直接故意。

笔者认为，法院的上述论证存在着司法人员对技术事实的误解。调度服务器是一种算法行为，根据缓存调度算法自动化运算处理，其只能根据技术规则的设置决定哪些视频资源需缓存技术介入加速响应，并不区分哪些视频资源非法哪些视频资源合法。快播公司的主观意愿并不能直接参与具体数据的处理，而只能影响缓存调度算法的设计。另外，以缓存服务器中留存"不法"视频资源的数量特征来反推行为意图，这对于网络缓存而言不具有合理性。从某种意义上讲，这是以行为效果反推行为性质，容易走入客观归罪的误区。网络缓存是为了解决突发大量访问而提出的技术方案，淫秽视频等最可能触发缓存算法的运行，正常视频反而不容易触发缓存算法的运行。也就是说，淫秽视频等大量留存在缓存服务器，正常视频反而少留存，这在技术上是完全正常的。缓存服务器所留存的"不法"视频资源也不能有效反映快播公司的行为性质。

以行为效果反推行为性质是一种常见的法律思维。由于认知的局限性，相较于通过技术原理或本质的演绎来理解事物，法律界人士更擅于通过法律现象或效果的归纳来认识事物。然而，在新兴科学技术面前，这种思维惯性不仅不能有效解决证明问题而且还潜伏着认知偏离的风险。

在快播案中，法院还曾试图借助于司法鉴定机构的技术力量来解决网络缓存的行为定性问题。法院在委托司法鉴定机构对 4 台服务器进行鉴定时，其中第三项请求为："结合在案证据及 4 台服务器的存储内容，从技术角度分析快播软件对于淫秽视频的抓取、转换、存储、搜索、下载等行为的作用及效果。"鉴定机构的意见为："四台送检服务器不是完整的快播系统平台，根据现有存储数据内容不足以从技术角度分析快播软件对于视频的抓取、转换、存储、搜索、下载等行为的作用及效果。"② 这种鉴定犹如司法人员通过侦查实验的方式对服务器在扣押之前的行为效果进行取证与证明。且不论该案中服务器并非完整而无法鉴定，即使可以鉴定也不能得出相应的结论。法院委托的鉴定请求与司法人员的类比思

---

① 范君，"快播案犯罪构成及相关审判问题——从技术判断行为的进路"，《中外法学》，2017年第 1 期，第 36 页。
② 国家信息中心电子数据司法鉴定中心电子数据司法鉴定意见书 [2016] 电鉴字第 2 号。

维是一脉相承的，即通过行为效果来判断网络缓存的行为性质及背后意图。但是，如前所述，通过行为效果并不能有效反映快播公司的行为性质。

法院最终没有认定直接故意，转而认定"可能知道"的间接故意，即快播公司是对他人传播行为及传播后果的放任。[①] 然而，笔者认为，如果快播案的鉴定请求得当、技术方法正确，快播公司的犯罪意图是可以查清的。

一般来说，任何网络犯罪行为的主观方面都可以通过行为、行为人、行为工具这三条路径进行证明。第一条路径是从犯罪主体所实施的具体行为本身去认定其主观状态。例如，通过侦查实验获得的证据或网络用户的证言认定犯罪主体的具体非法行为，据此推断出其主观状态。但是，由于侦查实验受网络环境的时空限制可能发生取证不能，证人数量太多太广也会导致取证难，因而这条路径往往不太通畅。第二条路径属于传统的证明方法，主要是通过言词证据来证明软件、程序、代码的设计人员、管理人员、经营人员等自然人的主观状态。在单位犯罪中，因为网络平台一般由公司企业或单位运营，其决策往往是集体意志的体现，司法人员不能简单地把某个人的主观意愿作为平台的集体意志来定罪处罚，因此这条路径可能也很曲折。但是，自然人犯罪中主观上的推卸与辩解更会使这种证明方法走入困境。第三条路径是通过网络平台或网络用户所使用的软件、程序或代码所包含的算法及技术规则来证明其犯意。与普通工具不同，算法是一种特定化的行为工具，是一系列技术规则的集合与表达。当行为人通过设计并使用特定化的算法实施具体行为时，这种算法就在一定程度上隐含了行为人（自然人或法人）的主观目的和意志。

从本质上讲，快播案的犯罪主观方面就是一个算法行为与行为算法的意志证明问题。不论是以单位形式表现的网络平台抑或是自然人设计架构的网络平台，它们都是通过网络智能手段来表达具体行为，即以"算法"运行来实现生产或服务。具体而言，网络平台要与网络用户实施数据交换行为，首先要设计出数据交换的技术规则并以算法形式嵌入相关的软件、程序或代码之中；其次要将包含算法及技术规则的软件、程序或代码部署到服务器等机器设备之中；最后通过算法及技术规则对数据交换的自动应答处理来实现生产或服务行为。因而，对于网络

---

① 北京市海淀区人民法院刑事判决书（2015）海刑初字第 512 号。

平台及相应智能行为而言，服务器等机器设备仅仅是形式意义上的行为工具，而以算法为核心的软件、程序、代码才是实质意义上的行为工具。简言之，算法是网络智能行为的工具核心。

算法是解题方案的准确而完整的描述，以及用系统的方法描述解决问题的策略机制，它是一系列解决问题的清晰指令。算法在任何地方的设计都有它特定的目的与功能，任何细节的错误几乎都是不可容忍的。因而，算法是一种特定性非常强的行为工具，其中所表达的技术规则处处隐含着设计者的目的与意图。在网络环境与业务场景足够明确的情况下，司法人员完全可能并可以通过分析算法及其所蕴含的技术规则直接作出行为意图的判断。

第四节　对网络犯罪行为事实体系的理解

诚然，快播案的情况十分复杂，既有新型的网络技术问题，又有专业的网络行为定性问题，还有复杂的犯罪构成理解问题。因为快播案的实体法问题本身就错综复杂，而实体法的无所适就使得该案的证据与证明产生了更多的疑惑。面对如此复杂的新型犯罪案件，我们需要研究出一套科学合理的思维方法。以行为为视角的模型化思维，就可以全面而系统地解决这类问题。

一、对外部行为事实的模型化理解

如前所述，技术决定行为，快播的行为事实首先要从技术工具的原理出发展开分析。其中，既包括对网络环境、网络行为组织结构的分析，也包括对快播公司具体算法行为与行为算法的分析。

首先，快播公司的网络行为环境主要是互联网。快播公司之所以被起诉定罪，无疑是因为快播公司对淫秽视频的技术传播导致了互联网秩序和文化被破坏，还可能涉及著作权侵权问题。显然，这种事实的存在在业界几乎是无所争议的。然而，业界的观点不能替代司法定罪的逻辑。事实上，就快播案的司法定罪而言，关键问题并不在于快播公司在互联网环境下的行为，而在于快播公司内部网络服务器（局域网环境下）的（算法）行为。

如前文所述，如果快播公司采用的不是 P2P 架构而是 P2SP 架构，那么 P2S 资源交换的算法行为以及 P2P 与 P2S 的资源互通交换算法策略才是将快播行为以法律传播行为定性的关键。从快播公司的网络技术架构来看，P2S 网络及其算法很大可能是部署于快播公司的网络内部服务器（理论上也可以部署于互联网，但是从快播软件的运行原理来看几无可能），而 P2P 网络及其算法则必定是部署于快播公司的网络内部服务器（这一点已经从司法机关查获的缓存服务器等予证实）。由此可见，虽然互联网环境下的表面现象是互联网秩序遭受快播公司的破坏或者网络用户遭受快播公司损害，但是这种表象背后的具体行为却必须从快播公司的网络内部服务器去发现。因而，对快播案的理解要同时基于互联网环境和公司内网环境的同时考察，这样才能揭示问题的本质。

当然，对快播公司在互联网环境和内网环境的整体行为事实表现可以借助于网络行为的基本模型而展开，如图 4.2 所示。

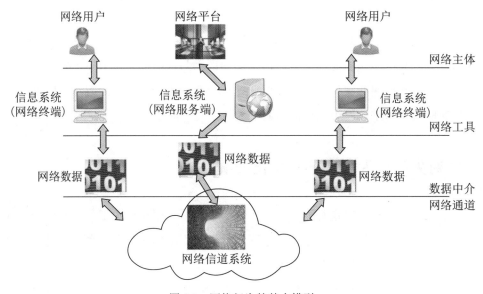

图 4.2　网络行为的基本模型

因为上述模型同时概括了 C/S 结构、B/S 结构、P2P 结构这三种常用体系结构，所以无论快播公司采用的是 P2S、P2P 还是 P2SP，上述模型都可以在理论上予以概括。但是，如果快播公司采用的是 P2SP 架构，从技术理论上讲就还要将上述（大）

模型拆分成两个（小）模型，即 P2S 与 P2P，而这两个（小）模型之间应当有资源互通交换的"网关"网络。换言之，如果快播公司采用的是 P2SP，那么应当将上述模型中网络平台的网络服务端进行内网环境以及内网与互联网之间互通的"网关"网络予以同时描述。不论如何，任何网络行为及其事实都可以借助于前述的行为基本模型予描述，而不同的外网环境和内网环境则是该模型在描述上的多次使用和拼接。

其次，作为网络平台的快播公司，它的具体行为事实可以借助于模型化分析而展开。这就要基于二次工具论所产生的行为证明模型，可见前文图 2.2 所示。

基于网络行为的二次工具论，网络犯罪行为的事实证明首先需要解决"人—机器—数据—行为"这样的模型。不论是网络平台还是网络用户，受制于网络技术的特定性，他们都要遵守这样的二次工具利用模型。也就是说，在网络平台的行为过程中，信息系统是网络平台实施网络行为的第一次工具中介，数据"则是信息系统表达具体技术行为的第二次工具中介。网络平台与网络用户在上述二次工具利用模型中的主要区别是：因为网络平台面对的总是数量庞大的网络用户，所以网络平台在第二次工具行为（即数据行为）时往往采用批量化的自动操作即算法的技术规则去处置（即算法行为）。但是一般情况下，普通的网络用户进行的往往只是点击、翻阅等简单的技术行为。当然，在未来的智能化图景下，网络用户行为的算法化也正在成为趋势。

以上是从技术行为的角度描述了快播公司的行为环境、行为组织结构和具体网络行为的模型特征。诚然，技术行为的模型化是网络行为的工具视角研究，对它的事实观察仅限于网络行为的外部视角。只做外部行为事实的模型化观察仍不足以作为法学界的思维方法，因为它还缺乏行为意志与行为后果的事实考量。但是，它是法律检视行为的基本依据。法律源于行为，法律不得超越行为。

二、对意志行为事实的模型化理解

作为行为之上的法律，它不仅关注外部行为，还关注行为的内在意志，乃至行为后果。因而，作为法律方法的模型方法进化，还要考虑行为意志与行为后果的事实因素。换言之，如果要在法律方法上予以模型化，就要将技术工具上的外部行为事实模型与刑法构成上的要件行为事实模型有机地统一起来。

具体而言，快播案的行为事实可以采用前文提出的意志行为事实模型予以概括。具体可参见前文图 3.8。

换言之，快播案的事实证明可以用"主观—人—机器—数据—行为—后果"这样一个完整的模型来描述。其中，包括"人—机器"的同一性问题、"机器—数据"的同一性问题、"数据—行为"的同一性问题、"行为—后果"的同一性问题以及行为主观状态的确认。显然，如果不考虑行为间接事实和辅助事实的问题，上述意志行为的事实模型已经概括了行为学与刑事法律规范的全部证明需求。

从理论上讲，快播案的整个案件事实都可以纳入上述模型进行检视。具体而言，快播案首先用海淀文委查扣的服务器用以证明"人—机器"的同一性问题。但是，该服务器因为取证不规范而引起巨大争议。其中，包括未对硬盘的数量、型号、容量等物证特征进行固定，被扣押期间保管状况存疑，以及移交手续违法、调取手续不规范等问题。此外，不同份鉴定意见中对硬盘及容量的表述不一致，也使"人—机器"的同一性充满疑云。

其次是"机器—数据"的同一性问题。因为公安机关委托第三方的文创公司进行了技术转码，但是该公司既无鉴定资质又与本案存在利害关系，且转码在原件内进行导致原始数据破坏，所以使得硬盘数据内容是否被污染、被替换不得而知。同时，本案还涉嫌鉴黄程序违法问题。这些使得该案中"机器—数据"的同一性模型也遭遇了重大挑战。

再次，关于快播案中的"数据—行为"的同一性问题。法院曾试图借助司法鉴定机构的技术力量解决，在委托司法鉴定机构对四台服务器进行鉴定时，第三项请求为："结合在案证据及四台服务器的存储内容，从技术角度分析快播软件对于淫秽视频的抓取、转换、存储、搜索、下载等行为的作用及效果。"鉴定机构的意见为"四台送检服务器不是完整的快播系统平台，根据现有存储数据内容不足以从技术角度分析快播软件对于视频的抓取、转换、存储、搜索、下载等行为的作用及效果。"[①] 该种鉴定犹如司法人员通过侦查实验的方式对服务器在扣押之前的行为效果进行取证与证明。且不论该案中服务器并非完整而无法鉴定，

---

① 国家信息中心电子数据司法鉴定中心电子数据司法鉴定意见书 [2016] 电鉴字第 2 号。

即使可以鉴定，也不能据此作出相应的判断。其思维方式是：希望通过行为效果来判断网络缓存的行为性质及背后意图。实际上，通过行为效果并不能有效反映快播公司的行为性质。以行为效果反推行为性质是一种常见的法律思维。由于认知的局限性，相较于通过技术原理或本质的演绎来理解事物，法律界人士更擅于通过法律现象或效果的归纳来认识事物。然而，在新兴科学技术面前，这种思维惯性不仅不能有效解决证明问题，而且还潜伏着认知偏离的风险。

从次，快播案也遭遇了"行为—后果"的同一性问题。法院判决书认为，快播公司放任淫秽视频传播的直接获利数额难以认定。现有证据不能区分快播公司现有营业收入中具体有哪些属于传播淫秽视频所得，哪些是合法经营所得。显然，法院也认识到本案犯罪后果认定的困难，故最终寻求了超越立法规范的司法解释，即本案"犯罪情节"的认定应该充分考量网络信息平台传播特点，不宜按照相关司法解释所规定的传播淫秽视频牟利罪的数量标准来确定刑罚。本案应当充分考量科技发展的特殊性，将新类型网络传播淫秽物品犯罪的量刑方法区别于传统传播行为，体现谦抑性，实现罪责刑相统一。[①]

最后，关于"人—主观"的事实模型问题，法院没有找到直接的证明方法，最后依赖于司法经验和推定方法。如前文所述，法院认为快播公司的行为属于针对"不法"视频资源的"有意识的主动行为"，这种认识所基于的两点理由存在着对技术事实的误解。因而，基于错误的技术事实所作出的主观推定必然也是错误的。

综上，从意志行为的事实模型来看，快播案在全案的事实认定上均存在较大争议。然而，仅就法学思维的方法论而言，借助于意志行为的事实模型能够使人们在逻辑上清晰且有效地发现网络犯罪案件中存在的全部事实问题。因而，它能够为司法人员侦查与审判网络犯罪案件提供直接的思维方法工具。

三、对犯罪行为事实体系的模型化理解

快播案在全案事实的认定困难，不能说是司法人员的懈怠所致，它与我国对

---

① 北京市海淀区人民法院刑事判决书（2015）海刑初字第 512 号。

网络刑事立法的思虑不足有关，也与当下对网络犯罪证明方法的研究不足有关。从更高层面来看，这与我国当下缺少网络犯罪研究的方法论有关，而这种方法论又与行为技术层面的世界观有关。

事实上，司法人员在该案中的努力方向是基本正确的。比如，关于"数据—行为"的问题，司法人员一直希望在快播公司的行为认知上有所突破，不论是通过类比思维抑或是借助司法鉴定机构的技术力量。再如，关于"机器—数据"的问题，虽然在扣押取证时因为措施不当而形成了对服务器取证的客观困难，但是司法人员仍然积极寻求技术鉴定的解决。最后，在"人—机器"的问题上，技术鉴定也发挥了重要作用。

法院在委托司法鉴定机构对四台服务器进行鉴定时，其请求分别为："（1）通过检索四台服务器的系统日志，查找远程访问 IP 地址信息，查验 IP 地址相应注册信息；（2）通过检验四台服务器现存的 qdata 文件属性信息，分析确定这些 qdata 文件是否有在 2013 年 11 月 18 日后被从外部拷入或修改的痕迹；（3）结合在案证据及四台服务器的存储内容，从技术角度分析快播软件对于淫秽视频的抓取、转换、存储、搜索、下载等行为的作用及效果。"[①] 显然，其中第一项是司法人员通过技术力量解决"人—机器"行为主体认定问题。第二项的直接目的虽然是判断服务器数据是否遭受篡改，但间接目的是确定快播的技术行为过程（即"数据—行为"）。第三项则是为了直接确定快播公司"数据—行为"的技术行为过程。虽然，技术鉴定机构最后同样也因为对技术行为的认知不足，而没有使第二、三项问题得以圆满解决，但是努力方向却是值得肯定的。

此外，司法人员也能充分认识到本案在"行为—后果"方面的特殊问题，进而寻求司法解释论的突破。但是，遗憾的是，因为法律人员的专业知识结构，他们不能真正理解技术与法律之间的矛盾，所以最后也只能通过刑法的谦抑性原则和罪责刑相统一原则予以能动解释，而不是通过传播行为与传播现象的法律区分以及行为与后果在因果关系上的辨识而实现。实际上，如果打通技术、行为与法律的认知壁垒，本案完全可以更完美地解决。

---

① 国家信息中心电子数据司法鉴定中心电子数据司法鉴定意见书 [2016] 电鉴字第 2 号。

诚然，当下时代存在的一对尖锐矛盾是，社会科学领域的理论研究远远跟不上自然科学领域的技术发展，不论是刑事实体法领域抑或刑事证据法领域均是如此。这是技术、行为与法律在过去学科设置上的划分以及在此基础上形成的思维定式使然。法律人士无法认识网络行为背后的技术原理，技术人士无法理解法律上的问题争议。快播案的最终妥协处置不能不说是时代宿命的结局。基于这种教训，就社会科学研究而言，我们势必要积极勇于推进社会科学领域的技术方法创新，以应对技术时代带来的司法实践困难。

换言之，如何通过行为学的原理打通学科壁垒从而形成全新的思维方法和研究方法是当下时代应对网络犯罪案件的根本诉求，而模型化正是这种意义上的积极尝试。当然，任何方法的创新本身也会带来各种风险。

就模型化思维而言，首先面临的是技术领域的争论，即模型化是不是网络技术的本质属性。如果否认网络技术的模型化基本属性，那么一切模型化问题就无从说起。其次，因为法律领域属于社会科学领域的关系，它对模型化的概念和方法往往更为排斥。犯罪构成本身是不是一种模型，犯罪构成的行为事实能不能用模型去概括，这都是人在认知层面的问题。最后，行为学能不能承担法律与技术沟通的重责，如何从技术升维到行为、从法律降维到行为，如何在行为层面将二者统一起来，这些问题都关系到模型化理论的证成。然而，面对全新的网络智能社会，如果不勇于试错与创新，一切意识形态问题都终将成为永远的过去式。因此，总得有人吃第一个螃蟹，这正是本书的研究价值所在。

方法创新不仅意味着风险，还意味着随之而来的一系列新问题。问题的问题，这是事物发展的本质矛盾。就本书而言，在网络犯罪证明实现模型化以后，接下来的新问题就是如何实现模型的闭环，模型的闭环主要涉及具体证明方法的研究。诚然，如果网络犯罪证明只是理论上的模型化而无法实现实践的模型闭环，那么这种不能反哺实践的理论研究就只能是空中楼阁、幻海云烟。

第五节　行为事实要素的技术证明方法探索

在问题处理上，细节观和大局观同样重要。大局观指明了思考方向，细节观解决具体问题。虽然模型化的网络犯罪行为事实体系从整体上全面展示了网络犯罪证明所要解决事实问题，但是我们仍然要重视犯罪行为要素事实证明的具体方法研究。

纵然快播案中有很多对刑事实体法的理解与运用问题，但是本案存在的行为事实证明在方法上的困难也是客观存在的。比如，关于行为过程的事实证明，司法人员即使借了司法鉴定机构的技术力量也没有最终解决；关于行为后果的事实证明，司法人员也缺乏技术证明理论的指导，最终只能寻求司法解释论的运用；关于行为主观方面的事实认定，因为缺少算法证明的技术研究，司法人员也只能根据自己片面的技术理解做了不甚恰当的推定。

结合犯罪构成理论和快播案的犯罪证明实践，不难看出，当下具体技术证明方法的研究主要涉及具体网络行为过程的发现、网络犯罪后果的技术证明、网络犯罪主体的认定以及犯罪行为主观方面的证明等问题。值得强调的是，这些具体技术证明方法的研究仍然要在诸多传统基础理论的演绎下展开，它们是传统基础理论在网络智能场域下的升级塑造，而不是对传统基础理论的推翻。

一、犯罪过程证明方法的探索

在传统侦查学领域，现场重建理论占据十分重要的统治地位。犯罪重建是一种致力于发现过去事实的刑事侦查方法论。"（犯罪）重建是指使用科学方法、物证、演绎和归纳推理及其相互关系来获得与犯罪活动相关的系列事件的整个过程。"[①] 传统犯罪重建的理论基础是洛卡德物质转移原理，它是物质时代侦查方法论的认识论基础。如何将建立在洛卡德物质转移原理基础上的犯罪重建理论应用于以数据信息为主要表现形式的网络世界，这着实需要理论上的进一步探索。

所谓洛卡德物质交换原理，是指作为一个物质实体的作案人在犯罪过程中总是会跟各式各样的物质实体发生接触和作用，因而产生物质交换的现象。该理论

---

① 刘静坤，"美国犯罪重建的方法、原理与方法论"，《贵州警官职业学院学报》，2009 年第 6 期，第 52 页。

由 20 世纪初法国著名侦查学家艾德蒙·洛卡德在其编著的《犯罪侦查学教程》中提出。洛卡德物质交换原理可以概括为"接触即留痕"①。显然，在过去的物质时代这主要是基于物证的检验分析。洛卡德物质交换原理与侦查学信息论在理论思想上是统一的。"犯罪行为必取一定的形态，不同的犯罪形态反映不同的犯罪行为信息；犯罪信息不仅存储于犯罪行为形态之中，还存储于犯罪痕迹、犯罪行为结构及犯罪行为的联系等诸方面；犯罪信息是形成侦查判断、推理、假定的前提，也是推进侦查、调整侦查的基础。"②

基于洛卡德物质交换原理的犯罪重建理论，它的主要方法是事件分析。"使用事件分析方法开展犯罪现场重建的基本步骤包括：收集数据；确定特定的事件片段（时间片段）；确定事件片段之间的相互关联；确定相关事件片段的时序，确定整个事件的流程；确定所有可能的时序，通过审查所有的证据来消除证据之间内在的矛盾；基于事件片段的时序，最终确定所有事件的次序；确定整个事体的流程图，并且证实上述时序的正确性。"③ 这里的"数据"主要是犯罪信息，这里的事件主要是与犯罪相关的行为事实。这里犯罪重建的"时序"关系则反映了相关犯罪行为的发展过程。综观之，犯罪重建理论在方法论上有两大特色。即微量物证的解读和基于"时序"的事件重组。这两点对于思考网络犯罪行为的侦查与证明亦颇为有益。

现有物证技术学研究发现，电子证据是系统证据，不是简单的、孤立的证据。电子证据的载体不仅记录了涉案的电子文件，还记录了电子文件的运行痕迹及所处的环境数据。它们共同构成了一个系统的、完整的"数据现场"——它如实描述了涉案电子文件的存在形态及所处的系统环境。这个"数据现场"是计算机系统（其他信息系统也可参照适用）运行的结果，其间具有极强的规律性。④

这意味着信息系统之内存在着大量类似传统"微量物证"的电子"痕迹"，它们是犯罪重建的"素材"基础。同时，信息系统是一个具有严格时间逻辑体系

① 李学军，《物证论——从物证技术学层面及诉讼法学的视角》，北京，中国人民大学出版社，2010，第 58 页。
② 任惠华，《侦查学原理》，北京，法律出版社，2012 年，第 244 页。
③ 刘静坤，"美国犯罪重建的方法、原理与方法论"，《贵州警官职业学院学报》，2009 年第 6 期，第 58 页。
④ 徐立根，《物证技术学》（第四版），北京，中国人民大学出版社，2011 年，第 304 页。

的整体。"电子证据的时间并不是某一个孤立存在的元素，而是由不同的时间信息按照既定的规则和方式构成一个整体。"[①] 在信息系统下，绝大多数的操作行为都伴随着时间记录的产生与变化。甚至，在没有人为操作的情况下，有些时间信息也在不断地"自动"产生与记录。这意味着信息系统之内所存在的大量"时间信息"可以成为犯罪重建的"时序"依据。

基于这种认识，网络空间的犯罪重建就有了技术上的素材基础和方法依据。我们进一步要解决的问题是如何运用各种技术方法来实现网络空间的犯罪重建。显然，这主要有赖于技术与行为相交叉的思维方法，更要借助技术方法在行为事实发现上的运用。

二、犯罪后果证明方法的探索

诚然，在快播案中，司法人员在行为后果的证明上回避了大数据与大数据证明的相关问题，最终借助于刑法上的谦抑性原则和罪责刑相统一原则，通过超越立法规范的司法解释论予以处理。但是，在实践的诸多网络犯罪案件中，大数据的证据运用以及技术证明问题已经成为无法回避的现实。比如，e租宝案件涉及的金融数据至少包括从 4000 多家银行、247 家第三方支付平台、164 家保险公司、114 家券商汇总的 1 万多个账户的几十亿条资金交易流水信息。这些都是现实的大数据以及大数据证明问题。

虽然有关大数据的理论探讨和实践应用日渐升温，但与大多数信息学领域的问题一样，对于大数据的基本概念及特点，大数据要解决的核心问题，目前尚无统一认识。大数据的获取、存储、处理、分析等诸多方面也一直存在争议。[②] 对于新的事物，如果从认知上说清它往往很难一蹴而就，而从价值论上讨论它是有益的或是有害的又令人迷茫。从应用角度出发讨论大数据的运用思维乃至运用方法，可能更为实际，司法证明领域对大数据的讨论亦不例外。

从司法证明领域研究大数据，可以从价值论与方法论两个标准进行界定。从

---

① 刘品新、胡忞，"论电子证据时间鉴定的科学基础"，《山东警察学院学报》，2012 年第 5 期，第 70 页。
② 马建光、姜巍，"大数据的概念、特征及其应用"，《国防科技》，2013 年第 2 期，第 11 页。

价值论标准判断，大数据之所以值得研究是因为大数据的运用可以产生某种实用意义上的增值价值。否则，仅是数据"大"只能体现数据的原始价值，这与普通的"电子数据"无异。从方法论的标准进行判断，大数据的运用必须基于某种有效的处理方法才能"挖掘"出增值价值。如果没有专门的大数据处理方法介入，而只是若干条信息的查询与使用，这并不是真正的大数据运用。因此，以价值论（增值价值）与方法论（专门技术方法）的标准来界定大数据，是现实可取的做法。

进一步地，大数据如何运用？大数据证明要解决何种证明困难？具体的证明路径和方法是什么？证明的关键又是什么？这些大数据证明的基本问题需要通过技术原理、行为原理、法律原理进行充分的思考分析。

从逻辑上讲，大数据证据的运用主要有四种方法：第一种是把大数据所涉及的所有服务器（原始载体）作为证据使用；第二种是把服务器中的大数据（全样本）以等量复制的数据副本形式作为证据使用；第三种则是从大数据（全样本）中筛出"小"数据作为证据使用；第四种是将大数据（全样本）经过计算模型处理后的分析结论（如数额）作为证据使用。前两种方法是把大数据（全样本）的原始载体或等量复制数据直接作为证据使用，可称为直接运用模式；后两种是把大数据分析筛出所得的"小"数据或分析结论[①]作为证据使用，可称为间接运用模式或转化运用模式。直接运用模式与间接运用模式的关键区别在于：前者将大数据技术处理的工作重心放在法庭举证、质证、认证阶段，而后者则放在取证阶段。

从司法实践来看，直接运用模式在很多情况下难以实现证明效果。首先，从取证技术角度看，提取大数据的原始载体抑或等量数据副本存在客观上的困难。大数据往往"分布式"地存储于一个庞大的服务器集群（"云"端），司法人员根本无法判断哪个或哪些才是涉案大数据的原始载体，甚至可能找不到原始载体的所在位置，也有可能"整个"服务器集群都是原始载体。即使借助于技术人员的帮助确定了涉案大数据的原始载体范围，也往往会因为涉案服务器数量过多或等量复制数据量过大而无法提取。不论原始载体的提取还是等量数据的复制都存在时间成本、人力成本、存储空间等司法资源代价问题。

---

① 筛出"小"数据，是特定条件范围的数据筛选，它一般通过条件查询等简单技术方法实现；这里的"分析结论"则是通过"大数据模型"计算分析的结果，其可靠程度取决于"大数据模型"构建的科学性。

其次，从权利保障来看，直接运用模式还存在着权利被过度侵犯的风险。大数据服务器的扣押会使相关单位的生产经营活动受到影响，提取等量数据也会涉及数据信息内容的正当权利保护问题。

最后，直接运用模式无助于实质质证。表面上看，将大数据提交法庭满足了证据举证形式的要求。然而，脱离了原始环境与技术条件的大数据往往是"举而不能质"。不论是对大数据原始载体进行实质质证，还是对大数据的等量复制数据进行实质质证，都势必要基于数据的读取与分析。但是，大数据原始载体的运行往往依赖于服务器集群所组成的整体技术环境，如网络拓扑结构、网络系统设置及相关应用组件等，而对等量复制数据的分析同样存在着数据格式、数据定义等技术细节要求，更不必说大数据分析的时间耗费问题。因而，直接运用模式从逻辑上看"简单""易行"，但往往无法实现实质质证的效果。

从制度设计上讲，大数据证据的运用应当以间接模式为原则，以直接运用模式为例外。间接运用模式在技术可行性与司法资源投入成本上的优势是显而易见的。间接运用模式存在的关键问题仍然是如何保障实质质证的效果。这从一定程度上可以通过巧妙的法律规则设计，创新性地建立一些特殊的质证规则予以实现。

诚然，不论采取哪种运用模式，都难以回避大数据的技术处理方法问题。因而，大数据证明本质上仍然是一种技术证明方法。这种技术证明方法不仅关系到大数据证据的证据能力也关系到大数据证据的证明力。因而，大数据证明的技术方法研究即建模，就有待于全面展开。

三、犯罪主体证明方法的探索

就传统的犯罪主体证明而言，同一认定理论是最为基本的方法论。同一认定是人类认识客观事物的一种基本方法，普遍地存在于社会生活的各个领域。顾名思义，同一认定就是对同一个人或物的认定，又称为"个体识别"，而以人为对象的同一认定亦称为"人身识别"。显然，当下时代所要解决的问题是如何使同一认定理论也能够运用于网络环境下的行为人身份识别。这涉及传统理论与新型技术的结合，因而相关研究也要同时从这两方面展开。

一方面，我们要对同一认定的基本原理进行深入研究。首先，同一认定是确认客体同一性的认识活动。同一认定概念的核心词是"同一"，表示物体与其自身相等同。世上万物各不相同，再相似的两个物体之间也终有差异，因此同一者只能是一个客体。换言之，每个事物都有与自身相等同的属性，即同一性。作为哲学术语，同一性是"表示事物、现象同它自身相等、相同的范畴。"[①] 诚然，这里所讲的同一性包含了自身的差异与变化。恩格斯指出："同一性自身包含着差异性"；"与自身的同一，从一开始就必须有与一切别的东西的差异作为补充，这是不言而喻的"；同一与差异并非不可调和的对立，而是一个东西的两极，"这两极只是由于它们相互作用，由于差异性包含在同一性中，才具有真理性。"[②] 恩格斯讲的差异包括两层含义：其一是此物与彼物的差异；其二是事物自身的差异或变化。辩证唯物主义的同一观对于我们研究同一认定问题具有指导意义。

作为一个专业术语，"同一认定"的概念产生于犯罪侦查领域。无论是在古代还是现代，无论是在中国还是外国，犯罪侦查的主要目的都是认定实施犯罪行为的人，即对犯罪主体进行同一认定。正是因为世世代代的犯罪侦查人员面临相同的问题，从事相同的工作，所以才不断探索同一认定的方法并积累了丰富的经验，于是，同一认定概念就在犯罪侦查领域产生并形成相应的理论体系。[③]

在犯罪侦查中，同一认定是具有专门知识的人或了解客体特征的人通过检验、比较客体特征而对案件中的人或物是否同一问题所做出的判断。[④] 根据客体的不同，同一认定可以分为人身同一认定、物体同一认定，以及作为"广义之物"的场所的同一认定。其中，人身同一认定是最为重要的，因为它可以直接完成案件侦查的任务，而物体同一认定和场所同一认定往往也要服务于最终的人身同一认定。

其次，同一认定的依据是客体的特征。之所以同一认定的依据是客体的特征，

---

① ［苏联］罗森塔尔·尤金，《简明哲学辞典》，北京，人民出版社，1955年，第151页。
② ［德］恩格斯，《自然辩证法》，《马克思恩格斯选集》（第三卷），北京，人民出版社，1973年，第537-539页。
③ 何家弘，《同一认定——犯罪侦查方法的奥秘》，北京，中国人民大学出版社，1989，第90-107页。
④ 这一概念包括五层含义：第一，同一认定的主体是具有专门知识的人或了解客体特征的人，前者是各种科学技术的专家，后者是案件的当事人或证人；第二，同一认定的客体是与犯罪案件有关的人或物（包括可以称为"广义之物"的场所）；第三，同一认定所要解答的是这些客体是否与自身等同的问题；第四，同一认定的方法以对客体特征的检验比较为基础；第五，同一认定属于判断性认识活动，其结论应表述为是或不是。

是因为离开客体的特征，人们便无法认识客体的特定性，也就无法对客体进行同一认定。客体特征有很多种类，包括形象特征、物质成分特征、活动习惯特征、时空位置特征等。形象特征和物质成分特征在网络犯罪中较少显现，对网络犯罪主体进行同一认定时应特别关注客体的活动习惯特征和时空位置特征。活动习惯特征是指反映客体特殊活动规律的特征，它包括生理活动习惯特征、心理活动习惯特征和技能活动习惯特征。时空位置特征是指客体在一定时间内占有的空间和方位。时间和空间是物质存在的基本形式，因此任何客体都具有一定的时空位置特征。

在对网络犯罪行为人进行同一认定时，时空位置特征具有十分关键的价值和意义。如前文所述，网络时空打破了传统物理时空的限制，使得行为的时间节奏极大地加快、行为的空间地域无限地扩张。这就使得以过往时空行为事实的追溯为主要任务的犯罪侦查审判面对极大的技术挑战。

再次，同一认定的科学性依赖于客体特征的特定性、稳定性和反映性。同一认定的依据是客体特征，但是每一次具体的同一认定所依据的并不是客体的全部特征，而是能够被同一认定主体认知或识别的那些特征的组合。为了保证同一认定结论的科学性，这些特征组合就必须满足同一认定的特定化要求。这就是说，同时具备这些特征的客体只能有一个，无论这客体是人还是物。

特征组合的特定性是由该组合中特征的数量和质量所决定的。一方面，特征的数量越多，特征组合的特定性就越强。这是显而易见的。另一方面，单个特征的质量越高，特征组合的特定性就越强。特征的质量也可以表述为特征的特定性价值。一般来说，特征的特定性价值是由该特征的出现率所决定的。出现率高，价值就低；出现率低，价值就高。这也符合"物以稀为贵"的价值规律。由此可见，同一认定既要重视特征的数量，也要重视特征的质量。

同一认定结论的科学可靠性不仅取决于客体特征的特定性，还取决于客体特征的稳定性。就具体的同一认定而言，只要特征组合在该同一认定的必要时间内保持基本不变，就满足了同一认定的稳定性条件。这里所说的"必要时间"一般是指从案件发生到提取客体特征进行同一认定的时间。这里所说的"基本不变"则包括两层含义：第一，对于特征组合来说，是指其中的主要特征都没有发生变化。虽然个别特征发生了变化，但是这种变化并没有改变整个特征组合的特定性。

第二，对于具体特征来说，是指保持这个特征得以区别于其他特征的质的规定性。虽然这个特征发生了一些量变，但是并没有改变其特定性。

除了特定性和稳定性，同一认定还应该考察客体特征的反映性。所谓客体特征的反映性，是指某客体的特征能够在其他载体上得到反映的属性。因为同一认定往往要通过检验或识别客体遗留在其他载体上的特征才能实现，所以特征的反映性也是同一认定的条件。这包括特征反映的容易程度、清晰程度和准确程度。综上，在讨论网络犯罪主体的同一认定方法时，必须综合考虑选用特征的特定性、稳定性和反映性。

另一方面，我们要对网络技术与网络行为的基本原理进行深入理解。显然，同一认定理论要在网络环境下运用，首先要认识到适用条件的变化，主要包括行为工具方式在原理上的变化和行为环境在时空特性上的剧变等。只有充分认识到网络行为与传统行为相比在理论条件上的变化，才有可能将传统同一认定理论再一次重塑。

如二次工具论所述，在网络环境下，作案人实施网络犯罪行为首先要借助于电子设备，电子设备则进一步通过数据信息的变换与交换去实现具体的行为。电子设备是作案人实施整个犯罪行为时在传统时空环境下所使用的工具，数据信息则是电子设备表达具体行为时在网络环境下所使用的工具。作为行为的工具，电子设备和数据信息都可能含有因使用工具所遗留的、反映行为主体身份的客体特征。此外，行为是特定主体的行为，行为痕迹也可能含有反映行为主体身份的客体特征。因而，从理论上讲，对网络犯罪主体进行同一认定，可以从电子设备、数据信息、行为痕迹这三类客体特征展开。同时，因为在网络环境下网络犯罪主体同一认定所基于的客体特征显然不再是传统的物质反映形象或分离体，而是表现为形形色色的数据信息。所以，网络世界的客体特征是以"特征信息"的形式表现出来。

简言之，网络犯罪主体的同一认定应当围绕着"特征信息"的发现与收集、分析与运用、结论确定性评断这三个步骤展开。如何从技术上逐步开展前述工作，这就是技术证明方法所要解决的问题。

四、犯罪主观方面证明方法的探索

诚然，与能够外化的犯罪过程、犯罪后果、犯罪主体相比，犯罪主观方面的证明历来就是一个十分棘手的问题，因为司法人员不可能扒开犯罪人的头脑进行观察。这就导致不论是传统犯罪案件还是网络犯罪案件，推定一直都是解决主观证明的主要方法。

作为一个法律术语，所谓推定，是由法律规定并由司法人员做出的具有推断性质的事实认定。它包括三层含义：（1）推定是对未知案件事实或争议事实的认定；（2）它是以推理为桥梁的对未知事实的间接认定；（3）推定是关于事实认定的法律规则。推定规则的基本功能是规范司法人员在认定案件事实中的推断行为，以保证司法裁判的正确、公正和效率。[①]

在涉及主观方面的证明推定中，主要有目的推定和明知推定规则。目的推定，是在刑事诉讼被告人是否具有"犯罪目的"的情况不明时，根据一定的基础事实来确认其是否具有犯罪目的的推定。所谓明知推定，是指在刑事诉讼被告人对某些犯罪构成要件的主观认知状态不明的情况下，根据一定的基础事实来确认其明知的推定。如前所述，当算法包含对某些非法行为进行回应的技术规则时，它可以反映行为人的意识状态。

诚然，不论是判例法国家还是成文法国家，虽然在他们在推定的规则形式上表现不同，但是他们运用推定方法的证明原理应当是基本相同的。换言之，任何推定方法的证明一定要基于"基础事实"或"前提事实"以及某种确定的伴生关系或常态联系。显然，这里就必然涉及什么是"基础事实"或"前提事实"？如何对网络空间的"基础事实"或"前提事实"作出判断？显然，网络的技术特定性决定了前述的"基础事实"或"前提事实"必然含有大量技术事实的成分，如果不理解技术原理就无法对"基础事实"或"前提事实"作出正确认定。与此同理，什么是网络空间的伴生关系或常态联系，更需要司法人员具备精湛的技术认知。

不可否认，将具有很强技术专业性的推定证明形成法定的推定规则用以指导司法人员的具体案件办理显然有助于减轻司法人员在"基础事实"或"前提事实"、

[①] 何家弘，"论推定概念的界定标准"，《法学》，2008 年第 10 期，第 38-47 页。

伴生关系或常态联系在技术判断上的压力。但是，这就将技术专业的困难转移到立法人员的身上了。且不论立法人员能否根据网络技术的专业问题作出推定规则的科学制定，即使形成了特定的推定规则，同样存在司法人员在个案实践中的技术理解问题。因而，从长远看形成一套有益的思维方法才是最恰当的解决方案，而这同样需要综合技术与法律的探索研究。

值得说明的是，快播案与一般的网络犯罪案件不尽相同。因为快播公司涉及网络智能领域本身就十分专业的算法行为与行为算法问题，所以快播案的主观推定理论上需要经过十分专业严谨的技术分析才能得出结论。这本质上是算法推定的技术证明问题。

第五章

网络犯罪证明模型化的技术突破：方法的闭环

基于网络犯罪证明的模型化理论和快播案的实践验证，不难发现，当下对网络犯罪的技术证明方法研究是远远不足的。在技术与法律的双重要求下，只有逐一解决"人—机器""机器—数据""数据—行为""行为—后果""人—主观"这五个小模型，才能构建起刑法规范所要求的完整证明模型，即"主观—人—机器—数据—行为—后果"。以上各个行为事实要素的具体证明方法研究显然主要集中在技术证明方法的突破与创新，因为行为的技术化决定行为事实证明的技术化。这也是哲学对称破缺理论基于当下时代的证明方法论研究给出的关键启示。这种技术证明方法研究是以法律需求为导向的技术应用创新，它是法律与技术的思维融合而非各自为政。技术证明方法的突破不仅关涉到网络犯罪证明模型化的理论证成，也关涉到实践中具体网络犯罪案件在专业技术问题上能否得以顺利解决。

第一节　网络犯罪行为之溯源重现

　　因为一切法律的适用都要基于以行为事实为核心的证据事实而展开，所以不论对于犯罪侦查还是犯罪审判而言，网络犯罪行为过程事实的全面发现对于案件事实的定性和处置都有举足轻重的作用。在"主观—人—机器—数据—行为—后果"的大模型下，"机器—数据"与"数据—行为"这两个小模型直接关系犯罪行为过程事实的发现。考虑到"机器"与"数据"在技术上是载体与内容的关系，它们往往一体化地出现，因而可以将"机器—数据"与"数据—行为"这两个小模型合并讨论。也就是说，将"机器—数据—行为"作为整体犯罪的技术行为过程予以研究。另外，因为司法职业分工，事实发现主要是侦查机关的任务，而审判机关的职能主要是事实认定，事实发现与认定的时序特点决定了侦查领域对事实发现问题更为重视，所以以下主要围绕侦查学和相关的物证技术学展开，但是其中的具体方法也可以适用于审判阶段的事实发现与认定。

一、电子数据的系统规律论

根据二次工具论的理论模型，机器往往是网络犯罪行为的第一次工具利用，数据则是网络犯罪行为的第二次工具利用。前者是物理形态上的犯罪工具，后者是逻辑形态上的犯罪工具，因而对这两种工具的技术研究都不可或缺。事实上，在单机环境下这两者往往是相伴随出现的，在网络环境下则可能出现两者相分离的现象。

根据物证技术学对电子数据的研究，电子设备及其内的电子数据具有极强的系统规律性。虽然电子数据的类型复杂多样，但是它们无一不是信息系统在规律规则制约下的产物。换言之，因为产生电子数据的信息系统是一个具有极强的技术规则性的有机系统，所以它产生的电子数据必然也要符合所在信息系统的技术规则。此即电子数据的系统规律性。它是指电子数据要符合所在信息系统的技术规则的规律现象。从本质上讲，电子数据的系统规律性取决于网络行为的第二次工具与其第一次工具在技术关系上具有产生、存在与变化的依存关系。

具体而言，电子数据的系统规律性表现在任何电子数据的产生、处理、存储等都要受制于一个特定系统的规律规则的约束，它们必须符合所在系统的特定技术规则。电子数据并不是一种孤立的信息，它们总是存在于一种由电子文件、电子痕迹以及各种数据组成的有机系统之中。这种有机系统可以是一台电脑，也可以是一台服务器，还可以是一个硬盘或 U 盘。当然，不同系统在技术规则的规律表现上有所不同，单机系统有单机系统的技术规则，网络系统也有网络系统的技术规则；操作系统有操作系统的技术规则，存储系统也有存储系统的技术规则；

客户端系统有客户端系统的技术规则，服务器系统也有服务器系统的技术规则。在这种观念下，司法人员在开展网络犯罪的事实调查时就不应该再将电子数据看作一种孤立的证据信息。当对网络犯罪中的电子数据进行调查时，也就不应再局限于电子数据的文本内容，而应扩展至背后的附属信息、电子痕迹乃至整个系统环境。

因为特有的系统规律性，电子数据又衍生出了一些其他的新特性，包括功能多元性、相对安全性、双重体系性等。因为电子数据存在于一个有机的信息系统，所以电子数据及其相关的电子痕迹、信息系统等往往具有不同的证明功能，此即功能多元性。所谓功能多元性，是指在不同场合下电子文件、附属信息、电子痕迹以及整个系统数据分别具有不同的证明功能。首先，电子文件的实体存在往往反映案件事实的客观发生；其次，电子文件的文本内容往往反映当事人的意思表示及意志状态；再次，电子文件的附属信息及相关的电子痕迹往往反映电子文件的形成过程乃至真伪；最后，电子文件的整个系统数据一般可以反映电子文件的形成环境以及它在生成、处理或存储过程中的可靠性。这种功能多元性往往能使电子数据焕发出"自我"证明的独特魅力。

系统规律性还衍生出了电子数据特有的相对安全性。所谓相对安全性，它是指电子数据一方面很容易被伪造、篡改但另一方面又很容易被识别、发现。因为任何电子数据都处于一个有机的信息系统，因而不仅任何正常操作行为都会留下相应记录而且任何伪造篡改行为同样也会留下相应记录。伪造篡改的反常行为既可以体现为涉案文件及其附属信息、关联文件的变化，也可以表现为工具性软件的记录遗留以及相应行为痕迹的产生。

电子数据还特有双重体系性。所谓双重体系性，它是指人的网络行为不仅是网络时空的组成部分也是传统时空的组成部分，因而要受到双重时空体系的制约。任何电子数据不仅要符合信息系统的内部体系特征，也要符合传统时空环境下的外部体系特征。当涉及电子数据证据时，司法人员不仅要对涉案文件的传统时空关系进行调查还要对其网络时空关系进行分析。后者不仅包括对电子数据所在的信息系统内部技术规则进行分析，还包括对其与外部信息系统的关系进行分析。从本质上讲，这是因为网络行为所利用的第一次工具即机器，它是属于传统物理空间的事物，必须受传统时空环境的约束，而网络行为所利用的第二次工具即数据，它是属于网络时空的事物，必须受网络时空环境的约束。最终，电子数据受到了传统时空与网络时空的双重制约。

不难发现，电子数据的系统规律性根源于信息系统在技术规则上的规律性。因为信息系统总是基于技术模型的有机组合而产生，所以这种技术模型的有机组合特性就成了信息系统的技术规则和规律表现。可见，技术不仅决定行为，还决定行为的证据及其表现形态。进一步地，技术形态的行为证据必然也要通过技术方法予以解读和运用，即技术证据决定技术证明。

二、网络空间的犯罪重建论

电子数据的系统规律性为网络空间的犯罪现场重建提供了技术上的理论依据。同时，传统犯罪重建理论也为此提供了方法论支撑。从技术方法体系而言，网络空间的犯罪重建要以电子数据为素材，以电子数据的系统规律性为依据，以犯罪重建理论为方法指导。

首先，必须认识到信息系统中电子数据的丰富性。电子设备是一个非常复杂的体系性系统，它往往是由硬件系统（计算设备、网络设备、存储介质等）与软件系统（操作系统、应用程序、代码指令等）两部分组成。从信息技术原理上讲，电子设备借助于电子数据表达具体行为时必须经过操作系统、应用程序及代码指令依时序地逐层运算才得以实现。同时，一个电子设备中不仅有静态的电子数据，还有动态的电子数据。前者如，前述操作系统、应用程序、代码指令等软件数据，记录软件运行过程所产生的日志数据，以及人所意欲传播或记录的信息数据。后者如，正在内存中执行的程序指令数据、正在传输的网络中继数据，以及正在计算的实体信息数据。此外，还存在着一些时而静态而动态的特殊数据，如账户密码、证书密钥等电子签名数据。

其次，必须认识到信息系统的技术规则体系。根据物证技术学领域的研究，可以将信息系统的技术规则归纳为如下分层模型（见图5.1）。

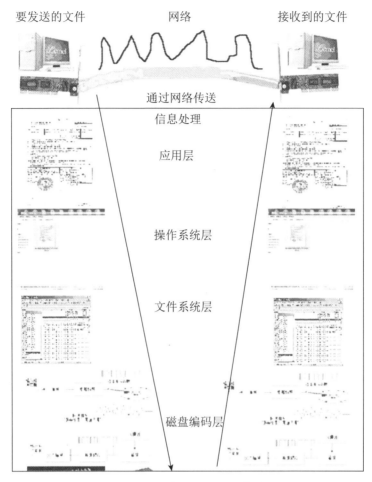

要发送的文件　　　　　网络　　　　　接收到的文件

通过网络传送

信息处理

应用层

操作系统层

文件系统层

磁盘编码层

图 5.1　信息系统的分层模型

　　信息系统在技术规则上大体上可以分为网络层、应用层、操作系统层、文件系统层、磁盘编码层、磁信息层这六个层面。[1] 从理论上讲，网络传来的电子数据在上述六层之中均有分布，而本机产生的电子数据则至少分布在应用层、操作系统层、文件系统层、磁盘编码层、磁信息层。从技术鉴定角度而言，人们所能认识掌握的数据及技术规则主要是在网络层、应用层、操作系统层、文件系统层。

　　显然，上述各个层次内部所蕴含的特定技术规则是犯罪重建的重要依据。比如，网络传输有网络传输协议及进程协调机制；应用程序有应用程序的数据处理

---

①　徐立根，《物证技术学》（第四版），北京，中国人民大学出版社，2011 年，第 313-314 页。

流程及文件数据结构；操作系统有操作系统的事件处理机制和数据运算规则；文件系统也有文件系统的空间分配规则和文件管理规则。此外，各种操作行为本身还有应用功能上的可操作性问题以及用户的操作习惯规则。上述各个层次除了具有严格的内部规则约束，它们之间还必须保持协同运作。上一层的正常运行倚赖于下一层的正常运行，下一层出错会导致上一层运行失败。总的来说，各个层次之间具有严格的关联性和体系性。它们有的表现在时间顺序上，有的表现在具体内容上，有的表现在存储位置上，等等。

最后，必须认识到犯罪重建的方法逻辑。如前文所述，犯罪重建理论在方法论上的两大特色是微量物证的解读和基于"时序"的事件重组。这种方法逻辑同样可以沿用到网络空间，即数据痕迹的解读以及基于"时序"的事件重组。在物证技术学领域，这种技术方法被称为电子痕迹溯源法。称谓不同，但原理一致。电子痕迹溯源法是指根据犯罪行为所遗留的电子"痕迹"来追溯还原犯罪行为过程的技术方法。电子痕迹溯源法的素材是犯罪行为所遗留的电子"痕迹"，依据是信息系统的技术规则体系，而方法逻辑也是基于时序的行为重组。这与传统的犯罪重建理论在方法逻辑上并无本质区别。

电子痕迹溯源法，也称为形成过程分析[1]，它大体上要经过以下几个步骤：(1)明确各个嫌疑文件的现存状态，包括名称、类型、大小、具体内容、存储位置、分布特征及各种附属信息等。(2)从内容上和技术上分析嫌疑文件与嫌疑文件之间、嫌疑文件与其他正常文件之间的关联关系。这种关联关系是否符合计算机系统的管理规则，是否符合计算机用户的操作习惯等。(3)从技术细节上进一步分析各个嫌疑文件的现在状态与相关的日志、痕迹之间的关联关系。这种关联关系是否符合操作系统的事件处理机制、应用软件的数据处理规则、文件系统的数据存储规则等。是否存在形成机理上不可解释的冲突性矛盾及相关篡改、伪造的异常痕迹。(4)着重分析并记录各个计算机事件在时间上的逻辑顺序。计算机系统是一个十分注重时间逻辑关系的系统。目前最为流行的 FAT 文件系统和 NTFS 文件系统都有标准的时间属性定义。绝大多数的文件类型也都有关于时间属性的定义项。这些时间属性及其间的逻辑关系为溯源分析提供了十分重要的切

---

① 徐立根，《物证技术学》（第四版），北京，中国人民大学出版社，2011 年，第 319 页。

入点。（5）以时间为主线重组计算机事件，再现电子文件的形成过程，进而揭示人的操作行为过程。同时，通过揭示时间上的逻辑矛盾也能发现篡改、伪造等行为。

电子痕迹溯源法致力于网络行为在技术层面的痕迹解读与事实重构。由于网络行为本身的复杂性以及数据信息在网络行为中的丰富性，电子痕迹溯源在具体网络犯罪案件中往往是一个十分庞大的技术体系工作。同时，电子痕迹溯源法的充分运用往往也能够为网络犯罪行为过程的发现提供极为详细的事实内容。

三、智能犯罪行为的溯源重现

随着大数据技术、人工智能技术的不断发展，我们正在跑步进入智能时代。"点击生活、算法经商、模型治国"正逐渐成为智能社会的三大主流行为样态。相应地，网络犯罪也就步入了智能化时代。"点击生活"就意味着"点击犯罪"，犯罪分子通过智能化脚本、程序、代码的部署点击"启动"即可实现犯罪。实际上，司法实践中已经查处到多起"无人值守"的智能犯罪方式。比如，温州警方在 2020 年破获的"HT 搬砖套利"特大案件。可以预见，涉及智能机器人、无人驾驶、无人机等智能犯罪案件将随着智能时代的到来成为未来的主流。而"算法经商"也隐含着"算法犯罪"的风险。从某种意义上讲，快播案利用缓存技术所实施的算法行为就是相对简单的"算法犯罪"。值得注意的是，智能与算法是行为在行为效果与行为工具上的不同描述形式，智能行为的工具核心就是算法，智能犯罪本质上就是"算法犯罪"。

从理论上讲，"算法犯罪"也必然会涉及算法行为的行为过程证明与溯源重现。显然，算法行为的智能化实现导致了极大规模的数据行为和行为数据，要通过人工意义上的证明方法来解决这种问题，势必走入困境。比如，不论是通过侦查实验去证明算法行为，抑或是通过被害用户的证言去证明算法行为，它们都只能反映算法行为与行为算法的表象，而不能最终确定背后所真正实施的技术行为及其规则。

因而，算法行为的证明方法只能是大数据证明或者算法证明。实际上，这两种证明方法在行为证明的效果上和价值上都是有所不同的。具体而言，前者是对算法行为的行为表象证明，即通过对算法行为所产生的大数据进行分析从而推断算法行为的行为算法规则。后者是对算法行为的行为本质证明，即通过对算法行为的行为算法进行技术解读来判断算法行为及其技术规则。前者是从算法行为的效果角度加以证明，后者是从算法行为的工具角度进行证明，二者存在本质上的不同。从技术证明方法上讲，前者的困难在于大数据建模在因果关系上的挑战，后者的困难在于行为算法的证据取得与技术解析。

鉴于此，面对智能社会的到来，笔者认为，法律治理因其时间的滞后性将面临运行机制上的困难，而基于行为模型的科技智能治理势必会成为未来智能社会治理的主要手段。这正是"模型治国"的内涵。

第二节　网络犯罪后果之大数据证明

网络犯罪的后果证明关涉到"行为—后果"的模型实现。基于法律与事实的基本关系，刑事实体法的规范设计决定了刑事诉讼中行为事实证明的基本任务。就我国刑事实体法的规范设计而言，网络犯罪的后果或情节事实是惩处网络犯罪非常重要的犯罪构成。

当下，我国刑事实体法规范对大数据证明的价值需求集中体现在网络信息行为的后果或情节证明上，换言之，我国现行刑法对待网络信息犯罪主要采取结果犯或情节犯的规制思维。[1] 比如，《刑法》第 285 条规定的非法侵入计算机信息系统罪，非法获取计算机信息系统数据，非法控制计算机信息系统罪，提供侵入、非法控制计算机信息系统程序、工具罪；第 286 条规定的破坏计算机信息系统罪以及第 253 条之一规定的侵犯公民个人信息罪等专业型网络信息犯罪都要求以某种"后果"或"情节"作为入罪门槛。这集中体现在《关于办理危害计算机信息系统安全刑事案件应用法律若干问题的解释》《关于办理侵犯公民个人信息刑事案件适用法律若干问题的解释》等相关司法解释文件之中。即使是像电信网络诈

---

① 吴沈括、谢君泽，"电信网络诈骗防治视野下的伪基站犯罪治理"，《国家检察官学院学报》，2017 年第 6 期，第 58 页。

骗、网络造谣传谣等涉网型网络信息犯罪，同样有各式各样的"后果"或"情节"要求。这体现在《关于办理电信网络诈骗等刑事案件适用法律若干问题的意见》《关于办理利用信息网络实施诽谤等刑事案件适用法律若干问题的解释》等文件之中。上述犯罪对"后果"或"情节"的要求主要表现为对涉案资金金额、涉案对象数量、涉案行为次数等"数额"的要求，因此导致了每案必有"数额"计算或证明问题。

这就决定了大数据证明在当下网络犯罪的司法活动中具有极其重要的实践价值。然而，实际上大数据证明在理论上的功能并不仅限于此，网络行为任何环节事实的相关性都可能且可以运用大数据证明来解决。当下大数据证明对行为后果或情节证明的特别关注，从根本上讲是实体法规范需求使然。

一、大数据证明的基本原理

在大数据的时代背景下，用于计算、证明犯罪"数额"的数据不仅体量庞大而且总是或多或少地与案件无关或相关的"数据"混杂在一起。这使得越来越多的"后果"或"情节"证明必须借助于大数据分析才能解决。换言之，如何在个案中把涉及行为后果或行为情节的"数据"从大数据之中"准确"地"挖掘"出来，这是司法证明所面临的现实问题。不仅刑事法领域如此，民商事领域也同样存在相关行为的"损害结果"证明问题。

显然，大数据证明主要依赖于技术处理方法，而计算处理方法主要体现为大数据的计算模型。因而，以算法为主要内容的计算模型，反映了大数据在技术处理上所采取的"测量"策略。大数据运用的基本原理如图5.2所示。

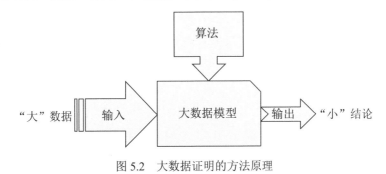

图5.2　大数据证明的方法原理

图 5.2 从系统论角度描述了大数据运用在技术处理上的方法原理，即在输入大数据后，系统根据大数据模型的算法处理，输出具有某种使用价值的分析结论。大数据的分析结论一般是一个具有增值价值的"小"结论。如果大数据的输出结论在"量"上依然是"较大"的，那么大数据并没有真正发挥它应有的价值。[①]从司法证明角度而言，理想状态的大数据分析结论应当与案件事实密切相关，而不应是数量繁多、关系不清、指向不明、模棱两可，这往往无益于司法证明任务的达成。显然，大数据运用能否输出有效的证明结论取决于（主要以"算法"形式表达的）计算模型的有效构建，简称"大数据建模"。"大数据建模"关系到大数据能否实现司法证明的应有价值。

信息在记录与计量上的科学进步是影响人类社会发展的重要因素。《大数据时代：生活、工作与思维的大变革》对"数据"作如此描述："计量和记录一起促成了数据的诞生，它们是数据化最早的根基。"[②]基于这种理解，大数据证据的产生不过是信息"记录"技术的科技成果，而大数据证明则是信息"记录"技术所带来的信息"计量"技术的方法挑战。所谓计量，一般是指按照某种统一标准实现准确可靠的量值测量。

换言之，要从技术上讨论大数据证明的"计量"问题，需从计量的技术标准与计量的技术方法两方面展开。司法证明中，大数据计量的技术标准，也即大数据在技术处理上的计算依据，涉及相关关系[③]与因果关系之辨析。

司法证明活动中，大数据技术处理所采用的计算依据取决于实体法规范的要求。大数据证据的证明对象是以（实体法所调整的）"行为"为主要内容的待证事实，包括行为后果事实、行为情节事实等，而实体法对"行为"待证事实中"行为与后果""行为与情节"之间的"联系"要求是十分明确的，即要求存在行为上引起与被引起的因果关系。

刑法学领域认为，"一个人只能对自己的危害行为及其造成的危害结果承

---

① 笔者在参加公安部某次大数据研讨会时，有侦查干警提出，当前侦查领域的大数据分析因输出数据太大反而变成了个案侦查的干扰。

② ［英］维克托·迈尔·舍恩伯格著，盛杨燕、周涛译，《大数据时代：生活、工作与思维的大变革》，杭州，浙江人民出版社，2013 年，第 105 页。

③ 这里的"相关关系"是哲学意义上的语用，它不等同于法律意义上的相关性。

担责任。因此，当危害结果发生时，要确定某人应否对该结果负责任，就必须查明他所实施的危害行为与该结果之间是否具有因果关系。危害行为与危害结果之间的因果关系，是指犯罪构成客观方面要件中的危害行为同危害结果之间存在的引起与被引起的关系。"[1] 在民事领域，因果关系是侵权行为民事责任的构成要件。"因果关系，是指侵权人实施的违法行为和损害后果之间存在因果上的联系。"[2] "民法因果关系和刑法因果关系同属法律因果关系，有其共同性。特别是民事侵权行为和刑事犯罪行为的关系尤为密切。"[3] 不论是刑事实体法还是民事实体法（尤其是民事侵权行为），他们对行为与其相应后果、情节等结果事实之间的"联系"要求是一种"行为因果关系"，而非哲学意义上的"相关关系"。

因而，在司法证明领域，大数据在技术处理上的计算依据，或说大数据计量的技术标准是十分明确的，即实体法规范所提出的行为因果关系。事实证明是为了实体法规范的适用，司法证明的应有价值必然取决于实体法规范的需求。这意味着，实体法规范的价值目标决定了司法证明的方法要求。基于此，大数据证明的方法本质可以归纳为：从相关关系的大数据中"挖掘"出具有行为因果关系的数据。至于如何"挖掘"则涉及计量方法问题，也即大数据计算模型的构建问题。

大数据证明的方法本质是从相关关系的大数据中"挖掘"出具有行为因果关系的数据，这决定了大数据证明计量方法的要求。也就是说，以大数据建模为核心的计量方法应当能够将具有因果关系的数据从相关关系的大数据中"挖掘"出来，其技术关键是因果性数据的"辨别"。

关于如何从技术上"辨别"数据，物证技术学领域的同一认定理论对该问题的思考有所裨益。在物证技术领域中同一认定就是通过对先后出现的客体留下的特征反映体进行检验，解决先后出现的客体是否同一的一种辨别方法。同一认定理论表明了作为中介的"特征反映体"是辨别此客体与彼客体的关键。这意味着数据的"辨别"势必也要基于某种类似"特征反映体"的实体。在网络环境下，这种"特征反映体"显然不再是一种物质性的反映形象或分离体，而应是某种具有类似"特征反映体"功能的信息。这种信息可以在相对概率上反映该客体与其

---

① 王作富，《刑法》（第二版），北京，中国人民大学出版社，2004 年，第 58 页。
② 王利明，《民法》（第四版），北京，中国人民大学出版社，2008 年，第 678 页。
③ 魏振瀛，"论构成民事责任条件的因果关系"，《北京大学学报》，1987 年第 3 期，第 95 页。

他客体（个体或类型）有所不同，或者该客体与另一客体之间具有相互指向关系，它们可统称为"特征信息"。

在自然科学领域，人工智能识别技术对特征信息的运用，对数据"辨别"的技术研究也有重要的启发意义。"我们想要构建一个简单的人工智能系统，它能够像人类一样区分变色鸢尾和山鸢尾。像这样完成分类任务的人工智能系统，被称为分类器（classifier）。图 5.3 展示了整体系统的流程。当看到一朵鸢尾花时，首先提取它的特征，然后将这些特征输入到训练好的分类器中，分类器就能够根据这些特征做出预测，输出鸢尾花的品种。"[1] 这种特征的提取在人工智能识别的初级阶段主要依赖于经验。

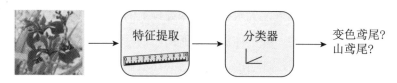

图 5.3　特征提取与分类器

随着人工智能技术的发展，深度神经网络极大地提高了特征提取与分类器的工作效率。"深度神经网络之所以有这么强大的能力，就是因为它可以自动从图像中学习有效的特征……深度神经网络学习的特征也逐渐替代了手工设计的特征，人工智能也变得更加'智能'……如图 5.4 所示，在传统的模式分类系统中，特征提取与分类是两个独立的步骤，而深度神经网络将二者集成在了一起。"[2]

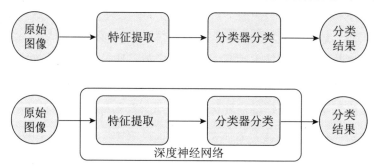

图 5.4　基于深度神经网络的特征提取与分类器

---

① 汤晓鸥、陈玉琨，《人工智能基础》（高中版），上海，华东师范大学出版社，2018 年，第 21 页。
② 汤晓鸥、陈玉琨，《人工智能基础》（高中版），上海，华东师范大学出版社，2018 年，第 53 页。

人工智能识别技术发展到今天，已经全面运用于各个领域，如人脸识别、视频监控、识文断字、听声辨曲甚至是阿尔法狗的围棋程序。这一切的逻辑基础都是基于特征提取的分类方法。

特征信息是此事物区别于彼事物的认知"锚"点。不论是社会科学领域的同一认定理论还是自然科学领域的人工智能识别技术，都已经确定无疑地证明了这一结论。那么，大数据证明所要解决的数据"辨别"问题也不能例外。大数据证明的数据"辨别"与同一认定理论、人工智能识别的区别在于前者的对象是"数据"，依据是"行为因果关系"。即大数据证明的技术关键是利用行为特征信息将具有行为因果关系的数据从大量数据中"测量"出来。

二、大数据证明的建模方法

大数据证明的实践价值是解决网络信息行为的后果情节证明问题，其方法本质是从相关关系"挖掘"出行为因果关系，其技术关键是因果性数据的"辨别"。这决定了司法证明领域的大数据建模应当主要基于反映行为因果关系的特征信息。基于行为特征信息的大数据建模，可以简称为"行为建模"。目前大数据行业普遍采用的、以统计方法为基础的建模方法，则可以简称为"统计建模"。"统计建模"在建模方法和证明功能上与"行为建模"大不相同。

顾名思义，所谓统计建模，是基于统计学的计算模型构建。从大数据实践来看，统计建模主要有基于关联因子的统计建模、基于趋势指标的统计建模和基于聚类特征的统计建模三类主流方法。基于关联因子的统计建模，是指根据具有相关关系的因子形成参数体系进行统计分析的方法。比如，在大数据侦查领域，有人通过分析与业务风险相关的因子，如合规性指数、收益率偏离指数、投诉举报指数、传播力指数、特征词命中指数等构建统计参数体系，进而判断 P2P（Peer to Peer）网贷平台是否存在"爆雷"风险。基于趋势指标的统计建模，是指根据投产比、转化率、偏离率等指标的偏离异常进行统计分析的方法。比如，诸多互联网企业会通过分析注册成功转化率等指标来判断市场渠道质量及是否存在作弊行为。[①] 受益于趋势统计建模的思维，诸多单位已经建立了针对每一位员工的业

---

① 张溪梦等，《首席增长官》，北京，机械工业出版社，2017，第 131 页、第 173 页。

绩大数据监管平台。基于聚类特征的统计建模，是指根据行业、商品、人群等类型特征进行统计分析的方法。这种统计建模，最常见的是电子商务平台的广告推送，即根据用户购买的商品类型及消费习惯进行聚类分析并以此形成算法智能推送广告。

统计建模主要是基于业务行为的结果数据所进行的分析。因而，从结果数据的统计分析自然可以反向发现业务行为所存在的问题，包括违法犯罪行为。从证据意义上讲，统计建模能够用于发现违法犯罪行为后确定证据调查方向，划定证据存在范围。

然而，统计建模只注重"相关关系"，不注重"因果关系"。如果把统计建模作为大数据证明的主要技术方法，一般会面临合理性与科学性的质疑，作为间接证据或辅助性证据则另当别论。正如法理学领域学者所说："证明过程需要依照理性的标准，发现案件事实真相……统计数据或数量上的可能性只是针对某类事物的一般描述，不能成为个人的具体事实。如果审判者仅仅根据统计数据，宣布某人的罪行成立，就违背了罪责自负的原则，因为没有充分理由足以让人相信，这是一个真实的案件事实。与统计数据相对，个别的、具体的证据是证明案件事实成立、保障罪责自由的理由。因此，在证明过程中，统计数据不能单独成为确定案情真实的依据，必须与个别的、具体的案件证据相一致，相配合。"[①] 按此理解，统计建模所体现的"相关关系"只是"某类事物"在统计数据或数量上的可能性，而不具备个别的、具体的"因果关系"指向性。从这个意义上讲，统计建模不符合司法证明的理性标准。

相反，行为建模是一种能够反映行为因果关系的建模方法，具备司法证明的理性属性。行为建模的依据是个案中具体违法犯罪行为所遗留的特征信息，这种特征信息由人的具体行为所引起、产生、遗留。换言之，基于这种特征信息的大数据计算结果就能够从一定程度上反映具体行为与相应数据（行为后果、行为情节）之间的因果关系。鉴于个案的特殊性，行为特征信息的提取往往与个案行为方式及其所涉及的网络信息系统直接相关。因而，大数据的行为建模是一种具有

---

① 夏勇，《法理讲义—关于法律的道理与学问（下）》，北京，北京大学出版社，2010年，第662-663页。

个案针对性的具体技术方法。

比如，在一起虚假流量诈骗案件中，某广告商通过伪造虚假用户流量骗取互联网企业网络直播业务推广的广告费。该互联网企业通过投资回报率的统计分析发现，前述广告商的推广渠道之中，IP 段尾数大于 20 的注册用户计算出的投资回报率明显低于 IP 段尾数小于或等于 20 的注册用户；通过不同广告商的渠道比较分析发现，该广告商的推广渠道之中，使用同一支付账户充值的用户数量比例明显高于其他广告商（使用同一支付账户充值的用户数量）的比例；同时，在该广告商的子渠道中，存在大量使用同一支付账户充值超过 100 个注册账户的情形。以上是本案的统计建模分析。基于此，侦查人员发现该广告商存在伪造虚假广告流量的较大可能性，进而确定了侦查方向及涉案大数据证据存在的可能范围。

在统计建模确定大数据证据的存在范围后，需要通过行为建模来查明诈骗行为的具体实施过程，进而确定准确的诈骗数额。从伪造虚假广告流量的行为特征来看，使用同一支付账户给 5 个以上注册用户进行充值一般可认为是反常行为。根据这种反常行为的特征构建计算模型，可以发现：前述范围的大数据中，有 113 个支付账户符合上述反常行为的特征，这些支付账户的充值对象涉及 12276 个注册账户；在 113 个支付账户中，有 4 个支付账户给大量注册用户充值，分别涉及 4827、2174、1513、739 个注册用户；进一步对 4 个支付账户中的 2 个主要支付账户进行消费数据的行为分析，发现这 2 个支付账户的直播消费房间数量分别为 6 个和 4 个（即前者之中 4 个）；分析上述 6 个房间（主播）账户的提现行为，发现相关资金又被提现到最初充值的这 2 个主要支付账户。

以上行为建模分析，还原了该广告商通过注册、充值、消费、提现实施诈骗行为的整个"闭环"过程。显然，符合账户循环充值提现行为特征的涉案数据可以确定性地判断为诈骗金额。鉴于上述行为建模能够反映诈骗行为与诈骗数额之间的行为因果关系，因而其结论数据可以作为本案的定罪依据。然而，本案还存在漏算数额的可能，如使用 2 个主要支付账户以外的其他账户进行充值提现，以及使用 2 个主要支付账户充值后并非提现到初始账户等情形。基于上述考虑，可以把统计建模的分析结论作为量刑参考。

再如，在某刷单骗保案中，嫌疑人通过虚假购物并退货的方式骗取运费险赔付费。该案的实施过程是：第一步，嫌疑人首先购买一千多个某电商平台的账号

（俗称"小号"），将自己控制的前端店铺全部开通运费险。第二步，嫌疑人使用小号在前端店铺购买一元商品并批量申请退货，同时在前端店铺批量确认退货。第三步，退货后电商平台自动支付运费险赔付费给小号。第四步，嫌疑人使用小号所收到的赔付费虚假购买、发货、收货，将钱款转移到正常经营的后端店铺后提现。

该案的核心问题是如何从交易大数据中"挖掘"出具有行为因果关系的骗保数额。在订单数据中，"收货地址"往往能够反映行为主体的特征信息；"小额支付"往往能够反映行为方式的特征信息，"IP 地址"则一定程度上能够反映行为空间的特征信息。"收货地址""小额支付""IP 地址"这三种数据都是由刷单骗保行为所引起，具有行为上的因果关系。以"收货地址""小额支付""IP 地址"这三个特征信息进行建模，本案最终共"挖掘"出骗保金额 1150 余万元。

综上可见，行为建模能够反映行为与其相应后果、情节的因果性，因而是大数据证明的主要技术方法。因为行为建模是基于行为特征信息的提取，所以行为建模在行为因果关系上的强弱与行为特征信息的特征反映度密切相关。

换言之，行为建模不仅能映行为的因果性，还能反映因果性的强弱程度。也就是说，行为建模的因果性是具有可解释性的。诚如法理学领域所提示，理性证明应当是"有充分理由足以让人相信"。这与证据法学领域的"说服责任"不谋而合。如果大数据证明不能进行充分地解释，那么势必无法说服别人、让人信服。因而，大数据证明的可解释性是理性证明的必然要求。

行为建模的可解释性体现在两个方面：一方面，行为建模具有行为因果关系上的可解释性。如在上述虚假流量诈骗案件中，通过行为建模分析，可以还原广告商骗取广告费行为的整个过程，而各个行为环节在引起与被引起的行为因果关系上也是明确可知的。另一方面，行为建模在行为因果关系上的强弱程度也是可解释的。比如，在上述刷单骗保案中，虽然行为建模使用了"收货地址""小额支付""IP 地址"这三个行为特征进行分析，然而这三个特征在行为因果关系上的反映性有强有弱。作为特征信息，"收货地址"一般具有很强的特征反映性，以此为基础的行为建模及其所得数据的特征反映性也必然很强。相对而言，"小额支付""IP 地址"对违法犯罪行为的特征反映性并不够高，更适宜用作辅助印证。

最后，虽说行为建模对行为因果关系的"挖掘"与证明具有重要意义，但是统计建模在确定证据调查方向与指明证据存在范围上的作用也不容忽视。从司法实务意义上讲，一般先通过统计建模确定行为因果关系数据是否存在或其范围，而后通过行为建模完成行为因果关系的证明。从"相关关系"到"因果关系"实际上是从宏观到微观、从抽象到具体、从整体到部分的过程。

三、大数据证明的制度保障

因为大数据在证据形式上的特殊性和在证明方法上的特殊性，使得它的运用和证明必然会对传统证据制度带来极大的冲击。从理论上讲，证明方法的实践突破会影响诉讼程序的证据规范设计。"诉讼程序的法律规定和实践的许多差异，在很大程度上是证明方法的规范模式和实践形态的不同知识特征所产生的程序效应。"[1]

大数据证明首先挑战的是传统的原始证据规则。如上文所述，大数据证明的运用在原则上应当采取间接运用模式。那么，大数据证明面临的首要挑战就是一条具有悠久历史的证据法则，即原始证据规则。原始证据规则最早起源于文书的最佳证据规则。我国《民事诉讼法》第 70 条规定"书证应当提交原件""物证应当提交原物"[2]，《关于适用〈中华人民共和国刑事诉讼法〉的解释》第 70 条、第 71 条规定"据以定案的物证应当是原物""据以定案的书证应当是原件"。[3]《关于办理刑事案件收集提取和审查判断电子数据若干问题的规定》（以下简称《电子数据规定》）第 8 条也确立了"收集、提取电子数据，能够扣押电子数据

---

[1]　周洪波，"比较法视野中的刑事证明方法与程序"，《法学家》，2010 年第 5 期，第 30 页。

[2]　2017 年《民事诉讼法》第 70 条规定：书证应当提交原件。物证应当提交原物。提交原件或者原物确有困难的，可以提交复制品、照片、副本、节录本。提交外文书证，必须附有中文译本。

[3]　2012 年《最高人民法院关于适用〈中华人民共和国刑事诉讼法〉的解释》第 70 条规定：据以定案的物证应当是原物。原物不便搬运，不易保存，依法应当由有关部门保管、处理，或者依法应当返还的，可以拍摄、制作足以反映原物外形和特征的照片、录像、复制品。物证的照片、录像、复制品，不能反映原物的外形和特征的，不得作为定案的根据。物证的照片、录像、复制品，经与原物核对无误、经鉴定为真实或者以其他方式确认为真实的，可以作为定案的根据。第 71 条规定：据以定案的书证应当是原件。取得原件确有困难的，可以使用副本、复制件。书证有更改或者更改迹象不能作出合理解释，或者书证的副本、复制件不能反映原件及其内容的，不得作为定案的根据。书证的副本、复制件，经与原件核对无误、经鉴定为真实或者以其他方式确认为真实的，可以作为定案的根据。

原始存储介质的，应当扣押、封存原始存储介质"的基本原则。①

然而，以"提交原始证据"为基本原则的制度规范设计并不能适用于大数据，因为大数据以"不提交原始证据"为常态。在大数据的司法运用中，显然不能再局限于原始证据规则的形式要求，而应追问原始证据规则的目的本质。从文书最佳证据规则的起源来看，正如威格默所说"对文书的原始性要求是少数几个能够追溯到1700年以前的规则之一"②，它的目的在于保持文书的"原始性"。从证据的价值与功能来看，保持证据的"原始性"显然更有利于发现事实真相。经过复制、复印、传抄、转述等中间环节形成的传来证据，容易造成证据信息的"失真"。不论从最佳证据规则的起源描述（即"原始性"）还是对原始证据规则的价值功能探讨，都可以发现其核心精神是："保持证据信息的原始性"，以免"失真"。这意味着，对于大数据证据的间接运用而言，如果有合适的方法手段或制度规范能够保障大数据的证据信息不会产生"失真"，那么就可以不必苛求于最佳证据规则的形式遵守。

如何保障大数据的证据信息不会"失真"？可以借鉴有关电子数据最佳证据规则的例外条款。《电子数据规定》第9条规定："无法扣押原始存储介质的，可以提取电子数据，但应当在笔录中注明不能扣押原始存储介质的原因、原始存储介质的存放地点或者电子数据的来源等情况，并计算电子数据的完整性校验值"；第22条规定："对电子数据是否真实，应当着重审查以下内容：（1）是否移送原始存储介质；在原始存储介质无法封存、不便移动时，有无说明原因，并注明收集、提取过程及原始存储介质的存放地点或者电子数据的来源等情况；（2）电子数据是否具有数字签名、数字证书等特殊标识；（3）电子数据的收集、提取过程是否可以重现；（4）电子数据如有增加、删除、修改等情形的，是否

---

① 《关于办理刑事案件收集提取和审查判断电子数据若干问题的规定》第8条规定：收集、提取电子数据，能够扣押电子数据原始存储介质的，应当扣押、封存原始存储介质，并制作笔录，记录原始存储介质的封存状态。封存电子数据原始存储介质，应当保证在不解除封存状态的情况下，无法增加、删除、修改电子数据。封存前后应当拍摄被封原始存储介质的照片，清晰反映封口或者张贴封条处的状况。 封存手机等具有无线通信功能的存储介质，应当采取信号屏蔽、信号阻断或者切断电源等措施。

② 易延友，"最佳证据规则"，《比较法研究》，2011年第6期，第96页；

John Henry Wigmore, revised by Peter Tillers, Evidence in Trials at Common Law Vol.IV, Little Brown and Company, Boston, 1983, 406.

附有说明；（5）电子数据的完整性是否可以保证。"值得注意的是，最佳证据规则的例外规定往往都存在"保持证据信息的原始性"的规范或技术保障。如前述副本的"一致性"是电子数据原始证据规则例外规定在制度规范上的要求，前述"提取过程""来源""完整性"等要求则是其技术手段上的保障。从某种意义上讲，这其实是通过取证程序的规范性来保障证据本身的可靠性。

换言之，解决大数据的原始证据规则问题的关键在于：如何借鉴电子数据原始证据例外规则在制度规范和技术手段方面所提出的要求，基于大数据的特殊性，制定一套科学合理的规范体系。构建大数据的取证规范体系，首先应当确立"保证证据信息原始性"的基本原则。在此基础上，可以从证据来源审查、取证过程记录、取证结果固定及取证主体资格等方面具体展开：首先，对大数据的来源做充分审查与固定。既包括对证据持有人、证据管理人等数据主体的审查，也包括对网络环境、系统架构、数据格式、数据定义等技术细节的固定。由于网络信息环境的特性，后者往往还有助于前者的确定。证据来源的有效固定往往关系到大数据证据的证明力。其次，对大数据的现场取证过程做充分记录与固定。如前文所述，大数据的计算模型及其构建方法往往直接决定了结果数据及分析结论的可靠性。因而，现场取证过程的关键是对大数据分析所使用的计算模型及其构建方法做详实记录并予说明。这直接影响到大数据证据的可信度，关系到大数据证明的成败。再次，对大数据分析的结果数据及分析结论做必要记录与固定，也可以附必要的解读说明。此为大数据取证的程序性要求，有利于与后续举证、质证、认证环节的衔接。此外，还可以对大数据取证主体的资质或能力做必要审查。就大数据取证主体而言，司法鉴定人与专家辅助人通常是我国当下司法制度下最为重要的角色选择。在制度设计上可以将资质或能力作为取证主体的可选条件之一，平衡能力与资质的关系，以免出现"能者不会""会者不能"的怪现象。

大数据证明其次挑战的是传统的质证规则。在间接运用模式下，大数据证据既可以表现为司法鉴定人的鉴定报告或专家辅助人的专业意见，也可以表现为司法人员的勘验检查笔录、当事人的书证或陈述意见乃至证人证言。[1] 在此情形下，

① 刘品新，"论大数据证据"，《环球法律评论》，2019 年第 1 期，第 23 页。

质证对象往往是大数据分析的结果数据或分析结论，以及包含或随附的证据来源信息、取证方法过程、取证结果固定情况，等等。

从形式质证上看，对于间接运用的大数据，可以借鉴勘验检查笔录或司法鉴定报告等的质证方法展开。如，大数据分析的结果数据或分析结论是否由相应资质或能力的技术专家所作出，是否对大数据的证据来源作了充分审查与固定，是否由取证人员签字确认等。同时，鉴于大数据在技术方法上毕竟存在专门领域的特殊性，以建模为核心的技术方法应当始终是大数据质证的焦点问题，认证也不例外。

从实质质证角度而言，大数据的间接运用应当重点考虑质证权利规则的构建。显然，在大数据并非直接举证的情况下，质证方无法对大数据进行直接分析与质证，这实际上已经在一定程度上削弱乃至剥夺了质证权利。为了保障质证权利，从表面上看，允许质证方申请到大数据取证现场进行"重新"检验似乎是最为妥当的做法。然而，假如采取这种规则设计，势必面临另一种权利受到侵犯的风险。大数据往往涉及大量的个人信息与商业秘密，质证方的"重新"检验会使数据信息内容"一览无余"，这极易导致对举证方或相关人的权利侵犯。

在此情形下，有必要引入一个中立性组织来缓和质证方与举证方及相关人之间的权利冲突。从目前来看，既具有法定保密义务又具有专业技术能力的司法鉴定机构可能是较为合理的中介选择。换言之，在举证方或相关人反对质证方"重新"检验的情况下，可以通过赋予质证方无条件申请司法鉴定机构到大数据现场进行"重新"检验的权利，以弥补质证权利的缺失。

最后，大数据证明还对技术方法标准的合法性形成挑战。如前文所述，作为一种新兴科学证据，技术处理方法不仅关系到大数据证据的证据能力也关系到大数据证据的证明力。在美国，技术方法的科学性审查是法官的"看守职责"，这直接涉及科学证据能否进入陪审团的"视野"。在我国，法官一般不会对技术方法的合规性进行直接审查，而是将其交由司法鉴定管理制度去控制。法官往往对司法鉴定报告进行形式审查，如是否由具备鉴定资质的司法鉴定机构作出、是否盖印司法鉴定专用章等。

司法鉴定管理制度对技术方法的控制标准决定了大数据能否顺利通过司法鉴定的途径进入司法领域。目前，我国司法鉴定管理制度对司法鉴定的技术方法标准采取的是严格"法定"的态度。详言之，虽然司法部 2007 年《司法鉴定程序通则》第 22 条规定允许采用"司法鉴定机构自行制定的有关技术规范"开展鉴定，然而司法部在 2016 年修订《司法鉴定程序通则》时却取消了该条款。[①]"司法鉴定机构自行制定的有关技术规范"一般被理解为技术方法标准的保留，在国家标准、行业标准不能及时更新的情况下，可以作为新兴技术方法的例外允许。新修订《司法鉴定程序通则》不再允许"司法鉴定机构自行制定的有关技术规范"，这已经关闭了新兴技术方法的"自制"空间。

关闭了新兴技术方法的"自制"空间，显然是不妥当的。从技术发展来看，科学技术显然永远是"开放"的。国家标准、行业标准需要一个"成熟"的过程，不可能跟得上技术发展的变化，即使是专业领域的同行专家，也很难就某一个新的技术问题迅速达成共识。因此，在制度设计上，应当允许少数司法鉴定机构与技术专家先行"发明"并运用某些新兴技术方法的例外情形。否则，包括大数据建模在内的新兴技术方法将会受制于现行司法鉴定管理制度的约束而无法在司法领域运用。

从法律运用来看，美国对科学证据的技术方法审查也是采用相对"开放"的标准。在 1993 年，美国最高法院在多伯特诉梅里尔·道药品公司一案中针对科学证据做出了一项里程碑式的裁决。此案判决在阐释《联邦证据规则》第 702 条以及 703 条规则的基础上，提出著名的四项新标准，即著名的"多伯特规则"："（1）科学技术的正确性是否已经或可以被检验；（2）这个理论或技术已经由同行复核和公开发表；（3）应该考虑已知的或潜在的错误发生率；（4）法院应该考虑该技术在科学团体内的接受程度。"[②] 其中，第（1）项的"可检验"标准和第（3）项的"错误率"标准可以认为是技术方法审查的自然科学标准，它是以自然科学的技术验证来判断；而第（2）项的"同行认可"和第（4）项的"团体

---

① 司法部在 2007 年制定的《司法鉴定程序通则》第 22 条规定，"司法鉴定人进行鉴定，应当依下列顺序遵守和采用该专业领域的技术标准和技术规范：（一）国家标准和技术规范；（二）司法鉴定主管部门、司法鉴定行业组织或者相关行业主管部门制定的行业标准和技术规范；（三）该专业领域多数专家认可的技术标准和技术规范。不具备前款规定的技术标准和技术规范的，可以采用所属司法鉴定机构自行制定的有关技术规范。"2016 年该条款被修订为："司法鉴定人进行鉴定，应当依下列顺序遵守和采用该专业领域的技术标准、技术规范和技术方法：（一）国家标准；（二）行业标准和技术规范；（三）该专业领域多数专家认可的技术方法。"

② 张君周，"论法官对科学证据的审查"，《法律科学》，2008 年第 6 期，第 64 页。

接受"则可以认为是社会科学标准，它是通过专业领域的同行认可来判断。这四项科学证据标准显然都不是通过"国家标准""行业标准"等形式进行"法定"控制的。

在科学证据的技术方法已经相对成熟的情况下，通过"国家标准""行业标准"等形式进行"法定"控制是有益的，这能够保持技术方法的稳定性进而确保科学证据的可靠性。然而，过于严格地限制技术方法的准入标准则会对新兴科学证据的技术方法运用形成掣肘，在制度设计上应当做好技术方法的例外保留。

因而，《司法鉴定程序通则》应当恢复"司法鉴定机构自行制定的有关技术规范"的条款设计，以使大数据建模等新兴技术方法得以合规合法地进入司法鉴定领域并发挥其应有的价值。

综上，大数据的直接运用模式是将其原始载体或等量复制数据直接作为证据使用；间接运用模式是将筛出的"小"数据或分析结论作为证据使用。二者都无法回避大数据建模这个技术方法问题。大数据证明的实践价值取决于实体法规范，方法本质是从相关关系"挖掘"出行为因果关系，技术关键是因果性数据的"辨别"。统计建模反映相关关系，可用于证据调查。行为建模反映行为因果关系，具有可解释性，可直接作为大数据证明的技术方法。应基于"保证证据信息原始性"的基本原则构建大数据取证规范体系，可赋予质证方无条件申请司法鉴定的权利以弥补质证权利的缺失，应纠正司法鉴定管理制度对技术方法的限制以破除科学性审查的掣肘。

第三节　网络犯罪主体之同一认定

任何犯罪行为终究都要落实到"人"的身上才能进行惩处，因而网络犯罪的主体认定关系到大模型"主观—人—机器—数据—行为—后果"中的核心因素，即"人"的确定。在网络行为证明中，"人"的确定往往要基于传统同一认定理论在网络环境下的理解而展开。

比如，在 2017 年，某互联网公司发生了一起网络入侵案，作案人采用 VPN

代理方式①冒用高管账户登录公司服务器并多次窃取商业秘密。接到报案之后，侦查人员首先分析了作案时间，确认这一系列网络入侵行为集中在 2017 年 8 月 4 日至 9 月 30 日。通过对该公司服务器的安全日志与安全漏洞的排查，侦查人员判断这些入侵很可能是通过公司内部网络登录实施的，因此就在公司内部查找作案人使用的电脑。经过大量的数据分析，侦查人员发现某员工的账户与该被冒用的高管账户之间存在连续时间内同机（IP 地址）登录公司服务器的情况，并由此认定上述入侵行为使用的就是该员工的苹果牌电脑。这是对电脑的同一认定。

然而，这个物体同一认定并未完成本案的侦查任务，因为认定入侵行为使用的电脑并不等于认定入侵行为人。该员工可能否认那些入侵行为，而且客观上也确实存在着其他员工使用该电脑进行入侵或者该电脑被外人入侵为"黑客肉机"的可能性。因而，侦查人员必须根据这个物体同一认定再去搜寻线索和证据，以便最终完成对作案人的同一认定。

一、网络犯罪主体同一认定的主要方法

作为行为的工具，电子设备和数据信息都可能含有因使用工具所遗留的、反映行为主体身份的客体特征。同时，行为是特定主体的行为，行为痕迹也可能含有反映行为主体身份的客体特征。因而，从理论上讲，电子设备、数据信息、行为痕迹这三类客体特征都可能用于网络犯罪主体的同一认定。

首先是以电子设备为中介的同一认定。它是指通过收集电子设备的硬件系统（计算设备、网络设备、存储介质等）和以操作系统为代表的软件系统的特征信息来认定网络信息行为人的方法。②以电子设备为中介的同一认定，主要有外观信息认定法、系统信息认定法和地址信息认定法。前者纯粹是传统时空环境下的同一认定问题，后二者则涉及网络信息环境的问题。

---

① VPN 是虚拟专用网络（Virtual Private Network）的简称。在网络犯罪中，作案人为了达到掩盖真实身份的目的，往往通过 VPN 代理方式访问目标地址。在此方式下，作案人首先访问的是 VPN 服务器，然后由 VPN 服务代理转发真正的访问需求。由于网络犯罪中所使用的 VPN 服务器一般是非法设立或设立于境外，因而无法通过 VPN 服务器反查发起访问的真实网络用户。
② 虽然从技术上讲应用程序和代码指令也属于软件系统的组成部分，但是考虑到它们在行为上与数据信息的产生具有更直接的关系，因而将其归入以数据信息为中介的同一认定。

外观信息认定法，就是根据电子设备的外观特征来认定网络信息行为人的方法。比如，通过核对电脑或硬盘的型号、序列号等外观特征及其与购买发票、财务记录、资产登记等相关材料的一致性来认定相关主体的身份。通过电子设备表面上所附的指纹、毛发等生物特征来认定行为主体，这也可以认为是外观信息认定法的另一种表现形式。作为传统时空环境的问题，外观信息认定法往往只能认定电子设备的权属人或者曾经的使用人，如果要确定某一次具体网络信息行为的实施主体，则还有赖于从网络信息环境下寻找其他各种特征信息进行综合认定。

系统信息认定法，则是根据电子设备的系统信息来认定网络信息行为人的方法。比如，通过检查系统的账户名称、开关机时间、使用时间以及开机密码等来判断相关网络信息的使用者。由于电子设备的系统信息已经涉及网络信息环境的问题，因而运用这种方法时会遇到网络信息环境与传统时空环境的一致性问题。比如，计算机系统的时间与自然时间是否一致，网络账户所显示的名称与自然人的真实身份是否一致，等等。这些问题的解决往往需要通过寻找更多的特征信息来完成。随着信息系统在安全性上的提高，系统信息认定法具有越来越广阔的运用空间。可以想象，如果电脑、手机等电子设备的开机密码谁都破解不了，那么某人主张相关数据信息并非他本人所为，显然不能成立。

地址信息认定法也是认定网络犯罪主体的重要方法，它是通过电子设备的网络地址信息来认定网络信息行为人。在诸如网络入侵的专业犯罪案件中，IP地址与MAC地址经常被认为是行为主体认定的关键性证据。这种认定方法是否可靠往往与具体技术方案有关。比如，在互联网环境下，如果将IP地址（IPv4）作为特征信息，它往往缺乏特定性，即只能指明区域范围。但是，如果在局域网环境或区域网环境下，它的指向性与精确性又有所提高。后者如，在快播案中，审判机关就根据涉案服务器内用户远程登录日志的8个IP地址认定快播公司就是行为主体[1]。人们已经认识到IPv4地址存在的技术管理缺陷，因而在认定行为主体时更倾向于采取MAC地址。MAC地址是电子设备出厂时预置绑定的唯一性信息，这使得这种地址特征信息具备良好的特定性。当然，无论是MAC地址还是IP地址，也不论是IPv4还是IPv6、IPv9，它们都存在伪造、变造与掩藏的潜

---

① 北京市海淀区人民法院刑事判决书（2015）海刑初字第512号。

在问题。也就是说，这些地址特征信息都存在质量隐患，它们的特定性是以假定真实为前提的。

以电子设备为中介的同一认定，其优点是能够同时解决网络信息环境与传统时空环境的主体同一问题，因为电子设备既是传统时空环境的组成部分也是网络信息环境的组成部分。同时，这种认定方法的缺点也是十分明显的，即这种方法的运用必须依赖于对作案电子设备的审查，如果找不到电子设备或者读取不到数据也就无法运用这个方法。实际上，这已经从客观条件上极大限制了这种方法在网络犯罪侦查中的运用。

其次是以数据信息为中介的同一认定。与以电子设备为中介不同，以数据信息为中介的同一认定完全有可能摆脱对作案人电子设备的审查依赖。它是通过分析各种类型数据信息以及相关应用程序、代码指令等，以其中所含有的特征信息来认定网络信息行为人。显然，这种认定方法所基于的数据信息不仅可以来自于作案人的电子设备，也可以来自于网络服务器或行为对象的电子设备。这就使得这种同一认定方法具有更大的适用空间。

根据特征信息的数据形式不同，这种同一认定方法又可以进一步区分为密码认定法与明文认定法。前者所依据的特征信息是一种包含密码变换算法的加密信息，后者则是人们可以直接识别的"明文"。一般来说，采用密码认定法更有利于确定个体身份，因为作为加密的特征信息其特定性更强，因而特征质量相对较高。

密码用于信息的加密，它的目的是只让某些特定的人知道或利用特定信息的内容，即解密。加密与解密正是利用密码这种特殊信息对特定人的信息对称性及其对一般人的信息不对称性来达到信息利用与信息保护的目的。密码学领域根据加密方与解密方所使用的密钥是否相同，将密码进一步区分为对称密码与非对称密码[①]，这是对密码信息本身所采取的不同安全策略。密码在信息上的对称性与不对称性及其程度直接决定了密码的安全可靠性，也直接决定了密码特征信息的特定性及其强度。

根据密码表现形式的不同，密码认定法又可以分为电子签名认定法、应用账户认定法、代码指令认定法。电子签名认定法，顾名思义，就是指以电子签名来

---

① 王秋红，"密码学基本原理综述"，《科技资讯》，2011 年第 33 期，第 52 页。

认定行为主体的方法。我国 2005 年《电子签名法》第 2 条第 1 款将电子签名定义为：数据电文中以电子形式所含、所附用于识别签名人身份并表明签名人认可其中内容的数据。第 13 条第 1 款又进一步规定了可靠电子签名：（1）电子签名制作数据用于电子签名时，属于电子签名人专有；（2）签署时电子签名制作数据仅由电子签名人控制；（3）签署后对电子签名的任何改动能够被发现；（4）签署后对数据电文内容和形式的任何改动能够被发现。从上述定义不难看出，电子签名含有识别签名人身份的特征信息，在可靠电子签名之中这种特征信息的指向性非常好。比如，人们从不怀疑用网络银行的优盾或密码器等可靠电子签名所实施的转账汇款行为。

应用账户认定法，是通过应用程序的账户密码的指向性特征来认定网络信息行为人的方法。应用程序的账户密码能否足以认定相关主体的身份，这既与账户有关也与密码有关。一方面，这取决于应用账户是否具有足够强的指向性。鉴于我国网络实名制[①]的要求，互联网环境下的应用账户一般都具有很强的指向性。在区域网或局域网环境下则未必如此，这是因为此时并不受网络实名制的约束。另一方面，密码的安全性也会影响行为主体的认定。就以人们经常使用的微信来说，在早前旧版本中，微信账户密码采用的是一次验证，即输入密码时即可在任何设备上登录微信。在这种弱安全方案下，微信账户就有较大可能性被窃用。随着微信版本的升级，它现在采用了新设备"密码＋短信验证码"的二次交叉认证，这就使得密码安全性得到了极大的提高。总言之，只有账户的指向性与密码的安全性同时成立，才能得到账户密码"整体"特征具有较高质量的结论。

代码指令认定法，是指以代码指令所包含的特征信息来认定网络信息行为人的方法。这种方法在类似网络入侵、病毒木马等专业性案件中运用价值极大。比如，在温州"八·一"广电案中，温州有线电视网络系统机顶盒遭黑客攻击，出现一

---

① 我国在 2000 年《关于维护互联网安全的决定》中首次确立了网络实名制，该决定第 6 条规定：网络服务提供者为用户办理网站接入服务，办理固定电话、移动电话等入网手续，或者为用户提供信息发布服务，应当在与用户签订协议或者确认提供服务时，要求用户提供真实身份信息。随后，2015 年的《网络安全法》再次确认了网络实名制，该法第 24 条第 1 款规定：网络运营者为用户办理网络接入、域名注册服务，办理固定电话、移动电话等入网手续，或者为用户提供信息发布、即时通讯等服务，在与用户签订协议或者确认提供服务时，应当要求用户提供真实身份信息。用户不提供真实身份信息的，网络运营者不得为其提供相关服务。

些反动宣传内容。在该案的行为主体认定中，恶意代码指令的特征信息就发挥了至关重要的证明作用。司法鉴定机构对机顶盒服务器中提取的程序代码指令进行分析，发现该服务器中涉案程序代码存在 2 个函数，即 blur 和 de_blur，该 2 个函数系一对针对字符串的编码解码函数。同时，在嫌疑人个人电子邮箱中提取到另一某段涉案程序代码，其中存在 1 个字符串常量，即"/wur1uhcte10ttkgigrgf"（该字符串无实际现实意义）。经测试分析，发现通过调用前者涉案程序代码的 blur 和 de_blur 这 2 个函数，可以实现对后者字符串常量"/wur1uhcte10ttkgigrgf"的解码与编码。这表明，前者与后者在程序代码指令功能上具有极强的关联性，即符合同一作者所编写的特征。[1] 但是，这种方法只有在相关数据信息相对明确的情况下才能运用。

密码认定法的优势是十分明显的。由于加密变换算法的介入，加密特征信息对一般人而言具有较高的信息不对称性，因而这种特征信息在特定性与稳定性上质量相对较高。它的劣势在于反映性较差。在网络犯罪中，尽管加密特征信息本身数量很少，它们还容易因为识别不了而无法收集运用。

与密码认定法相比，明文认定法具有普遍适用性，而且明文特征信息往往具有十分明显的数量优势。这是因为，明文特征信息具有更好的反映性、更容易识别，因而可以被大量发现与收集。利弊同源，明文特征信息也因为容易识别因而需要考虑伪造变造的可能性，这往往就影响了特征信息在特定性与稳定性上的质量。

明文认定法主要有日志数据认定法、数据内容认定法以及碎片数据认定法。日志数据认定法是指以系统日志、应用日志、网络交换日志等记录性数据之中所包含的特征信息来认定网络信息行为人的方法。比如，在网络入侵案件中，往往需要对被害主机的系统日志、程序应用的指令日志以及路由过程的网络日志进行全面分析，从而重构网络入侵过程并判断攻击来源。这种认定方法能否顺利运用，主要取决日志数据是否及时固定及其所包含的特征信息在主体指向性上的强弱。

数据内容认定法最易理解，它是因数据内容本身具有某种身份指向的特征信息因而可用以认定网络信息行为人。这种认定方法所基于的数据内容一般要有足够强的私密性或保密性，即只有特定的行为主体才能知道或使用。比如，在某泄

---

[1]　中国人民大学物证技术鉴定中心司法鉴定检验报告书 [2014] 技鉴字第 36 号。

第五章　网络犯罪证明模型化的技术突破：方法的闭环　　163

露国家秘密案件中，在嫌疑人的电脑中查获了泄密文件的部分文字段落碎片。通过对数据碎片的文字段落内容分析，基于数据信息内容的保密性及其非常特殊性，最后完成了作案电脑及作案人的同一认定。在有些案件中，通过分析电脑中所存储的个人照片、个人电子邮件、个人信用卡消费信息、个人署名论文等私密性信息来认定网络信息行为人[①]，这也是数据内容认定法的运用。

碎片数据认定法，也称为"临时数据认定法"，它是通过分析计算机运行过程中所形成的临时性数据及其所包含的特征信息来认定网络信息行为人的方法。比如，在有些案件中，通过提取电子邮件的网页登录加载页面（含有电子邮件的账户名称）、网页表单 cookies 信息（含有填写表框时的信息）等可以认定相关行为主体的身份。[②]虽然电子设备中的临时性数据，如系统虚拟内存、应用程序临时文件、网络缓存等，都不是以正常文件形态而存在、难以完整恢复或识别，但是由于它们是电子设备自动产生、不易被人为操控、数据信息量巨大，因而往往是极佳的辅助性或印证性证据。

在网络环境下，信息的不对称性往往决定了特征的特定性，信息的对称性则往往决定了特征的可识别性即反映性，反映性好的特征信息又潜伏着稳定性问题，因而特定性、反映性与稳定性之间存在着紧张的矛盾关系。就以加密特征信息为例，它的特定性可能很好，但是可识别性可能很差。就以明文特征信息为例，它的可识别性可能很好，但是可能由于稳定性不足（数据信息容易被伪造与变造）而导致特定性不强。在加密特征信息相对较少、明文特征信息占据主流的情况下，网络信息环境下的特征信息在总体上存在着量增质减的趋势。

最后是以行为痕迹为中介的同一认定。与来自行为工具的特征信息不同，以行为痕迹[③]为中介的同一认定，是指以行为本身的历史痕迹来认定网络信息行为人的方法。这些行为痕迹既可以来自于行为人的电子设备，也可以来自于网络服务器或对方电子设备。

例如，通过涉案电子邮件的前后邮件来认定行为人、通过聊天记录的上下文

---

① 北京网络行业协会电子数据司法鉴定中心 [2010] 鉴字第 50 号。
② 北京网络行业协会电子数据司法鉴定中心 [2010] 鉴字第 50 号。
③ 从广义的行为痕迹来说，它也包括了行为工具痕迹。这里的行为痕迹只限于狭义概念，即行为本身的历史痕迹。

来认定行为人。这是根据行为痕迹在时空上的特征来认定行为人。这种认定方法的可靠性往往取决于能否排除网络时空环境对行为过程的影响。换言之，如果能够排除网络入侵对电子邮箱或聊天账户在时间连续性与空间排他性上的影响，那么这种认定方法就具有较高的可靠性。如果不能排除，它们就可能失去了时空条件的逻辑基础。

再如，在前文所述的网络入侵案中，也有行为痕迹的运用。作为关键特征信息，账户使用在连续时间内同机器（IP 地址）登录，这本身就是行为痕迹在时间与空间上的交叉关联。显然，判断这种犯罪手法特征是否可靠，首先要评估网络时空特性对行为过程的影响。在该案中，由于已经通过种类认定的方法排除了外网范围的空间影响，而内网用户数量本身又不多，因此按照行为过程的时间连续性来推断行为主体是可行的。

行为痕迹中还经常包含有活动习惯特征，如打字习惯、命名习惯、编程习惯等。在 2012 年，著名黑客"无花果"就曾因为编程与命名特征而被人肉搜索。[①] 有国外研究人员在远程控制工具 PlugX 中发现该恶意程序的调试路径为 C:\Users\whg\Desktop\Plug\FastGui(LYT)\Shell\Release\Shell.pdb，从而推算出该恶意程序开发者的计算机用户名为 whg。通过分析"无花果"所开发的其他木马程序，发现它们都存在此特征。最后，根据这个特征，人肉搜索到 whg 的很多身份信息，如 email 是 whg0001@163.com，QQ 号是 312016，还有很多单位名称、联系地址、银行账号等信息。

值得特别注意的是，在对网络犯罪行为人进行同一认定时，活动习惯特征和时空位置特征具有较高的价值。比如，在前述互联网公司网络入侵案中，侦查人员通过调查发现，该涉嫌员工在那一系列入侵行为发生之后就辞职离开了该公司。然后，侦查人员综合分析了该案的网络环境情况，根据被入侵网址的私密性和该苹果电脑系统的封闭性，以及入侵行为的时间特征、对象特征、手法特征、账户特征等情况，最终认定该离职员工就是实施上述网络入侵行为的作案人，完成了该案中对犯罪主体的同一认定。

---

① 《国外大牛人肉定向攻击远控 PlugX 开发者全过程分析》，载 FreeBuf 网站，https://www.freebuf.com/articles/others-articles/5718.html，访问时间：2021 年 1 月 3 日。

诚然，人的行为方式毕竟是多种多样的，任何一种行为方式都有可能作为认定主体的具体方法，只要在网络环境下留下了相应的行为痕迹。因而，以行为痕迹来认定主体，只能例述，难以穷尽。

二、网络犯罪主体同一认定的基本步骤

作为一种科学的方法论，同一认定的实施要遵循特定的逻辑顺序。网络犯罪主体认定的首要任务就是解决如何在网络环境下全面收集特征信息的问题。其次要解决的问题是，面对大量特征信息如何进行评估与运用。特征信息在质量上的减弱，决定了大多数的网络犯罪主体认定主要是基于种类认定而展开，通过种类认定在数量上的不断增加而趋向于同一认定。因而，在种类认定不断展开过程中以及最终的同一认定结论中，还会涉及确定性的程度变化及其描述问题。

首先是特征信息的发现与收集。在网络环境下，特征信息不仅数量极多而且分布范围很广，特征信息的发现与收集是一项十分严峻的技术工作。就单机电子设备而言，特征信息的数据类型就已经很多。电子设备是一个非常复杂的体系性系统，它往往是由硬件系统（计算设备、网络设备、存储介质等）与软件系统（操作系统、应用程序、代码指令等）两部分组成。从信息技术原理上讲，电子设备在通过数据信息表达具体行为时必须经过操作系统、应用程序及代码指令依时序地逐层运算才能得以实现。电子设备中不仅有静态的数据信息，还有动态的数据信息。前者如，操作系统、应用程序、代码指令等软件数据，实时记录的日志数据信息，以及行为人所意欲传播或记录的数据信息内容等。后者如，正在内存中执行的程序指令数据、正在传输的网络中继数据，以及正在计算的数据信息等。此外，还存在着一些时而静态时而动态的特殊数据信息，如账户密码、证书密钥等数据信息。以上各种类型的数据信息在一定情况下都有可能成为认定网络犯罪主体的特征信息。显然，电子设备的系统性客观上导致了特征信息在数量上的增加，即不同环节的技术处理会导致更多（不同）特征信息的产生。

即使是相同特征信息，也存在着总量上增加的趋势，即相同特征信息在更多的地方出现。网络信息技术本质上是一种信息传播技术，网络环境下的具体行为在技术上是通过数据信息的不断"复制"与"传播"而实现的。作为一种数据信

息的特征信息，它同样也会不断"复制"与"传播"，这就导致了相同特征信息在总量上的增加。这种现象不仅表现在单个电子设备之内也表现在网络信息系统之间。也就是说，特征信息广泛地分布在网络信息系统的各个环节。

以前述互联网公司的网络入侵案为例。首先，侦查人员要在被害服务器上（如访问日志）收集特征信息，以分析网络入侵的对象页面。其次，侦查人员要在（网络访问所途径的）中间服务器上收集特征信息，以分析非法访问的路由过程。再次，侦查人员要在身份认证服务器上收集特征信息（如账户、IP 地址），以确定非法访问的来源。最后，还要在账户管理及域名服务器上查询账户、IP 地址等的分配使用情况。在能够找到作案电子设备的情况下，当然还要对电子设备的系统账户、系统使用时间、IP 地址配置、网页使用记录、账户登录记录及相关的 Cookies、网页缓存文件乃至数据碎片等进行全面的分析，以收集与服务器端相印证的特征信息。

特征信息的大量增加并不意味着主体认定难度的降低，这是因为同一认定不仅与特征的数量有关还与其质量有关。如前所述，特征组合的特定性是由该组合中特征的数量和质量所决定的。一般来说，密码特征信息的特征质量相对较高，它们往往是最为理想的目标信息。但事实上，人们绝大多数时候要面对的都是数量很多但特征质量并不高的明文特征信息，如包含时间、IP 地址、MAC 地址、账户名称等的日志信息，包含相关事项的文件内容，以及有关的数据碎片信息等。

其次是特征信息的分析与运用。在收集到大量特征信息之后，就要对它们的特定性、稳定性乃至反映性进行全面的分析与评估。如前所述，特征的特定性价值是由该特征的出现率所决定的，因而对特定性的评估主要是分析特征信息在主体指向性上的强弱。对稳定性的评估主要是判断特征信息从案件发生到提取为止这个"必要时间"内是否发生变化。对特征信息的反映性评估则是为了判断是否存在伪造变造的可能性及其大小，而不是为了判断特征信息的反映性本身，这是因为如果没有反映性这个特征信息自然就不会被收集得到。

就如前述网络入侵案而言，作案时间特征虽然稳定性很强但是主体指向性却不强，作案对象特征即所入侵的网页虽然在动机性质上体现了一定的主体指向性但这种指向性并不唯一。即使该案看似质量最高的作案手法特征，即账户使用在连续时间内同机器（IP 地址）登录，也仍然存在时间偶合的某种概率。另外，作案人之所以采用 VPN 掩饰身份，就是因为 VPN 代理所使用的 IP 地址在每次登录使用时都会发生变化，因而这种特征信息不具有稳定性。从某种意义上讲，VPN 代理就是作案人为了应对特征信息的反映性而采取的 IP 地址伪造变造方法。特征信息的特定性、稳定性、反映性都是相对而言的，毋庸置疑，司法人员总是需要根据不同的网络技术环境、信息系统情况乃至案件本身的具体特点，动态地对大量特征信息作出质量评估。

在网络环境下，对特征信息的组合分析比对单个特征信息的质量评估更为重要。如果仅仅是从孤立的特征信息来看，考虑到网络信息技术的固有特性，几乎每个特征信息都可以或可能被伪造或变造，它们看似都是不可靠的。但是，如果将很多特征信息进行比较分析、综合分析，就会发现很多特征信息之间能够形成互相支撑或互相排斥的关系，最终可以形成一个整体的特征组合。

在前述网络入侵案中，VPN 代理是伪造的网络地址，而且还会不断地变换，这看似是一个质量极低的特征信息。但是，实际上这个看似质量极低的特征信息一旦与作案的手法特征以及时空特征进行交叉分析，它反而会成为价值最高的特征信息。该案就是利用 VPN 代理的作案手法特征发现作案人的真实身份。可以说，能否及时把视野从特征信息的质量要求转向特征的数量突破，并使大量特征信息形成一个合理科学的特征组合，这往往是突破网络犯罪主体认定的关键。这也是网络信息环境下主体同一认定的特殊性所在。

网络信息环境下犯罪主体的认定主要通过种类认定的多次反复运用而达成。如前所述，网络信息环境下的特征信息在总体上存在着量增质减的趋势，这决定了只有对特征质量要求相对较低的种类认定方法才能在此条件下得以运用。比如，在这起网络入侵案中，侦查人员首先通过作案的时间特征把网络入侵主体限定在内网登录；然后通过作案的对象特征把网络入侵主体限定在刚刚入职和离职的员工范围；最后通过作案的手法特征确定了网络入侵主体所使用的作案电脑。这都是不断展开环环相扣的种类认定。当然，如果本案中能够找到作案电脑，这种种类认定还会继续开展下去并得到最后的同一认定结论。

然而，如果不能找到作案电脑，继续开展种类认定就失去了特征信息的来源与中介。在此情形下，从最后一次种类认定到最终的同一认定只能借助于信息对称性与不对称性的思维方法来完成。对称性与不对称性的研究抓住了物质活动和信息活动的共同本质①，沿着这种思维路径，人们在认定网络犯罪主体时有可能走出对实体物质的依赖。这种依赖不仅包括对类似作案电脑这种"物"的审查需求，也包括对作案人"人身"的审查需求。换言之，借助于信息对称性与不对称性，人们有可能跳过对作案工具乃至作案人等实体物质的审查依赖，径直完成对网络犯罪主体的同一认定。

就该案而言，被入侵页面地址的特定性与私密性使其对公司外部人员而言具有一定的信息不对称性，苹果电脑系统的封闭性更是使非法入侵者或非法使用者在控制电脑上具有极强的信息不对称性。同时，涉案员工原系被冒用账户高管的下属，而这使其具备了获得高管账户密码的信息对称性。通过信息对称性与不对称性的综合判断，本案可以跳过对作案电脑的审查而径直得出同一认定结论。

在网络犯罪中，信息对称性与不对称性的思维运用尤为重要。网络行为是通过一系列电子设备之间的数据信息传递与交换来实现的，一旦任一环节的电子设备或其内涉案数据信息无法取得，就会导致无法查清整个犯罪行为过程。因而，只有通过诸多环节大量特征信息的运用、不断开展种类认定，并基于信息对称性与不对称性思维才能完成网络犯罪主体的最终认定。这往往是网络环境下犯罪主体认定的典型形态。

最后是同一认定结论的确定性评断。同一认定结论有确定性和非确定性之分，这主要是由客体特征的性质所决定的。一般来说，某同一认定所依据的特征组合具有很强的特定性、稳定性和反映性，那么该同一认定的结论就是确定性的；反之，则属于非确定性同一认定。不论作为类型来讨论还是作为个案来讨论，在特征信息量增质减的技术现实下，网络犯罪主体的认定主要是通过种类认定的多次反复运用以及信息对称性与不对称性思维来完成。在这种确定的方法路径下，同一认定结论的确定性程度评断是一个至关重要的问题。

一方面，在多次反复运用种类认定的过程中，需要对每一次的种类认定及其结论的确定性程度进行评断。这种评断不仅与本次种类认定的特征信息有关，也与上一次种类认定所确定的范围有关。也就是说，在多次反复种类认定过程中，

---

① 李德昌，"信息力学与对称化管理"，《西安交通大学学报》（社会科学版），2004 年第 2 期，第 13-14 页。

每一次所运用的特征信息及其组合都隐含着互相支撑或排斥的关系。上一次特征信息的可靠性会影响本次种类认定的结论，本次特征信息的可靠性则会影响下一次种类认定的结论，进而影响最终的同一认定结论。总之，每一次种类认定的运用都含有相应的确定性评断。

另一方面，信息对称性与不对称性的综合判断也需要通过确定性程度来衡量。比如，前述网络入侵案中，信息对称性与不对称性的综合判断主要是基于页面地址的特定性与私密性、苹果电脑的系统封闭性与技术入侵可能性、涉案员工与被冒用账户高管的特殊关系等。然而，页面地址是否具备足够的特定性与私密性，这是一种技术经验的判断；涉案员工与被冒用账户的特殊关系，这是一种管理经验的判断；而苹果电脑是否会被技术入侵及其可能性程度更是有赖于司法人员的专业认识。因而，信息对称性与不对称性的综合判断本身就存在概然性程度的确定问题。可以说，不同认知基础的司法人员所得出的确定性结论本身在程度上就可能不尽相同。

综上，同一认定既是犯罪侦查的基本认识方法，也是查证案件事实的具体方法。就每一起犯罪案件的查证而言，作案人的同一认定是最终目标，而这一目标的达致往往还要经由一些具体案件事实要素的同一认定或种类认定。换言之，一个犯罪案件中的大同一认定往往是由多个小同一认定（包括种类认定）组成的。在网络犯罪案件中，对作案人的同一认定就可以通过对电脑、手机等电子设备的同一认定来完成，也可以通过对电子签名和密码账户的同一认定来完成，还可以通过对网络系统和数据信息的种类认定来完成。在这一过程中，犯罪侦查人员不仅要掌握具体的同一认定方法，包括科学技术手段，而且要掌握专业的思维方法，包括逆向思维、博弈思维以及信息对称性与不对称性的思维。科技手段与思维方法的良好结合才是"道高一丈"的保障。

三、智能机器人犯罪的主体同一认定

科学技术是人类社会发展的动力。神奇的科学技术为人类社会编织出一幅幅美丽的图画。然而，在靓丽和璀璨的背后往往还隐藏着丑恶和黑暗。随着大数据与智能技术的发展，犯罪分子通过智能化脚本、程序、代码的部署点击"启动"

即可实现犯罪，智能机器人犯罪将成为未来打击犯罪的巨大挑战。

从二次工具论来看，智能机器人的表现是行为人尽可能将所要实施的技术行为规则通过脚本、程序、代码的方式提前部署到算法之中，以意志算法代替算法意志，从而实现"机器—数据"在整体工具上的高度智能化。因为，作为整体工具的"机器—数据"（即智能机器人）本身被赋予了算法意志的意志算法，所以它能实现意志行为以及相应的技术行动。意志上的独立性（实质上是被"自然人"所赋予，或者按"自然人"的算法指示进行数据学习）就使得智能机器人可以脱离"自然人"的控制而独立自主地实施行动。

诚然，要确定智能机器人背后的真正作案"自然人"，首先可以通过调查智能机器人受哪个"自然人"的控制来完成。但是，因为在智能机器人被开发（意志算法的部署）完成之后，实际上"自然人"对其的控制行为操作会很少甚至无需操作，所以寄望于从智能机器人的控制行为角度去证明背后的"自然人"很可能是极其困难的。因而，要确定智能机器人的犯罪主体需要采取更加开放的思维方法。

在此，就可以借助网络犯罪的证明模型进行思考，如前文图 3.8 所示。

基于上述模型，要确定"人与机器"的同一关系，首先当然可以如上所述通过智能机器人与"自然人"的控制关系进行调查，虽然这种调查很可能会因为缺少网络行为的数据记录而告终，这是第一次行为工具的调查。其次，可以通过脚本、程序、代码等数据工具的来源和形成过程进行调查，这是第二次行为工具的调查。再次，可以通过脚本、程序、代码等数据工具所包含的意志算法来推断算法意志的来源。因为意志算法体现了算法意志，所以实际上这种方法是对"自然人"的主观意志进行调查分析。诚然，从意志算法的算法意志分析最终也只能确定到"自然人"的主观意志，因而从"主观—人"仍然要借助于推断、推理的思维方法，包括信息对称性与不对称性。最后，具体数据行为及其行为后果（效果）从理论上也能够一定程度上帮助分析行为人，但是这种作用已经微乎其微。

综上，智能机器人的犯罪主体确定主要是从"人与机器"的控制关系和意志算法的主观意志来源进行确定。脚本、程序、代码等数据工具的来源、形成过程和具体数据行为及相应后果的调查与证明是确定智能机器人犯罪主体的必要补充。面对智能机器人犯罪的主体认定，虽然网络犯罪证明模型能够为其提供完整的证明思路，但是智能机器人犯罪证明因为面临着机器人与"自然人"的主体分离以及机器人算法意志与"自然人"主观意志相分离的双重压力，因而"主观—人—机器—数据—行为—后果"的任何一个环节都要进行全面、谨慎、专业的技术分析，以寻找最强特征反映性的"蛛丝马迹"。尤其是，当证明模型因为各种原因遭遇某一环节的断裂时，要擅长调用信息对称性与不对称性的思维予以推进。

第四节　网络犯罪意志之算法证明

基于网络犯罪的证明模型，网络犯罪意志即网络犯罪的主观方面，它可以从人、机器、数据、行为、后果等各个环节加以证明。网络犯罪意志首先可以从"人"的角度加以证明，这就是传统证明方法中的嫌疑人供述。显而易见，在没有强烈抵触的情形下，行为人的供述往往是犯罪意志证明的有力证据。然而，因为网络犯罪所特有的隐蔽性和专业性，在大多数情况下行为人都不会承认自己的犯罪意志，所以借助于技术方法开展网络犯罪的意志证明就成为非常重要的手段。

一、网络犯罪意志的证明方法

网络犯罪的证明模型告诉我们，除了"人"以外，在机器、数据、行为、后果等各个环节都可能存在意志证明的方法可能。比如，就机器而言，作案人是否将作案的计算机或服务器刻意地隐藏起来，或者为了逃避侦查将服务器架设到境外等，这些都可以作为犯罪意志证明的依据。再如，就数据而言，行为人是否刻意伪造 IP 地址、MAC 地址等网络设备信息，是否通过反取证手段自动删除行为日志等以逃避犯罪侦查，这些也可以作为犯罪意志证明的依据。实际上，我们也可能从行为的后果或效果上一定程度地推理出犯罪主体的意志，但是这种推理的因果关系一般较弱或者产生偏差。当然，具体的技术行为内容其本身也是犯罪意志证明的重要路径之一。综言之，因为行为是意志外化的表现，所以从理论上讲，行为人、行为工具和行为内容本身都可以用来反映犯罪行为的主观意志状态。

根据二次工具论，机器是网络行为的物理工具（第一次工具），而数据是网络行为的逻辑工具（第二次工具）。从理论上讲，作为逻辑工具的数据更能反映行为人的主观状态。更准确地说，管理、调用、支配的那些数据运算或数据交换的"算法"数据最能反映行为人的主观状态，它们直接反映了行为人在意志行为上所采用的技术规则以及意志行为所期望达到的行为效果。算法是一种特定性非常强的行为工具，其中所表达的技术规则处处隐含着设计者的目的与意图。采用算法及其内所含的技术规则去管理、调用、支配数据，进而表达特定技术动作的行为，即称为算法行为。

如前文所述，在人的整体行为视角下，算法也是一种人的行为工具，它往往也是以数据的形式表现出来（在传统环境下则表现为计算的某种方法逻辑）。因而，算法是一种极其特殊的数据。采以数据行为的视角，算法就是数据行为的"主体"，因为任何数据的计算或交换都要受到算法及其内含技术规则的管理、调用或支配。从某种意义上讲，既可以把算法理解成行为的客体，也可以把算法理解成行为的"主体"，这取决于行为的描述角度。

作为解题方案的准确而完整的描述，以及用系统的方法描述解决问题的策略机制，算法是一系列解决问题的清晰指令。算法在任何地方的设计都有它特定的目的与功能，任何细节的错误几乎都是不可容忍的。因而，算法最为直接且非常准确地体现了行为人在技术动作上的意志追求，即行为算法是算法行为在意志上的最好体现。

因为算法是人的行为工具与人的行为意志在技术环境下最美妙的结合体，意志与工具在算法上达到了技术统一，所以算法既是网络行为工具的核心也是网络行为意志的核心。有鉴于此，算法不仅能用于具体网络技术行为的证明，也能用于具体网络行为的意志状态的证明。

事实上，在大多数情况下，我们并不需要动用算法证明去解决问题，因为算法证明本身的成本巨大。一般情况下，我们只要通过算法行为所产生的数据记录甚至技术效果等就可以解决行为证明问题，尤其是在智能化程度不高、人工操作记录较多的网络行为方式下。换言之，人工操作介入越多，它所遗留的行为记录就越多，在此情形下凭借人工操作的行为记录就足以证明网络行为的方式、过程及其主观状态。然而，在智能化程度很高的网络行为中，我们就不得不开展以意志行为与行为意志为目的的算法证明，只有如此才能解决智能化犯罪行为的方式、过程及其主观状态的证明问题。这是对称破缺理论的作用，即当事物发展过程中出现对称失衡的现象，就要通过更为高级的对称性来解决。

实际上，网络犯罪的意志证明还有一种高效而便捷的方法路径，即基于沟通记录的意志证明。这是意志本身的数据化问题。换言之，在网络行为方式下，不论个人愿意与否，其表达内容总是会被机器及数据所记录，如对话记录和聊天记录等。如果这些记录中包含了表达主观意愿的内容，那么它就为意志证明提供了直接证据，而这种证明的效果往往取决于行为记录的具体性和丰富性。遗憾的是，这个方法路径在网络犯罪中一般都不容易实现，因为沟通记录太容易被隐藏、加密或毁灭。一旦侦查人员失去了证据固定的良机，那后续便无所作为。

二、网络犯罪意志的算法鉴定

根据事物的对称性，算法及算法行为的认识也必定要借助于与算法有关的信息技术。在我国现行司法体制下，信息技术对司法认识的帮助主要表现为司法鉴定形式。因而，网络犯罪意志的算法证明往往要借助于技术鉴定的力量或者从技术鉴定角度展开。显然，这里的技术鉴定可以做广义理解。如果在专家辅助人、勘验检查笔录甚至证人证言等证据形式中涉及算法的技术分析与鉴别，也可以按此方法处理。

在过去，涉及算法的技术鉴定主要发生在网络用户即个人所实施的网络入侵或恶意程序犯罪案件之中。如在温州"八·一"广电案中，温州有线电视网络系统机顶盒遭黑客攻击，出现一些反动宣传内容。在该案侦查鉴定过程中，技术人员就需要对42段涉案程序代码进行技术解读，从而推断出技术入侵的行为过程。[①]再如，在DDoS攻击案件中，技术人员往往要对相关的恶意程序代码进行技术分析，从而判断了恶意程序代码的功能。就司法实务而言，虽然这类案件也涉及程序代码所内含算法的技术鉴定，但是它们往往更关注算法整体即程序代码的功能及作用，而对算法本身的内部结构并无特别要求。因而，在这类案件的技术鉴定

---

① 中国人民大学物证技术鉴定中心司法鉴定检验报告书 [2014] 技鉴字第 36 号。

中，既可以仅仅对算法整体即程序代码的外部功能及效果进行分析，也可以进一步对算法的内部结构进行深入解读。

显然，对算法的内部结构进行深入解读，这就是算法鉴定的技术内涵。当然，算法鉴定与技术领域的算法分析不尽相同。前者的根本目的是发现算法所蕴含的技术行为规则，而后者往往是以算法规则的技术优化为目的。

然而，技术领域的算法分析方法却可以借鉴运用到技术鉴定的实施之中。根据技术领域的算法分析方法，算法鉴定在技术方法上可以有"黑盒"法与"白盒"法之分。"黑盒"与"白盒"都是软件测试的技术术语，"黑盒"法与"白盒"法是软件测试方法在技术鉴定领域的援引。[1]

"黑盒"法与"白盒"法在技术原理及其证明作用上不尽相同。"黑盒"法，又称黑盒测试法，它是在不知道算法的内部结构与实现逻辑的情况下对算法的行为效果进行功能测试。在软件测试领域，黑盒测试又叫功能测试、数据驱动测试或者基于规格说明书的测试，它主要是一种从用户观点出发的技术测试。"测试人员把被测程序当作一个黑盒子。它是已知产品所应具有的功能，通过测试来检测每个功能是否都能够正常使用。在测试时，在完全不考虑程序内部结构与内部特性的情况下，测试者在程序接口进行测试。"[2] 在技术鉴定领域，黑盒测试一般只关心算法的输入与输出效果，而不关心算法本身的内部结构与实现逻辑。当人们将算法作为一种行为工具时，算法的输入输出效果即算法行为的效果。

"白盒"法，即白盒测试法，则是通过对算法在内部结构与实现逻辑上的技术解读来达到功能评价的目的。在软件测试领域，白盒测试也叫结构测试或者逻辑驱动测试。"它知道产品内部工作过程，可通过测试来检测产品内部动作是否按照规格说明书的规定正常进行，按照程序内部的结构测试程序，来检验程序中的每条通路是否都能按预定要求正确工作，而不顾它的功能是怎样的。"[3] 在技术鉴定领域，白盒测试一般不需要展示软件的具体功能效果，而是由技术人员通过算法的技术解读去理解和认识它的设计目的与实现功能。当理解了算法设计的

---

① 麦永浩，《电子数据司法鉴定实务》，北京，法律出版社，2011 年，第 143-153 页。
② 胡静，"浅析黑盒测试与白盒测试"，《衡水学院学报》，2008 年第 1 期，第 30 页。
③ 胡静，"浅析黑盒测试与白盒测试"，《衡水学院学报》，2008 年第 1 期，第 30 页。

目的与功能时，自然就能够理解算法行为的目的与意图。

　　从技术原理来看，"黑盒"法与"白盒"法都可以实现算法的功能鉴定。但是，对于犯罪意图的证明而言，这两种鉴定方法的作用则有所不同。由于"黑盒"法没有对算法的内部结构与实现逻辑进行分析，因而是无法通过算法本身推断目的意图的，"白盒"法则可以。严格意义上讲，在个人所实施的网络入侵或恶意程序犯罪案件之中，通过算法整体即程序代码的功能来判断行为的过程及意图，这并不是真正的算法鉴定，而只是程序鉴定。

　　诚然，司法领域的算法鉴定毕竟不同于技术领域的软件测试。算法鉴定不仅要像软件测试那样对算法本身的内部结构与实现逻辑进行分析，还要对算法的形成过程进行全面分析。算法的形成过程分析，不仅包括算法在各个版本升级过程中的变化，还包括算法在生成过程中设计者、管理者、运营者的知情及决策情况。前者往往反映算法意志的变化过程，后者往往反映算法意志的合意过程。

　　就网络平台而言，算法的设计、开发、部署和决策，往往由不同的人员负责。在网络平台的算法行为中，不能排除在某些特殊情况下，算法仅仅是个别算法设计师或开发工程师的个人意志行为，即未经集体决策。比如，2016年某互联网企业的开发工程师在其负责的软件产品算法中嵌入"后门"，后查证属于开发工程师的个人犯罪行为。但是，网络平台的算法决策一般是集体组织的合意形成。

　　最后，在快播案中，快播公司的行为其实就是算法行为，它是通过缓存调度服务器所部署的算法而自动实施的技术行为。当然，快播公司的算法行为是一种技术上相对简单的智能行为。基于以上讨论，笔者认为，快播案的犯罪意志证明实际上可以通过算法证明来解决，而且应当采用"白盒"法而非"黑盒"法。快播案希望鉴定机构通过服务器的检验判断快播平台的行为作用及效果，这是关注算法的输入输出效果，而不是要真正搞清算法的内部结构与实现逻辑。也就是说，快播案在技术鉴定时选择了"黑盒"法的思路，这是错误的。

　　值得注意的是，快播案的技术鉴定不应仅限于视频的缓存算法，还应当对相关的内容推荐、用户管理乃至广告策略等算法进行分析或鉴定。换言之，上述各种算法之中都采取了哪些技术规则以及它们有何功能与目的，这些都能在一定程度上反映快播公司的犯罪意图。比如，视频缓存算法中是否存在处理淫秽视频的专门技术规则，从而使淫秽视频更为广泛地传播？内容推荐算法是否针对白天与夜间的时间不同而采取差异化的技术规则，从而使夜间脱离监管的淫秽视频更易传播？快播公司是否给特定类型的用户，如男性成年人，设置了特别的技术管理规则，使之更易访问淫秽视频？等等。从算法的技术实践来看，根据数据类型、行为时间、用户特征等相关条件来设置特殊的技术规则，这在淫秽视频或非法广告类案件中广泛存在。也就是说，如果算法中存在这些特殊技术规则的设置，那么它们无疑就能够用于犯罪非法目的与行为意志的认定证明。

三、网络犯罪意志的算法推定

诚然，算法规则的认定有赖于技术鉴定，但是算法规则能否最终证明网络犯罪的意志往往还需要一个推理的过程。在推理过程中，有些算法规则与犯罪意志之间的联系是偶然的，有些联系则是常态的。如前所述，淫秽视频或非法广告类案件中就经常会有一些针对数据类型、行为时间、用户特征等相关条件的算法规则设计，而这些常态联系或伴生关系就可以作为推定的逻辑基础。

就当下网络犯罪实践而言，最为疑难的问题是如何判断哪些常态联系或伴生关系是必然的，而哪些联系仅仅是偶然的。显然，这需要算法实践的技术经验，缺乏技术专业知识的法官往往难以胜任这种工作。比如，在快播案中司法人员就通过类比的方式认为快播公司的网络缓存属于针对"不法"视频资源的"有意识的主动行为"。他们无法理解调度服务器与客运汽车调度中心在技术原理上存在着明显的不同。前者是根据调度算法的自动化运算而处理的，实际上调度主体及其主观意愿并不能直接参与具体数据的处理。后者则是人工操作处理的，因而人的意志总是参与其中。值得说明的是，在行为算法化和算法行为化的智能图景下，针对行为算法和行为算法的直接意志与间接意志进行理论区分，这已显得相当必要。

不可否认，算法行为的类型有很多，行为算法的类型也很复杂。但是，当下司法界仍然有必要基于算法行为与行为算法的常见类型研究，形成算法证明的推定规则，其中就包括行为性质的推定规则和行为意志的推定规则。前者主要用于解决犯罪行为的法律定性问题，后者主要用于解决犯罪行为的主观认定问题。

就后者而言，基于快播案与当下的网络犯罪实践，笔者认为，可以制定网络犯罪"犯罪目的"与"犯罪明知"的算法推定规则，分别如下。

算法的技术规则具有以下情形时，可以推定行为人具有实施犯罪行为的目的：（1）按照特定数据改变技术规则，使该特定数据更大可能成为非法行为的中介，如对淫秽视频、盗版视频等加速缓存或加速传播；（2）按照特定时间改变技术规则，使该特定时间内非法网络信息行为大量增加，如通过白天和黑夜的算法设置不同，使夜间可以访问淫秽视频或非法广告等；（3）按照特定主体改变技术规则，使该特定主体具有开展非法网络信息行为的便利，如对收费客户或高等级客户提供更大范围的盗版图书等；（4）按照特定范围改变技术规则，使该特定范围内非法网络信息行为大量增加，如通过境外 IP 地址与境内 IP 地址的算法设置不同，使服务器差异性提供网络赌博或网络色情等服务；（5）按照特定主题内容、关键词等改变技术规则，使特定事件所造成的影响更为恶劣，如对造谣传谣内容进行推荐或转发。

同时，算法的技术规则具有以下情形时，可以推定网络平台对相应的具体犯罪行为是明知的：（1）针对某类非法数据进行技术规则回应，如通过设立不良信息过滤系统等进行管控；（2）针对某类非法数据进行过多次技术处理，如通过指令日志发现曾对非法数据进行专门分析。

不同网络犯罪的业务行为模式有所不同，不同业务模式背后的技术方案有所不同，因此推定规则的适用也有所不同。在快播案中就可以根据上述"犯罪目的"算法推定规则第（1）（2）（3）条规定的情形推定快播公司具有犯罪故意。同时，由于"犯罪明知"的算法推定规则确认了，只有在主观明知的情况下才会针对非法行为做出相应的技术回应或处理的这种常态伴生关系。因而，如果快播公司采用不良信息过滤系统的技术规则，就可以推定其明知存在相应的非法行为。在此情形下，这种推定的"明知"就是具体的明知，而不是抽象的概括性明知。

最后，传统企业正在不断探索利用智能机器、智能系统、智能算法等方式来完成生产经营的智能化升级，而互联网企业更是借助于网络平台在算法智能化上的先天优势来展开各式各样的信息服务。"算法经商"已经成为诸多现代化企业的主流生产经营方式。不论是生产性企业还是服务性企业，当它们所制造的产品或提供的服务存在违法犯罪性问题时，就必须深究其中所涉及的算法规则及其行为证明。比如，在无人驾驶的汽车出现"失灵"致人死亡时，需要对无人驾驶的算法规则进行"解剖"与证明。在网络平台提供"非法"信息服务时，需要对网络平台的算法规则进行"解释"与认定。同时，个人在智能化时代的"点击生活"也意味犯罪分子可以通过智能化脚本、程序、代码的部署实现"点击犯罪"。因而，在行为算法化与算法行为化的趋势背景下，以算法这种行为工具为视角来研究网络犯罪的意志证明，具有特别重要的理论意义和实践价值。

第六章

网络犯罪证明模型化
的基本问题：新理论
的形成

诚然，模型化思维能够确确实实为司法人员解决网络犯罪的实务问题提供方法论指引。但是，如果仅仅将模型化思维理解为一种司法上的方法论，就是十分狭隘的。因为模型化思维产生于行为的底层——技术工具，所以理论上它可以运用于一切运用此等技术工具的行为，以及行为上层的各种现象，其中包括法学领域对行为的立法类型化研究甚至是法学方法研究。简言之，模型化思维既是一种技术上的方法论，也是一种司法上的方法论，还是一种立法上的方法论，更是一种重要的法学研究方法。它是人类认识网络智能社会之群群种种的一种底层思维方法。当然，仅就本书所讨论的范围而言，如何利用模型化思维提炼出网络犯罪证明的基本理论问题以供学界参考，方是正题。

技术决定行为，行为决定规范，规范决定证明。从表面上看，犯罪证明主要受制于实体法规范的制约。实际上，实体法规范的形成却是受制于行为的类型化，而行为的类型化从根本上讲取决于行为工具的运用方式。网络犯罪证明主要取决于实体法规范，这是实然法层面的问题。实体法规范的形成取决于行为的类型化以及背后的行为工具运用方式，这是应然法层面的问题。

鉴于网络犯罪证明与技术行为、实体法规范都密切相关，以下首先分别就网络犯罪行为的模型化问题、网络犯罪行为的类型化问题进行讨论。其次，鉴于技术证明在网络犯罪证明中的关键作用，以下又讨论了网络犯罪证明在技术证明方法上的模型化问题。以上三个问题分别是行为、规范与证明这三个层面的基本理论问题。

行为的模型化帮助我们认识技术行为，而行为的类型化指导我们开展行为规范的制定即立法，证明方法的模型化则帮助我们解决司法实践中的具体犯罪证明问题。它们分别代表了认识论、立法论和司法论的三个视角。以顺潮流，本书最后对网络犯罪证明是否可能实现以及如何实现智能化的问题进行了讨论。

第一节　网络犯罪的模型化及其证明影响

技术升级使得人类行为在工具利用上显得更为纷繁复杂，这正是当下法律认识所存在的困难。因为法律是行为的规范，所以行为的科学认识是立法与司法得以正确开展的基本前提。基于技术与行为的特定关系，采用技术上的模型化思维来描述网络行为，从本质上讲是借助工具思维来认识人的行为。不可否认，随着科学技术的发展，人类的行为工具能力越来越强大，而人对行为工具的依赖程度也不断提高。行为对工具的依赖性越高，工具属性的传递就越强，模型化思维就越有效。尤其是，随着智能时代的到来，人的工具行为与人的行为工具将达到前所未有的统一状态。在此意义上，模型化分析几乎是无可替代的方法选择。

一、模型化对网络犯罪行为空间的认识功能

爱因斯坦的相对论表明，世界的运动由时间、空间、物质和能量所组成，并在时、空、质、量的相互作用下达到平衡。人，作为世界的组成部分，人的社会运用同样要符合相对论的规律。换言之，人是社会运动的"物质"，而人的行为则是"能量"活动的表现方式。

在时、空、质、量这四大要素中，笔者认为，空间是最重要也是最基础的第一性。如果没有发展空间，时间是没有意义的。如果没有存活空间，生命是无法存续的。如果没有运动空间，能量是无法作用的。因而，空间至上。《道德经》有云："三十辐共一毂，当其无，有车之用；埏埴以为器，当其无，有器之用；凿户牖以为室，当其无，有室之用。故有之以为利，无之以为用。"[1] 这句话表达了空间对事物的价值。它的大致意思是：集中三十根辐条在车毂上，因为有了车毂中的空间，所以才有了车的价值；抟揉黏土制造器皿，因为有了器皿中间的空间，所以才有了器皿的价值；开凿门窗修建房屋，因为有了房屋中的空间，所以才有了房屋的价值。器物给人带来便利，而其价值却产生于拥有空间。

---

① ［魏］王弼注，楼宇烈校释，《老子道德经注校释》，北京，中华书局，2008年，第26-27页。

基于这种认知，在网络时代下，以"空间—主体—行为—客体"为主要内容的四要素体系急需建构。因为经典行为理论的"主体—行为—客体"三要素体系是在相对稳定的空间体系内构建而成，所以它没有也不可能考虑到空间特性的变化。事实上，"主体—行为—客体"只有在空间的前提基础上才能得以展开。

空间特性的剧变是我们面对网络时代所要解决的基本性问题，它对人的认知体系带来了根本性的挑战。具体到网络犯罪而言，不论是立法还是司法，首先要考虑的就应该是犯罪行为在空间上的变化。就网络空间的常态类型而言，面向全网发布的网页、贴吧、博客等，它们往往是互联网全域的空间。而像网盘、云盘等，它们往往是某个平台领域的空间。手机短信、电子邮件、即时通信则往往又是私人领域的空间。微信群、QQ群、朋友圈等通讯群组，可以理解为特定区域范围的空间。当然，从互联网、广域网、局域网的技术划分范围来看，空间的类型还远远超过以上。显然，因为网络技术的自由性，网络空间的类型区分越来越显现多元化与特定性的趋势。网络空间的边界往往需要从每一个具体网络行为的特定技术架构进行分析和对待。这就是为什么每一个"主体—行为—客体"都需要加入具体空间要素考量的原因。

从当下而言，我们要对空间特性的变化给予足够的重视。这种重视既要体现在人的整体行为的宏观层面上，也要落实在每一个具体行为的微观层面上。这种关注既要体现在具体行为的空间要素上，也要落实在行为的时间要素上。从物理学上讲，时空是互变的。

从宏观层面讲，我们必须考虑到，由于网络信道系统的介入而导致人的整体行为在时间效率上的提高和在空间地域上的扩张。从法学理论上讲，行为时间效率上的提高与行为空间地域上的扩张，势必会影响到这种行为的实体法评价。2013年最高人民法院、最高人民检察院发布的《关于办理利用信息网络实施诽谤等刑事案件适用法律若干问题的解释》就规定了"同一诽谤信息实际被点击、浏览次数达到五千次以上，或者被转发次数达到五百次以上"作为入罪标准；最高人民法院、最高人民检察院、公安部2016年发布的《关于办理电信网络诈骗等刑事案件适用法律若干问题的意见》又规定"发送诈骗信息五千条""拨打诈骗电话五百次""在互联网上发布诈骗信息，页面浏览量累计五千次以上"等作为认定情节严重的标准。显然，以各种"次数""条数"等作为入罪标准是我国现阶段处置各种网络犯罪的共同特点，它们都是司法关注行为时空要素的体现。随之而来的问题是，司法实践中必须对因行为时空特性而形成的"量化"问题进行证明，甚至还需要对行为的时空本身进行证明，以判断行为的性质。

从微观层面讲，时空本身也是当前解决行为证明问题的重要突破口。证据学领域认为，物证之所以"能证明案件真实情况"关键在于双联性。所谓"双联性"是指：作为物证之物，一方面必须和案件中任一人、事、物、时、空存在联系，另一方面又必须和受审查的人、事、物、时、空存在联系。[①] 司法证明同一论认为，虽然社会生活的复杂性和多样性决定了案件事实的复杂性和多样性，但是形形色色的案件都是由一些基本事实要素构成的，即何事（What matter）、何时（When）、何地（Where）、何情（How）、何物（What thing）、何人（Who）。任何案件都是在一定时间内发生的，因此时间是案件的重要特征之一。任何案件都是在一定空间内发生的，因此空间也是案件的重要特征之一。[②] 可见，时间与空间本身就是证据与证明的基础性问题。在网络对时空特性的突破下，时空问题将变得更为复杂而且更显重要。

不论实体法是否来得及对网络空间作出类型化区分，就犯罪证明而言，每一个具体案件势必会涉及行为空间的事实证明问题。因为只有通过发现每一个具体网络犯罪行为的所属空间与受众范围，才能进一步发现证据的存在与证明的路径。实际上，这些行为事实势必也会反作用于实体法上的行为定性。

从技术理论上讲，网络空间都具有模型化的天然属性，所以模型化就是人们用来认识犯罪行为空间状态的基本方法。换言之，只要涉及人对网络行为的认识活动，人们首先就要调用模型化思维去认识网络行为的空间结构，立法或司法均不能外。具体而言，就是要基于局域网、广域网或是互联网的技术环境以及具体行为在网络技术架构组织体系上所采取的技术方案（C/S、B/S 或者 P2P）来判断该网络行为的空间结构。进而，基于这种特定的行为空间结构来确定特定网络行为的实施方式乃至法律性质。

---

① 徐立根，"论物证的双联性"，《法学家》，1997 年第 2 期，第 15 页。
② 何家弘，"司法证明同一论"，《中国刑事法杂志》，2001 年第 1 期，第 86 页。

二、模型化对具体网络犯罪行为方式的认识功能

空间是我们认识网络犯罪行为的第一要素，但非全部。在网络行为空间认识的基础上，还要对"主体—行为—客体"进行判断，以确定具体网络犯罪行为的实施方式。显然，主体在网络犯罪的具体实施方式上必然也是变化多端的。可以说，每一个或每一种新的网络犯罪形态就是一种网络行为具体实施方式的升级或突变。因而，当遭遇新的网络犯罪形态时，我们都需要从头开始分析并认识新的行为方式以及相关的法律问题，而分析与认识的逻辑进路依然是"技术—行为—法律"。诚如实务专家所言，网络犯罪研究要遵循先搞清技术原理再谈法律的基本路径，避免法律论证脱离技术原理"自说自话"。①

"技术—行为—法律"的逻辑进路决定了任何法律分析都要从技术的模型化思考开始。在此，以笔者办理网络犯罪案件的方法思路举例说明。具体而言，在伪基站犯罪开始出现时，笔者就试图采取模型化思维帮助司法机关从技术原理上认识伪基站犯罪的行为样态，并对这种技术行为的证据分布及相应的可靠性判断提出建议。

如图 6.1 所示，伪基站犯罪的技术原理是，非法基站通过发射与周边移动通信基站频率相同但信号更强的信号，致使手机网络位置更新，进而使得其附近手机终端自动脱网并连接到该伪基站网络。其后，伪基站就可以向这些移动终端发送任意数量、任意内容、任意主叫号码的短信。

伪基站是利用第二代公众移动通信系统（GSM）网络规范的技术缺陷而实现，即只有网络对手机的识别而无需手机对网络的识别。具体而言，GSM 采用单向认证的体制，即在移动终端通信的过程中，移动运营商网络可以识别移动终端的身份，并对其身份进行验证。但是，移动终端却无需验证其连接的基站是否为合法基站。因而，伪基站就可以伪装成为移动运营商的合法基站，使用与运营商相同的 GSM 频段，占用无线电频点，并搜索以其为中心、一定范围半径内的手机终端。利用 GSM 网络规范的这种单向鉴权漏洞，伪基站就可以强行让周边的手机终端脱离合法基站的网络信号，进而连接到自己的非法基站网络，以实现终端

---

① 喻海松，《网络犯罪二十讲》（第二版），北京，法律出版社，2022，第 631 页。

信息获取并强行推送信息。

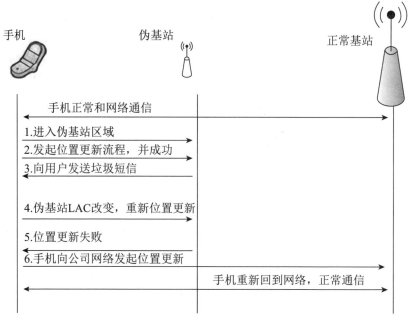

图 6.1　伪基站的技术原理

　　基于上述技术原理，就可以进一步分析伪基站犯罪的手法与方式，进而发现对应犯罪手法与犯罪方式其技术行为的证据分布，并理解不同技术证据的可靠性及其所应采取的技术证明方案，如图 6.2 所示。

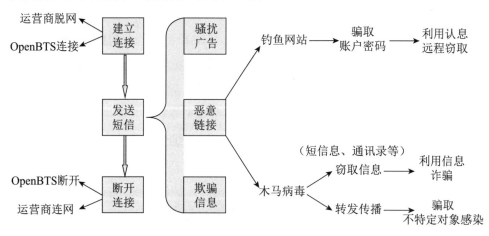

图 6.2　伪基站犯罪的行为过程

进一步地，只有在进行伪基站犯罪的技术分析和行为分析之后，才能根据伪基站的犯罪手法以及犯罪方式特点及其类型来讨论它所带来的法律问题。比如，伪基站是非法广告还是诈骗行为？如何认识向不特定多数人发送的伪基站是一次诈骗行为还是多次诈骗行为？如何认定犯罪的既遂或未遂？如何优化区域管辖和级别管辖，建立大管辖与大侦查的理念？如何优化立法以及发挥司法解释的能动性？如何看待网络犯罪的空间扩张、对象变化和客体升级？只有充分理解网络犯罪背后的技术原理与行为变化，才能对这一系列法律问题作出回应。

同理，当二维码犯罪猖獗时，我们同样需要借助模型化思维，以"技术—行为—法律"为逻辑进路进行思考应对。二维码因为其在技术上的便捷性而广泛运用于名片、地图、WIFI密码、资料共享、网站跳转、广告推送、优惠促销、电商扫码、防伪扫码、电子会员、手机支付等各种场景。便捷的反面便是负面问题，即二维码需要经过编码与"压缩"，因而产生了不直观性问题。这就为违法犯罪行为带来了技术上的可能，偷换二维码、对调二维码、伪造二维码、传播恶意链接等犯罪形态层出不穷，如图6.3所示。

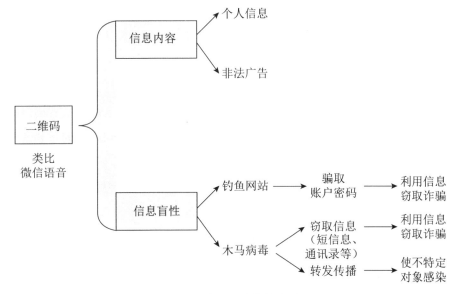

图6.3　二维码犯罪的技术原理

图6.3展示了二维码犯罪的类型和技术原理。显然，二维码犯罪的技术本质是：编码与"压缩"所产生的信息"盲性"，使得人们无法直接识别判断二维

码链接的真正对象，进而给各种网络犯罪带来了利用机会。基于这种技术与行为的理解，司法实务部门以及相关互联网企业就可以采取相应的技术方案来避免二维码犯罪的发生。

当然，在快播案中，传播行为的认识同样也要遵循"技术—行为—法律"的逻辑进路而展开，而模型化思维仍然是最为主要的分析方法。跳过对行为技术与技术行为的认识和理解而径直寻求法律规范的适用必然有失偏颇。此处不再赘述。

综上所述，不论是网络犯罪的行为空间分析还是具体实施方式的考量，都需要借助于模型化思维而展开。模型化分析的本质是利用技术工具的思维去认识行为本身，而行为本身的模型化现象使得法律的模型化思维成为必然选择。

三、网络空间及其行为模型化对犯罪证明的影响

不论是网络犯罪行为所基于的特定网络空间，还是网络犯罪行为所实施的特定方式，对它们的认识都直接关系到犯罪证明的达成。对网络空间的理解往往决定了犯罪行为证明的努力方向，而对具体网络犯罪行为方式的认识则往往关涉到犯罪证据的发现与确定。因而，模型化思维能够对网络犯罪证明带来全新的破解方法。

首先，网络空间的差异性直接影响网络犯罪证明的方向。这一点在前述快播案中已经得到充分体现。快播公司到底是采取了 P2S 架构还是 P2P 架构，抑或是二者兼有，决定了快播行为证明的逻辑进路。如果快播公司采取的是 P2S 网络架构，那么快播行为的证明与一般的网络犯罪（如网页、博客等犯罪）的证明路径没有区别，即从服务器上去寻找技术"操作"行为的证据。但是，如果快播公司采取的 P2P 网络架构，那么就在一定程度上涉及算法行为的证据与证明问题。在 P2S 与 P2S 两者兼有的情况下，两者均要展开调查，其中包括对 P2S 与 P2P 这两种网络之间资源互通的"操作"行为或算法行为策略。

诚如实务专家盘冠员先生所言，迄今为止，作为客户机和服务器的这两种网络体系架构尚未改变，因而网络犯罪的证据证明制度应当基于这种技术架构而建立。笔者认同这种观点，基于客户机和服务器的行为调查与证明制度应当成为网络行为证明的基本结构。但是，也要注意到，随着网络技术的发展，网络技术架

构也会随之升级，快播公司所采取的P2P就是这种技术体系升级，它又带来了新的网络空间变化。综言之，基于不同的网络空间技术架构形成不同的证明制度构造，这是当下非常值得学术界努力的方向。顺便，这种制度构造未并要追求对传统证明制度的超越，虽然未来不无可能。这取决于人们对司法证明制度的价值取向是否做了新的取舍与平衡。

其次，网络犯罪具体技术行为的实施方式决定了犯罪证据的分布及其所应采取的技术证明方案。就以前述的伪基站犯罪为例，如果不能理解这种网络犯罪的具体技术行为方式，就不能发现软件操作界面显示的发送数据很可能含有"水分"（比如，为了骗取非法广告的费用等）。如果不能对这种网络犯罪的具体技术原理进行分析，就不能发现伪基站日志有可能"不正常""不准确""找不到""不存在"等技术问题。这些影响都可能使犯罪行为的事实证明失去应有的客观、真实、准确的理性追求，进而使犯罪打击陷入或枉或纵的尴尬。简言之，如果不能对技术行为及其相应证据做出准确理解，就有可能使一切证明方法的运用归于无劳。

在信息"爆炸"的时代，最难能可贵的是抓住本质的方法思维。在一切信息化与数据化的智能时代，网络犯罪证明的主要困难可以归因于：如何在海量信息数据中进行犯罪证据的精准定位以及技术证明方法的核心把握。剥开极为复杂的表象、抓住问题的本质是信息时代的问题之踵，也是难言之饬。

面对世界万象之变化，只有抓住问题的本质才能从真正意义上解决问题。当问题的表象形态千变万化时，只有掌握核心的思维方法才能克服万难，一味地追求形式上的稳定和现象上的归纳，终究是对世界变化的漠视，也是对世界变化规律缺少敬畏。换言之，在变化相对稳定的时代，我们专注于归纳法的运用，但是在世界剧变时，只有演绎法才能够克服万难。模型化就是一种应对网络智能社会万象变化的核心思维方法。

最后，采用模型化思维思考网络犯罪证明问题，包括网络空间以及具体网络犯罪行为方式，都要采取多元化与差异性的视角，也就是具体问题具体分析的基本原则。一方面，不同网络环境的空间设计，网络犯罪行为的证明思路就应有所不同。局域网、广域网或互联网的行为空间，其行为证明就明显不同。采取不同网络体系架构的行为组织结构，其行为证明也就不同。另一方面，不同网络技术方案的犯罪行为方式，犯罪证明的思路也应有所不同。不同网络系统的技术设计，犯罪行为证明的思路应该有所不同。人工操作的网络系统与算法控制的网络系统在行为证明上就明显不同。不同网络主体的类型，证明思路也不尽相同。网络平台的犯罪证明与网络用户的犯罪证明，在技术证明方案上也不应相同。从理论上讲，不同网络规范的刑法设计，在证明目标上也应不同。行为犯与结果犯在犯罪行为的证明上就应当采取不同的证明思路。可见，多元化与差异化的视角是对网络行为多样性与复杂性的充分尊重。

面对网络与智能时代，笔者不敢妄言某种犯罪模式或技术证明方法已趋于成熟或予行归纳，最终只能止步于某种方法思维的提出，即模型化。要知道，虽然理论研究的终极目标总是寄望于追求某种条件的不变性，抑或是某种形态的相对稳定，从而形成一种常态化或可统一的理论假想，但是网络智能技术对实践行为的影响是人类所远远不能预料的，人们应该对科学技术的发展及其对实践行为的影响保持敬畏之心，尤其是理论精英要保持极其谨慎且克制的态度。因为，理论始终也是变化的。

第二节　网络犯罪的类型化及其证明影响

随着工具语言的统一，技术行为的工具越来越先进，技术行为的迭代越来越快，技术行为的方式也越来越复杂，技术行为的表现方式也更加自由和多样化。从立法意义上讲，行为的形态越是复杂，立法类型化的难度就越大。因为，法律治理本身是一种先归纳后演绎的运行过程，归纳是不可避免的前置工作。这就导致了法律运行的困难。

然而，作为盛行物质时代几千年的法治模式，它终究是人类当下在内心上最有可能寄托的信仰。因而，迎着思维定式遇难而上，这是人类当下很无奈的选择与归宿。顺着这种内心的寄托，以下试图对网络犯罪类型化的理论进路提供些许建议，主要包括网络犯罪技术的类型化研究和网络犯罪行为的类型化研究。

但是，也要认识到，在行为工具与工具行为都充满不确定性的时代，寄望于归纳形成一种相对稳定的行为模式已经十分困难。因而，在司法实践中，笔者建议，司法人员要尽量针对每一个案件的行为工具和工具行为积极展开特定化的分析思考。这里的立法问题讨论，可以作为司法实践的思维方法参考。

一、网络犯罪的技术类型化

随着网络技术的发展，人们越来越认识到，网络行为的技术工具乃至其所形成的空间，也应该纳入法律保护的范畴。这是因为，它们产生了某些利益，或者是个人利益，或者是社会秩序，或者是国家安全，等等。比如网络系统、网络数据等已经成为关涉人们切实利益的新兴问题，它们直接关系到公民或单位的利益乃至社会秩序和国家安全。

我国《网络安全法》将网络系统、网络数据以及网络空间利益提到了前所未有的高度，并赋予它们"安全法益"的性质。然而，《网络安全法》的立法是否科学合理，是否还有遗留问题？这可以借助模型化思维进行检视。

对此，可以基于网络行为的基本模型，对网络安全的主客体关系进行思考，如图 6.4 所示。

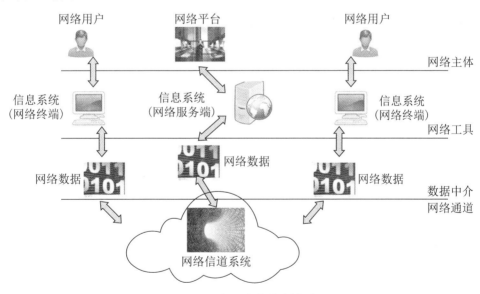

图 6.4　网络行为的基本模型

网络行为的基本模型，首先反映了网络行为主体的二元化特征，即网络用户和网络平台。其次，在二元化主体视角下，网络行为主要包括主体、系统、数据、信道这四个环节。从理论可能性来讲，这四个环节都存在对应的安全问题，即主体秩序安全、网络系统安全、网络数据安全和网络信道安全。因而，网络安全的主客体关系就应围绕着二元主体和四面安全展开。

所谓主体秩序安全，是指相关人从事网络活动不得破坏人与人所形成的社会安全秩序，包括传统社会秩序和网络社会秩序。比如，不得进行网络造谣、网络诈骗、非法交易等。显然，传统社会秩序和网络社会秩序往往互相牵连或竞合。

所谓网络系统安全，是指相关人不得从事破坏他人网络系统（工具）的活动。既包括不得破坏网络用户用于访问网络资源的"网络访问系统"，也包括不得破坏网站平台用于向他人提供网络资源服务的"网络服务系统"。同时，因为网络平台所特有的集群性和管理性，网络平台对自身的"网络服务系统"具有专门的系统安全维护义务。

所谓网络数据安全，是指相关人不得从事窃取、监听、破坏他人网络数据的活动。既包括不得窃取、监听网络中的传输数据，也包括不得窃取、破坏网络系统中的存储数据。与前同理，网络平台对网络数据安全负有专门的安全保障义务，且不得非法利用其所管理的网络用户数据。

所谓网络信道安全，是指相关人不得从事故意破坏网络通信信道的活动。既包括不得破坏网络基础设施等影响网络传输功能的活动，也包括不得从事恶意占用、滥用、堵塞网络信道等影响网络传输效率的活动。同时，因为网络运营商、网络服务商对于维护网络基础设施安全、管理网络基础资源具有特定的义务和责任，所以他们也是网络信道安全所涉及的特殊主体。

基于以上主客体关系，网络安全法律规范就可以在理论视角下进行检视。可以发现，我国《网络安全法》在网络系统安全和网络数据安全方面都有所考虑和涉及，虽然也不尽显全面或科学。但是，该法对网络信道安全的关注缺乏几乎是不可容忍的。

从技术实践来看，网络信道系统的安全保护对于国家安全而言至关重要。比如，2016 年美国西海岸就曾连续遭受僵尸网络的 DDoS 攻击，其中高强度攻击流量的峰值达到 172 MBps，这相当于每秒发送约 100 万个数据包或者每秒 400 Gb 的数据。在此攻击之后，美国白宫网络安全特别委员会就发布建议并向总统递交报告。该报告认为，美国当前网络安全问题已经非常严重，必须尽快采取应对举措，否则事态将很快失去控制。实际上，在此前的 2014 年底，朝鲜的互联网也疑似被其他国家实施了 DDoS 攻击，导致全国互联网多次长时间中断。尤其是，在最近的 2022 年，谷歌公司的 Cloud Armor 客户服务也被 DDoS 攻击，并创造了每秒峰值达 4600 万个请求的世界记录。虽然谷歌及时检测发现并拦截了此次攻击，但是谷歌仍然指出：DDoS 攻击的数量呈指数级增长，而且是由大量恶意机器人提供的，因此这一记录可能不会保持太久。

从网络行为理论与网络空间主权来看，网络信道就犹同传统地面上的行人马路一样，是非常重要的行为空间。或者说，就技术行为上的网络空间而言，它是最为重要的组成部分，因为一切网络行为都必须基于这种信道空间而实施。因而，信道系统的安全保护对国家的网络空间安全而言是一个非常重要的基础性问题。换言之，我国《网络安全法》对信道系统安全保护的缺失，使得它失去了开篇所宣示的"维护网络空间主权和国家安全"的价值追求。

当然，这也意味着我国《网络安全法》无法对破坏网络信道功能和恶意占用、滥用、堵塞网络信道系统的违法行为进行规制，也无法对类似 DDoS 攻击等信道攻击的行为进行制裁。值得庆幸的是，我国刑法对网络信道系统的安全保护还存在着法律解释的空间，即《刑法》第 124 条所规定的"破坏公用电信设施罪"一定意义上可以扩张解释为网络信道系统的安全保护。

除了网络信道系统安全以外，我国刑法实际上对网络系统安全和网络数据安全也做了相应的规范保护。《刑法》第 285 条规定的非法侵入计算机信息系统罪，非法获取计算机信息系统数据、非法控制计算机信息系统罪，提供侵入、非法控制计算机信息系统程序、工具罪及第 286 条规定的破坏计算机信息系统罪，它们保护的就是网络系统和网络数据的安全。从这个意义上讲，我国刑法与《网络安全法》在网络安全客体的规范保护上体现了一定的对称性。

特别注意的是，网络系统安全、网络数据安全和网络信道安全这三个方面都出现了过去传统行为从未出现的而网络领域特有的新型违法犯罪形态，即网络系统安全层面的漏洞扫描行为、网络数据安全层面的网络爬虫行为和网络信道安全层面的 DDoS 攻击行为（伪基站也是此类）。但我国刑法与《网络安全法》均未对这些新型网络行为做出规范上的回应，这势必会对司法实践中相应行为的规范处置带来诸多争议。诚然，这可能与立法机构对这些新型行为的认识能力有关，解决这个问题的关键就是运用本书的模型化思维，实际上对它们的类型化研究本书大体上都已讨论涉及。

不可否认，不同国家对网络安全的关注侧重有所不同。但是，它们无一能够离开以上所述的、理论上的网络安全客体。它们总能从网络行为的基本模型找到对应的法律客体或法益。因而，科学严密的网络安全立法必须与网络技术的安全体系以及相应的技术行为相对接。

比如，日本 2014 年《网络安全基本法》主要侧重于网络管理主体的设置与管理职能协调。[1]美国 2015《网络安全法案》开篇布义将网络安全的目标限定在：保护信息系统或其内存储、处理、传输的信息，使之免遭网络安全威胁或网络漏洞（脆弱性）。[2]欧盟 2016 年《网络与信息安全指令》则更关注网络主体及其间的安全响应管理与合作流程管理。[3]我国《网络安全法》则以"网络安全法"之名行"网络安全管理法"之实。

事实上，从网络行为的基本模型出发，《网络安全法》理论上可以作为一种网络领域的基本法，囊括主体秩序安全、网络系统安全、网络数据安全和网络信道安全。当然，这是广义上的网络安全。

然而，我国《网络安全法》采取了狭义的立法思路，即只包括了网络系统安全、网络数据安全以及理论上可再增加的网络信道安全。反言之，因为我国《网络安全法》并未将网络社会的主体秩序安全考虑在内，所以网络社会的主体秩序安全方面只能交由传统法律的相关行为立法去解决。因而，传统立法中的行为类型化问题就显得更为重要，因为它需要把网络行为与传统行为在一定程度上区分开来。这是《网络安全法》在立法路径上的选择使然。

---

① 日本《网络安全基本法（サイバーセキュリティ基本法）》，http://law.e-gov.go.jp/htmldata/H26/H26HO104.html。

② 美国《网络安全法案》（*Cybersecurity Information Sharing Act of 2015*），https://www.congress.gov/bill/114th-congress/senate-bill/754/text。

③ 欧盟《网络与信息系统安全指令》（*Network and Information Security Directive*），DIRECTIVE (EU) 2016/1148 OF THE EUROPEAN PARLIAMENT AND OF THE COUNCIL of 6 July 2016，https://publications.europa.eu/en/publication-detail/-/publication/d2912aca-4d75-11e6-89bd-01aa75ed71a1/language-en。

二、网络犯罪的行为类型化

《网络安全法》在立法路径上对主体秩序安全的忽视，使得传统行为立法时要特别注意网络行为与传统行为的区分。这种区分是要特别考虑到网络在时、空、质、量上的特性。换言之，网络犯罪的行为类型化要特别考虑到行为空间上的差异性、行为时间上的紧迫性、行为主体上的同一性和行为对象上的特殊性。

具体而言，网络犯罪行为的类型化首先要考虑到行为空间的区别。比如，如何结合网络环境的技术架构，区分人类公共空间、国家公共空间、社会公共空间、平台公共空间、群体公共空间以及个人私密空间，等等。显然，因为网络技术在空间设计上的自由化，网络犯罪的行为空间要形成多个层级的区分。一般来说，个案中的网络犯罪行为空间，需要根据本案中的特定网络环境及其技术架构做出区分和认定。

其次，网络犯罪行为的类型化要考虑到时间上的特点。空间与时间存在互相转换的特性，网络行为在空间上的扩张同时带来了时间上的放大效应。如何看待网络行为在互联网时空下放大效应所产生的行为后果，这是网络犯罪行为类型化要特别注意的问题。换言之，在很多网络犯罪行为下，时空放大效应使得犯罪行为脱离了主体意志的控制范围。在这种情形下，不能唯结果论。否则，就会陷入客观归责[①]的法律错误。

再次，网络犯罪行为的类型化要特别关注行为对象的范围变化。尤其是在传统犯罪行为网络化的情况下，要特别注意存在由特定对象范围到不特定对象范围的升级情形。以诈骗犯罪为例，有些是传统诈骗对网络工具的简单利用，但有些则是诈骗行为在网络工具上的升级利用。因此，要注意识别传统犯罪行为在特定对象范围与不特定对象范围上的区分，甚至还要关注不特定对象范围的大小。后者往往与行为空间的技术架构存在密切联系，虽非必然。

最后，网络犯罪行为的类型化还要注意平台行为和用户行为的区分。平台行为未必等同于单位行为，也可以是自然人行为。用户行为也未必等同于自然人行为，也可以是单位行为。比如，快播案中是否存在单位行为的自然人化就是一个

---

① 陈璇，《刑法归责原理的规范化展开》，北京，法律出版社，2019 年，第 177-178 页。

非常重要的关注点，即快播公司是否以网络用户的匿名身份上传非法视频，是该案行为定性的重点之一。要特别注意，网络平台与网络用户的区分并不是行为主体层面的类型区分，而是行为模式层面的类型区分。准确地说，网络平台与网络用户是人开展网络行为的技术主体，但从整体人的行为视角下它仍然只是行为模式层面的内涵。

在此，考虑到网络平台在网络社会中的枢纽作用，因而特别针对网络平台的行为类型化提出建议。如前所述，网络平台是行为模式层面的问题，如果将其偏视为网络主体层面的问题，就会使对网络平台的行为理解陷入误区。事实上，在传统思维方式下人们往往把网络平台直接理解为互联网企业。

基于这种理解，法律与行为视角下的网络平台类型区分应该采取行为模式的视角。基于对香农模型的技术理解，网络平台的技术行为首先应当考虑到"信源"的不同，即根据信息的来源不同将网络平台的行为类型化为"自供自给型"和"引导交换型"。这以技术行为的信息流动为视角，也是考虑到网络平台在信息资源交换中的功能与角色不同。在"引导交换型"的网络平台行为中，网络平台只承担引导信息资源交换的功能，不承担收集、提供信息资源内容的职能。在"自供自给型"网络平台行为中，网络平台既承担引导信息资源交换的功能，又承担收集、提供信息资源内容的职能。

当前互联网领域的各大网络平台均可依此二种行为模式予以分类囊括。具体而言，百度（搜索）的"引导交换"职能最为典型，它自己并不提供信息资源内容本身，它属于"引导交换型"网络平台。新浪（新闻）、网易（新闻）等的新闻资源主要来源于自己的采编，这属于"自供自给型"网络平台。阿里的淘宝网无非是提供"引导交换"的网络平台，他们自己并不出售商品本身。不尽相同的是，京东商城则以自营为主，更倾向于"自供自给型"。从本质意义上讲，移动联通电信也是"引导交换型"网络平台，他们不过是提供"通信信息"的引导交换。至于腾讯公司，虽然服务类型复杂，但亦可分门别类地划入两种平台类型。比如，微信、QQ等即时通信本质上与移动联通电信一样属于"通信信息"的引导交换；新闻、游戏等则与新浪（新闻）、网易（新闻）一样属于"自供自给型"。

在社会实践中，互联网企业也往往同时采取"自供自给"与"引导交换"这两种平台行为模式。两种平台行为模式互相交融，这是非常常见的事情，也是两者区分之意义所在。换言之，从行为模式视角对网络平台进行"引导交换型"与"自供自给型"的类型区分，这对于互联网企业的行为定性，尤其是可能发生的犯罪行为定性，具有至关重要的意义。这两种行为模式的提炼，也有利于立法机构、司法人员建立以行为模式归责的思维，从而避免陷入以行为主体归责的误区。

行为模式的类型化还有益于行为义务与法律责任的类型化。从行为与法律角度而言，这两种类型"网络平台"所应承担的行为义务与法律责任是不尽相同的。于"自供自给型"网络平台而言，它们既要承担"合法"开展引导交换的责任，还要承担信息资源内容本身的法律属性瑕疵责任。比如，不能提供盗版的、淫秽的、未取得法律权利的资源内容，不能提供涉及违法犯罪的资源内容，等等。这不难理解。而于"引导交换型"网络平台，其法律义务则应限制在"引导交换"的行为范围。这是由于，在"引导交换型"行为模式中，信息资源内容本身的法律属性瑕疵是由网络用户的违法犯罪行为所产生，而非由网络平台自身行为所导致。因而，只有行为人才应承担相应行为的责任，"引导交换型"行为模式下的网络平台不应该也不可能对网络用户的违法犯罪行为负责。当然，如果"引导交换型"网络平台在明确的法律告知或权利人通知下，没有采取妥当的监管措施，进而导致（他人）违法犯罪行为的进一步扩大，那么它有可能构成该（他人）违法犯罪行为的转化形态或共同犯罪。这也会导致相应法律责任的调整。

三、网络犯罪的刑法类型化及其证明影响

行为时空以及行为方式的不同，会涉及不同刑法利益的区分。当前，我国刑法领域的法益区分主要有：国家安全法益、公共安全法益、市场经济秩序法益、人身民主权利法益、财产法益、社会管理秩序法益等。由于不同法益对社会的危害性不同，因而不同法益的犯罪往往采取不同的证明标准，有些是行为犯，有些是结果犯，有些则兼而有之。

就以当前最为高发的网络犯罪诈骗形态而言，如果诈骗行为是针对公共的行为时空，抑或是针对不特定对象而实施的，它就不再是财产犯罪，而可能转变公共安全犯罪。针对财产犯罪和针对公共安全犯罪涉及刑法上不同的法益区分，其表现形式是刑法分则的归处不同。

刑法分则的归处不同，这会给犯罪证明带来不同的任务与目标。如果是针对公安全犯罪，按照我国刑法理论，这种诈骗犯罪一般应理解为行为犯，因而它应采取行为证明的入罪标准。如果是针对财产犯罪，那么它就是结果犯的范畴，因而必然就是结果证明的入罪标准。这就会带来行为与后果上的因果关系证明问题，即数额证明问题。值得重点提示的是，即使我们对不特定对象的诈骗犯罪采以公共安全犯罪的刑法设计，也不代表必须课以较高或很高的刑罚起点，也不妨碍行为后果对这种犯罪行为的刑罚加重。当然，如何发挥行政法规范对公共安全法益的保护功能，使之与刑事法律规范相对接，这确实是当下网络法律体系的重要研究内容。

最后，立法人员与司法人员必须认识到，技术行为的多元化评价是一种常态，而非例外。同一种技术往往产生多种不同的技术行为方式，不同的技术行为方式需要不同的法益区分与不同的证明标准，进而予以多元评价。基于这种逻辑，在刑法分则体系中的不同章节，对同一种技术所产生的不同犯罪行为类型进行分别规制，应当成为刑法规范设计的常态。如果漠视这种现象的存在，就会引起刑法规范与技术行为的认知冲突。这是法律价值观对技术行为多元化的应有回应。

第三节　网络犯罪证明方法的模型化及其运用

因为网络犯罪在行为方式上呈现出多样化和复杂化的特点，而每一种网络犯罪行为都要有相应的技术证明方法，所以试图寻求一种稳定不变的技术证明方法来解决所有犯罪证明问题，这是几无可能的。更为麻烦的是，因于技术行为变化的剧烈性和频繁性，网络犯罪行为的技术证明方法也必须频繁更新、同步发展，所以期待于某种技术证明方法的归纳或稳定，这是一个十分奢侈的想法。人们最后只能期待于针对个案定制研究专门的技术证明方案。也就是说，随着网络犯罪的发展，每个案件或每一类案件需要研制出与其相应的技术证明方法，并与犯罪技术保持同步更新。

纵然如此，人们仍然需要一个相对稳定的理论参照系用来发现并指明解决问题的方向。为了应对技术行为的剧变性，这种参照系只能从底层理论去寻找，因为越是上层应用就越容易遭受变化性所带来的冲击。这就是网络犯罪证明在方法模型化上所要探讨的问题。

一、网络犯罪证明方法模型的提出与构建

相对于具体技术证明方法的应变性，技术证明的方法思维却是可以相对稳定的。从某种意义上讲，技术证明的方法思维可以统摄和指导具体技术证明方法的研究和展开。因而，如何形成网络犯罪证明的技术方法思维，这是当下法律界与技术界应当共同关注的基本理论问题。

就模型化思维而言，网络犯罪证明方法体系所要解决的问题是，如何将网络犯罪行为事实的证明模型与网络犯罪行为要素事实的技术证明方法实现融合统一。具体而言，就是在网络犯罪行为事实证明模型的基础上，将所有可能运用于行为要素事实证明的技术方法进行模型化描述，并形成统一稳定的方法体系。

以下是笔者结合实践与理论的复合研究、法律与技术的交叉研究所提出的网络犯罪行为事实的技术证明方法模型，简称网络犯罪证明方法模型，如图6.5所示。

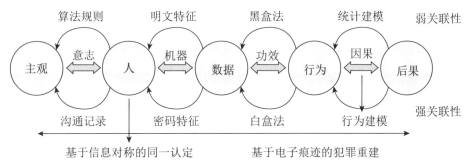

关联性：特征反映度+数据充分度
真实性：技术可靠性+案情可靠性
合法性：程序规范性+技术规范性

图6.5　网络犯罪证明的方法模型

上述模型，首先就"主观—人"的意志证明而言，主要是基于沟通记录的证明和基于算法规则的推定。前者是行为意志的数据化问题，即因为网络技术的特

定原因，人们往往通过数据信息进行沟通，而沟通的记录就是行为意志外化的体现。后者是行为意志的工具化问题，即因为行为人表达意志要假之于算法工具，所算法工具中所蕴含的技术规则就反映了行为人的意志状态。

其次，就"人—数据"的同一性证明而言，一种传统思路就是通过机器的管理或控制关系来证明人与数据的同一性关系。另一种是技术证明思路，即通过数据中所包含的明文特征或密码特征来证明人与数据的同一性关系。

再次，就"数据—行为"的关系证明而言，可以通过技术上的黑盒法或白盒法来证明行为数据与数据行为的功效关系。就算法行为而言，一般只有白盒法才能更为直接地证明具体的技术行为。而技术行为所遗留的数据信息"痕迹"是重构、还原相应行为过程的重要依据。

最后，对于"行为—后果"的证明，由于存在泛大数据化的现象，因而可以采用行为建模与统计建模的方法来实现行为因果关系的证明。统计建模一般用于发现证据的存在范围，而行为建模则用于确定数据与行为的因果关系及其强弱。

在"主观—人—数据"的同一性关系中，思维方法的根本是基于信息对称性与不对称性的同一认定。这种认定方法最后必定立足于概率上的相对判断，偏向于主观思维的作用。在"数据—行为—后果"的同一性关系中，思维方法的根本是基于电子痕迹的犯罪重建。这种认定方法虽然最后也是立足于概率上的相对判断，但是因为数据的客观性使之相对概率极高。不论如何，它们都受到数据证据在关联性程度上的影响，而这种关联性程度与特征反映度、数据充分度都密切相关。值得注意的是，数据证据的关联性程度，还与数据证据本身在自然属性上的可靠性（真实性）直接相关。合法性只是数据证据得以进入司法运用的社会属性。前者可以基于技术可靠性和案情可靠性进行判断，后者可以基于程序规范性和技术规范性进行排除。

上述网络犯罪证明方法模型，不仅刻画了行为事实证明的维度，还可以反映行为要素事实证明的相关性程度强弱。具体而言，一方面，在证明方法模型中，任一环节的行为要素事实证明都可以调用整个模型中、其他任一环节的证据进行证明。比如，当证明"人"的要素事实时，既可以用机器的使用者或控制者来证明，也可以用反映意志状态的主观证据来证明，还可以用机器中的数据以及数据所实施的具体行为来证明，甚至采以行为的后果或效果。再如，当证明数据归属的要素事实时，既可以通过机器的所有者或管理者来证明，也可以通过数据所表达的具体行为来推断，当然还可以通过行为的后果或效果来反推数据归属，抑或是根据人的身份和主观意志来做出判断。以上是证明方法模型在思考维度上的功能。

另一方面，在利用证明方法模型进行各行为要素的事实证明时，一般情况下，越是相近环节的证据，证据相关性越强，证明效果越好。也就是说，当证明行为"人"时，"机器"和"主观"意志的证据相关性一般相对较高，而"数据""行为"的证据相关性相对较弱，"后果"的相关性最差。当证明"数据"归属时，"机器"和具体数据"行为"的证据相关性相对较高，而行为"后果（效果）""人"的身份对证明的相关性相对较弱，"主观"意志的相关性最差。

以上即为网络犯罪证明方法模型的"双向相近优先原则"。它对于司法人员寻找行为事实的证据所在和相应的技术证明方法具有很强的思维启发性。

二、网络犯罪证明方法模型的运用原则

任何方法都存在运用的基本原则，网络犯罪证明的方法模型运用也不例外。如前所述，"双向相近优先原则"是网络犯罪证明方法模型运用的第一原则。另一个原则，即言词证明辅助原则，是网络犯罪证明方法模型运用的第二原则。前者的优势及价值取向是"公正"，后者的优势及价值取向是"效益"，它们都是司法证明的主要价值取向。其中，言词证明辅助原则是网络犯罪证明对传统人证证明方法的价值回应。

所谓双方就近优先原则，是指不论哪个方向、离待证环节事实较近的证据原则上具有优先证明的能力。这个基本原则的理论依据是信息熵理论，即从信号处理角度而言，随着信息的传递和处理，原始信号被污染的概率会越来越大。从理论上讲，联系越近（紧密），它对行为的事实信息损失就越少。随着信息的传递和扩散，行为事实的信息失真概率就会不断增加。因而，离待证环节事实越近，行为的事实信息就越大概率接近行为本源。

双方就近优先原则对于判断证据的相关性及其所证明的行为事实的可信性都有非常重要的意义。就前者而言，一方面，当司法人员需要证明某一环节的行为事实时，首先应该从双向就近的环节去寻找证据，其次才是拓展到相对较远的环

节去加强。这是因为，一般情况下，前者的存在可能性更高、相关性也更强。另一方面，当相近环节的证据与相远环节的证据在事实信息的相关性程度或可靠性上产生冲突时，一般情况下，也应该遵循"双方就近优先"的判断原则。就后者而言，在相近环节和相远环节的证据都十分可靠的情况下，如果两者所证实的行为事实信息有所差异或不同，也要遵循"双方就近优先"的判断原则，即相近环节的行为事实信息更宜被采信。当然，这是从证据事实的证明视角而言的。

在刑事实体法的视角下，则并非如此。基于主客观相统一的原则，刑事实体法对行为事实的认定，应该采取从"从左到右"的"就近优先原则"。这是因为，如前文所述，受制于网络技术工具和网络空间的特性，人的技术行为与行为主体的间隔更加遥远。因而，人的具体行为及其后果（效果）就更容易偏离行为主体的意志控制。换言之，离行为意志与行为主体越近的技术行为事实，就越接近行为意志与意志行为的真相。这是网络犯罪证明的方法模型，当然也包括网络犯罪证明模型在行为学与刑事实体法下的理解。

所谓言词证明辅助原则，是指不论网络空间的数据证据如何充分，司法人员都应当积极借助传统物理空间的人证即言词证据进行辅助判断。这是因为，任何行为都是当事人的意志在行动上的外化，所以只有当事人自己最可能了解自己内心的想法。同时，网络空间毕竟不能脱离传统物理空间而存在，因而传统物理空间相关人的见闻也有可能有益于网络空间行为的判断。但是，也要注意到，因为人在主观记忆上的错误认识概率极高，且在网络行为方式下行为意志本身也存在失控的极大可能，所以言词证明最终应当退之以辅助的角色。

言词证明辅助原则也是信息熵理论的运用，但是它不是信号处理层面的理解，而是信号来源层面的理解。从行为认识的角度而言，网络空间与物理空间相隔甚远，因为其间有不可逾越的"鸿沟"，即数字身份。因为司法人员离物理空间更近，所以物理空间的信息取得就更为容易。在司法活动资源受限的情况下，这是非常值得采取的效率策略。因而，对网络犯罪证明而言，人证及其言辞是最有效率的"证据"。相反，效果则不足。

综言之，"双向相近优先原则"是网络犯罪证明的效果考量，其价值取向是"公正"。"言词证明辅助原则"是网络犯罪证明的效率考量，其价值取向是"效益"。两者并行，有主有次，方能发挥技术证明方法和传统证明方法的双重优势。

三、网络犯罪证明方法模型的原则例外

任何原则都存在例外。双向就近优先原则是大多数情形的基本原则，在特殊情况下也存在例外。这与各个行为要素所对应的证据的特征反映性有关。也就是说，当离得较远的环节的事实证据因个案的特殊原因具有很强的特征反映性时，它在相关性上有可能超过相近环节的事实证据。

事实上，这与网络犯罪行为所采用的技术方案有关。比如，在前述温州"八·一"广电案中，温州有线电视网络系统机顶盒遭黑客攻击，出现一些反动宣传内容。在该案的行为主体认定中，恶意代码指令的特征信息就发挥了至关重要的证明作用。通过司法鉴定机构对机顶盒服务器中所提取的程序代码指令进行分析，发现该服务器中涉案程序代码存在 2 个函数，即 blur 和 de_blur，该 2 个函数系一对针对字符串的编码解码函数。同时，在嫌疑人个人电子邮箱中提取到另一某段涉案程序代码，其中存在 1 个字符串常量，即"/wur1uhcte10ttkgigrgf"（该字符串无实际现实意义）。经测试分析，发现通过调用前者涉案程序代码的 blur 和 de_blur 这 2 个函数，可以实现对后者字符串常量"/wur1uhcte10ttkgigrgf"的解码与编码。

这表明了，前者与后者在程序代码指令功能上具有极强的关联性，即符合同一作者所编写的特征。[①] 这种以代码指令所包含的特征信息来认定作案人的方法在类似网络入侵、病毒木马等专业性案件中运用价值极大。当然，这种特征反映性的强弱往往要借助于专业的技术力量才能理解和判断。

同理，言词证据也确实存在呈现很好可信度的可能。比如，犯罪嫌疑人不务正业，同时被证人发现作案期间存在巨额财产来源不明的情形，而财产收入的数额又与犯罪所得几乎相近。这就可能成为可信的证人证言。

综上所述，任何基本原则的运用都不能过于死板。任何思维方法的运用都要抓住问题的本质。网络犯罪证明的方法本质就是紧紧抓住信息熵的变化，并在此基础上进行信息对称性或不对称性的思维判断。

---

① 中国人民大学物证技术鉴定中心司法鉴定检验报告书 [2014] 技鉴字第 36 号。

第四节　网络犯罪证明的模型化与智能化

当今世界，自然科学领域的智能化发展愈演愈烈，但是社会科学领域的智能化几无实质进展。这是因为，自然科学总是在不确定性中寻找确定性，而社会科学总是要在确定性中理解不确定性。自然科学所面对的是"物"性的自然世界，不论人类找到或找不到"物"性的自然规律，但是它并没有发生变化。社会科学面对的是"人"的社会世界，而"人"性是变化无常的。

因而，自然科学与社会科学的逻辑进路往往相反。虽然我们承认这种逻辑进路的不同，但是自然科学与社会科学在认识世界上的方法原理上却是基本相通的。方法论是人类与世界沟通的桥梁，也是人与人沟通的桥梁。方法论本身是客观的，它并无价值倾向，虽然人类总是擅于创造属于自己内心偏见的方法论。

一、网络犯罪证明智能化的基础是模型化

作为社会科学领域的组成部分，网络犯罪证明的智能化可以有三个层次的理解：第一个层次是在社会治理视角下的广义理解。它是指在社会的行为治理中，人们需要运用智能化的方法，不断去发现、捕捉、确定不正常的行为（主要是违法犯罪行为）并予以证明。这种证明可以是事前的预测性证明，也可以是事中的分析性证明，还可以就事后的确定性证明。第二层次是司法证明视角下的中义理解。它是指在司法活动中，人们需要运用智能化的方法，去调查、发现、确定与法律相关的行为（包括民事行为和犯罪行为）并予以证明。第三个层次是犯罪证明视角下的狭义理解。它是指在犯罪侦查、审判活动中，人们需要运用智能化的方法，去发现、捕捉、确定犯罪行为并予以证明。显然，上述三个层次是向下包涵的关系。同时，对上一层的认识有利于对下一层的理解，上一层的基本理论也适用于下一层，因为下一层仅仅是上一层在特定领域范围的展开。

基于以上理解，这里首先可以从广义的社会治理视角对行为证明进行讨论。事实上，因为行为治理在方法论上是本质相通的，所以社会治理视角下对行为证明的讨论结论也同样适用于智能化犯罪侦查和智能化犯罪证明（第三层）以及民事行政行为的证明（第二层）。在社会科学领域，社会治理的智能化一般被称为

"智能社会治理"。"智能社会治理"既可以理解为"智能社会"的治理，也可以理解为"智能"的社会治理。前者侧重于"智能社会"的本体论观察，后者侧重于"智能治理"的方法论研究[①]，本书显采后者。

　　基于方法论的共性，社会科学领域要实现智能化，首先要研究自然科学领域的智能化技术原理，其次再改造成适应于社会科学领域的技术构造。就社会治理的智能化而言，我们首先需要认识自然科学领域的智能技术识别原理。"我们想要构建一个简单的人工智能系统，它能够像人类一样区分变色鸢尾和山鸢尾。像这样完成分类任务的人工智能系统，被称为分类器（classifier）。如前文图 5.3 展示了整体系统的流程。当看到一朵鸢尾花时，首先提取它的特征，然后将这些特征输入到训练好的分类器中，分类器就能够根据这些特征做出预测，输出鸢尾花的品种。"[②] 这种特征的提取在人工智能识别的初级阶段主要依赖于经验。

　　随着人工智能技术的发展，深度神经网络极大地提高了特征提取与分类器的工作效率。"深度神经网络之所以有这么强大的能力，就是因为它可以自动从图像中学习有效的特征……深度神经网络学习的特征也逐渐替代了手工设计的特征，人工智能也变得更加'智能'……如前文图 5.4 所示，在传统的模式分类系统中，特征提取与分类是两个独立的步骤，而深度神经网络将二者集成在了一起。"[③]

　　人工智能识别技术发展到今天，已经全面运用于各个领域，如人脸识别、视频监控、识文断字、听声辨曲甚至是阿尔法狗的围棋程序。这一切的逻辑基础都是基于特征提取的分类方法。特征信息是此事物区别于彼事物的认知"锚"点。

　　即使最近新兴的以 ChatGPT 为代表的大模型人工智能，也仍然基于上述技术原理而展开。它与早期人工智能的主要区别是：数据样本的大量扩大和特征模型的大量增加。前者是将数据样本扩展至更大更全的上下文范围乃至图像、视频等数据类型，后者则是随着数据样本的扩张不断增加模型特征。[④] 笔者认为，大

---

① 谢君泽，"智能社会治理的法学观察"，《数据法学》，2022 年第 1 期，第 120-123 页。
② 汤晓鸥、陈玉琨，《人工智能基础》（高中版），上海，华东师范大学出版社，2018，第 21 页。
③ 汤晓鸥、陈玉琨，《人工智能基础》（高中版），上海，华东师范大学出版社，2018，第 53 页。
④ Stephen Wolfram，What Is ChatGPT Doing ... and Why Does It Work?, *Wolfram Media Inc*, Illinois, 2023.

模型的技术本质是"泛特征"，而数据"大"只是表现方式，即大模型人工智能中，特征模型广泛分布于大数据的各个角落。综言之，基于特征的模型化是自然科学领域实现智能化的基本原理。这一点，从未改变。

显然，社会科学领域的智能社会治理与自然科学领域的智能识别技术在实现的方法路径上有所不同。[①] 其中，最大的差异是自然科学领域面对的是"物化"的物体，包括"物化"形式的人体，而社会科学领域面对的是"事化"的行为，包括个体行为、群体行为乃至人类行为。因而，智能社会治理在方法论上的最大挑战是如何提炼出各类型事件的行为特征。只要能够通过归纳或演绎的方法得出各种类型行为模式下的行为特征或行为规律，就可以达到智能治理的功效。自然科学领域大模型人工智能对社会科学领域的启发是，智能社会治理的行为特征模型可以广泛分布于社会行为的方方面面，而它所基于的大数据可以扩大到更大范围、不同类型、不同来源的行为数据。

毋庸置疑，智能社会治理方法论集中体现了自然科学与社会科学的交叉复合。因而，要理解运用智能社会治理方法论，首先要树立起交叉学科领域的基础认知，包括但不限于以下几方面。

第一，从技术上认识到"数据即行为"。数据是行为的记录，数据记录反映了行为过程与行为方式。利用数据治理社会，本质上是利用行为的记录来治理社会行为。

第二，大数据是一种方法，人工智能是一种模式。大数据、人工智能与传统信息技术一样，可以运用到社会治理的各个领域。其中的关键在于不同学科方法论的融合与统一。

第三，社会治理的本质是发现行为的趋势与纠正行为的偏离。法律治理是行为趋势的前置归纳与事后纠正，而科技治理则应致力于行为趋势的实时发现与事中处置。二者的共同目标是引导社会行为、维护社会秩序。

鉴于方法论的一致性，社会科学领域的智能化同样要基于行为的特征模型而展开，行为特征的模型化是社会治理实现智能化的基础。综合社会科学领域的法

---

① 谢君泽，"智能社会治理方法论"，《汕头大学学报》（人文社会科学版），2021年第8期，第85页。

律治理方法论和自然科学领域的人工智能识别技术原理，智能社会治理的方法体系应当按照如下逻辑进行构造（见图 6.6）。

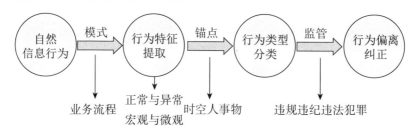

图 6.6　智能社会治理的方法原理

首先是自然信息行为在模式上的类型化。相对于立法上的模式类型化，科技治理的模式类型化更偏向于业务类型和业务流程。因为这两种类型化的任务和目标有所不同，前者一般是为了实现国家法律所要保护的法益，后者则往往具有更强的监管针对性，虽然这种针对性监管一般也是在法律规范的框架下进行。[①] 比如，即使都是电子商务业务，也要区分商品类的业务类型与服务类的业务类型，因为不同业务类型所牵涉的违规、违法、犯罪的行为模式也大不相同。

其次是基于业务行为模式的行为特征提取与行为规律分析。[②] 行为特征提取与行为规律分析是模型化监管的前提，也是寻找智能化监管所倚赖的认知"锚"点的过程。如前例，商品类的电子商务更多的是假冒伪劣等行为特征，而服务类的电子商务可能更多出现刷单刷量等行为特征。在实践开展中，某种业务行为的特征提取与规律分析往往与大数据建模的技术工作息息相关。也可以说，能否找到有效的行为模型直接关系到大数据运用的成败，也决定了能否顺利实现智能化治理的最终目标。显然，对于以技术方法为主要特点的智能化监管，大数据建模必然是重中之重。

值得说明的是，对监管所采取的行为模型需要进行要素化管理。既然每个监管模型体现的都是不同的行为特征，那么这些行为模型就都可以按照行为要素，

---

① 在智能社会治理模式下，法律人的主体作用将主要体现在智能监管的算法建模，即以构建智能监管的算法模型为目标，将法律性与准法律性的行为规则予以精细化并算法化。简言之，法律人应当是智能社会治理的灵魂设计师，而技术人则是智能社会治理的建筑工程师。
② 笔者认为，行为特征是微观的行为规律，行为规律是宏观的行为特征。不论规律或特征，都有其适用的相对性。

即时、空、人、事、物进行管理。这也意味着每个行为要素都需要有相应的数据来源支撑。行为模型的要素化管理不仅有利于数据来源信息系统的设计与维护，也有利于模型的重复利用与升级改造。模型与数据之间的互动则是通过大数据的实时计算来实现的，因而能达到事中监管乃至事前预测的功效。

再次是基于行为模型的特征反映性输出不同类型的反常行为。模型的特征反映性取决于模型与反常行为之间的因果性及其强弱程度，这涉及大数据建模的方法问题。[①] 一般来说，统计模型往往反映事物的相关性，而行为模型则能够反映不同程度的行为因果性。根据模型的综合分析，智能监管所输出的反常行为可以是违规、违纪、违法、犯罪及其发生概率。

最后是对偏离的反常行为予以纠正。所谓的反常行为，是相对于正常行为而言的。从认识论上讲，只有先确立了正常行为的标准，才能识别出偏离的反常行为。从社会治理角度而言，行为监管的任务就是发现与正常行为（大多数人的行为趋势）相偏离的反常行为并加以纠正。根据偏离程度的不同，这种偏离行为的纠正既可能是管理决策的调整也可能是对违法犯罪的处置。

综上，智能社会治理方法论其本质是以社会科学领域的行为监管规制为主线，以自然科学领域的特征识别为方法，最终实现行为偏离的智能发现与及时纠正。借助于这种治理方法论所独具的事中实时性乃至事前预测性，智能社会治理能够实现更为高效的违法犯罪预防以及更为积极的守法行为引导。智能社会治理方法论从根本上是行为与规范的精细化并使之可计算的过程，这种方法体系可以适用于社会各行各业的方方面面。

因为智能社会治理方法论是以行为治理为主线，以行为特征分析为主要内容，以行为规范为引导，所以这种方法论事实上已经描述了犯罪侦查和犯罪证明视角下的行为证明内涵。犯罪侦查证明只是社会治理或说行为治理的一种特殊领域或说特定机制，它只是社会行为的事后（最后）治理部分。换言之，智能社会治理方法论也是犯罪侦查智能化与犯罪证明智能化的基本原理。犯罪侦查智能化与犯罪证明智能化必须也要基于行为特征的模型化分析为方法逻辑。这是因为，人类对任何行为的认识都要基于"特征"这个认知锚点，不论是否采用智能化方法，

---

① 谢君泽，"论大数据证明"，《中国刑事法杂志》，2020 年第 2 期，第 131-133 页。

也不论是事前、事中或事后，这个方法逻辑从未改变。换言之，不论是弱人工智能还是强人工智能，都首先要基于一个确定的模型，因为只有确定性才能锚定不确定性。如果没有一个确定的模型基础，任何智能化都无从谈起。显然，本书的证明模型研究正是为智能化奠定了方法基础。

最后，笔者认为，不论是自然科学领域抑或是社会科学领域，人类认识世界的方法原理一直是相通的，且到目前为止仍然没有改变。这就是基于归纳法的特征分析，即同一认定的基本原理。换言之，就当下而言，基于归纳法特征模型的行为智能识别，已经可以成为社会智能治理的主要方法。

同时，就未来而言，因为人类正面临着充满未知性的智能时代，所以很需要再发现新的、更高级的认识方法。对称破缺理论的研究很可能使这种期望成为现实，即基于演绎法的对称破缺分析。基于演绎法的对称破缺分析与基于归纳法的特征分析，这两者的区别是：前者是一种流向性分析（对称破缺），后者是一种特征点分析（同一认定）；前者的方法本质是先演绎后归纳，后者的本质是先归纳后演绎；前者是高维度的矢量，更加抽象，接近预测性，难以理解，而后者是低纬度的标量，相对具体，接近技术性，容易掌握。虽然这两种方法均适用于一切时、空、人、事、物的认识，但对于超越其上的意志分析，前者往往更加可能。

总之，基于演绎法的对称破缺分析所实现的智能化，更能有利于人类及时发现与理解世界的变化！

二、网络犯罪证明智能化的预期发展进程

当然，以基于演绎法的对称破缺分析来实现行为治理的智能化是一个相对长远的美好愿景，人们当下更加关注相对具体的问题解决。在此，从实用主义出发，笔者就如何利用网络犯罪证明模型以及网络犯罪证明的方法模型实现网络犯罪证明（方法）的智能化展开讨论。值得注意的是，因为语言表达的简洁需要，实务中人们往往把网络犯罪证明等同于网络犯罪证明方法，或者说前者是后者的简称，实际上这两者存在明显不同。就智能化而言，网络犯罪行为证明的智能化已经在前文完成讨论，这里讨论的是网络犯罪行为证明"方法"的智能化。但是，两者

的认识机理并无本质不同。

不论是网络犯罪行为证明的智能化，还是网络犯罪行为证明"方法"的智能化，它们与自然科学领域的智能化一样，都要经由弱人工智能到强人工智能的发展进程。在网络犯罪证明（方法）走向智能化的前期，我们势必也要首先通过经验归纳（手工提取特征模型并予分类）的方式实现弱人工智能。简单地说，它要基于本书所讨论的网络犯罪证明模型及其对应的模型方法体系而展开。比如，在"主观—人—机器—数据—行为—后果"的犯罪证明模型体系中，如果涉及行为主体即"人"的证明，就可以由计算机对主观、机器、数据、行为以及后果相关的数据化证据按照双向相近优先的原则开始轮询，在轮询获得结果后调用技术证明的方法模型对相关数据化证据进行模型计算，最后获得行为主体认定的关联度与可信度。当然，这一切的前提基础是案件证据全部事先完成了数据化处理，而计算模型则可以随着数据样本的充实而不断地增加和优化。这就完成了网络犯罪证明（方法）的弱人工智能设计。

在弱人工智能的设计方案中，可学习的数据样本和可归纳的特征模型显然主要是基于个案的数据化证据和人工经验归纳的计算模型。随着个案的数据积累以及特征模型的不断增加，就可以尝试进行同类型案件、跨类型案件、同网与跨网的数据学习与模型优化。这就进化到了强人工智能的阶段。实际上，自然科学领域的 ChatGPT 也是经历了同样的发展进程。

不论是弱人工智能还是强人工智能，司法人员的主观能动性仍然是至关重要的。一般来说，在弱人工智能下，司法人员的主要作用在于计算模型的开发与建设。其中，大数据与人工智能的"建模"是重中之重。它往往需要以法律业务人员为主导，以技术开发人员与管理人员为配合，通力协作完成。法律业务人员是"建筑"设计师，技术开发人员是"建筑"工程师，管理人员是"建筑"施工管理者。在强人工智能下，司法人员的主要作用在于智能方法及其计算结果的确认。在强人工智能场景下，人的核心工作是对智能方法在条件上的可适用性以及在计算算法逻辑上的可靠性进行审核确认。这就如同快递物流的"签收"确认，或者语音智能识别的"点击"确认。显然，不论是弱人工智能还是强人工智能，它们对法律业务人员的算法建模能力以及算法理解能力都提出了很高的技术要求。准确地说，这是一种融合业务思维与技术思维的方法要求。

最后，笔者认为，网络犯罪行为证明"方法"的智能化并不是社会科学发展的终极目标或其必要。社会科学发展的终极目标应该是基本没有犯罪、基本没有司法，因而也基本没有司法上的犯罪证明。

从行为治理的需求及其方法工具来看，法律治理模式只是物质时代在特定的时空条件下不得不采取的行为治理工具方法。它虽是各方社会利益相妥协的产物，但更是行为治理在方法工具无法迎合行为治理需求情形下的矛盾妥协。当这种妥协被广泛接受时，它就成了一种信仰。

从这个意义上讲，法律治理模式的成熟与稳定与特定时代和时空条件下行为治理的方法工具有关，而行为治理的方法工具与行为本身的工具发展也具有相应的对称性。在语言沟通困难的时代，人们只能基于对人的道德信任来展开行为治理，即人治。而法律治理从本质上讲是一种基于对"物"（法律）的信任而展开，虽然这种"物"性的法律仍然是由人所拟制，其运用需要通过人的阐释来进行，其善恶取决于背后拟制与运用的人。作为上层建筑，人治与法治是人类对工具行为所提出的治理需求。它们与人类工具史、人类行为史具有时代的对应性。

随着网络智能时代的到来，法律治理有了替代模式，即智能治理（一般也称科技治理）。这种智能治理实际上就是网络犯罪行为证明的智能化，也即社会行为治理的智能化（智能社会治理方法论）。它的主要任务是将一切违法犯罪的潜在行为纠正于案发之前或案发之时。从某种意义上，它等同于犯罪的智能预防或行为的智能监管。

在此前景下，犯罪与司法都将不断收缩，法律不断简约化，甚至被悬之高梁，如同过去的宗教经典。当然，法律不会消亡、法律人不会消失——只要人类仍然有传统行为模式的存在，只要网络智能行为还需要法律精神的阐释。最后，导致这种重大变革的根本原因是：法律治理模式在行为治理时间上的滞后性和空间上的局限性，它们与网络智能环境下的行为时空剧变，产生了根本性的矛盾冲突且无法调和。

因为 ChatGPT 是时代当下最为先进的人工智能系统，所以在此以 ChatGPT 的行为治理为例，说明法律治理的时空局限性以及科技治理的必然性。ChatGPT 是一种基于网络时空的大模型人工智能，它是机器人行为的一种典型。其一，从时间角度而言，ChatGPT 都是即时性行为，其行为模式无法预测也无法归纳。其二，从空间角度而言，ChatGPT 是基于整个互联网空间的一切数据而计算，不区分来源或位置。其三，从主体角度，ChatGPT 可以被任何主体所运用，不论正当或犯罪，寄望行为的禁止或限制几无可能。其四，从行为方式角度而言，ChatGPT 自己也无法预测自己的输出内容，它只能根据大数据和大模型的技术规则自动展开行为，而大数据是一种客观存在，大模型是一种客观分析。从某种意义上讲，以 ChatGPT 为代表的大模型人工智能更接近世界的客观真相，这种真相虽然并不意味着善或恶，但确实存在。

从 2023 年 7 月网信办等七部门发布的《生成式人工智能服务管理暂行办法》第 4 条、第 7 条、第 8 条来看，该规定期望通过数据标记与模型（算法）训练这两种办法来实现行为控制[①]，但这几无可能，除非它是一种"假"的大模型人工智能。换言之，如果要通过数据标记来实现行为控制（即控制输入数据），那么除非事先对全网数据进行非法排查并标记或清除，但事实上这不论是从信息内容的"非法性"确定上还是技术的"全网性"覆盖上都是无法实现的。同时，要求对模型（算法）进行预训练以排除非法行为的概率（即控制数据处理方法），这既不具备技术可操作性也缺乏法理依据。一方面，不论模型（算法）的预训练还是正式运用，它都是一种非常抽象且不可预测的算法行为，技术上根本无法通过算法行为的结果归纳或分析来反推行为算法的正当性。这与快播案的缓存行为定性是极其相似的。另一方面，这种行为也缺乏法理依据，因为数据信息之所以"非法"是因为数据的存在而非数据的处理。这与快播案的传播行为责任是极其相似的。

从某种意义上讲，大模型人工智能是基于一切现状数据的人工智能处理，它并没有参与任何的价值态度。如果强行干预这种"自然而然"的大模型人工智能算法，反而使其失去了基于全网数据计算的"客观真相"优点，而可能沦为任人摆弄的智能"玩具"。虽然善恶可以争论，也可以选择，但是首先要尊重真相，且真相至上。因而，人类针对大模型人工智能的态度，首先应当是尊重全网大数

---

① 美国政府于 2023 年 10 月 30 日发布的《关于安全、可靠和可信地开发和使用人工智能的行政命令》（*Executive Order on the Safe, Secure, and Trustworthy Development and Use of Artificial Intelligence*）也含有相似规定。

据以及客观大模型的计算结果，不要加以数据"屏蔽"或算法"干扰"。其次才是对客观的计算结果进行价值判断、内容审查或法律取舍，而这也要基于一套人工智能识别系统而实现，即基于模型或大模型的智能监管系统或智能治理系统。从法律上讲，这种智能监管或智能治理的开发或存在，可以成为大模型人工智能系统开发者与运营者的应有义务。这就犹如快播案中法律可以要求快播平台建立起一套与其业务算法行为相适应的智能监管系统。这正是信息时代限制性规则，即监管义务规则的形成方式。当然，政府和司法机关也可以建立起一套类似的智能治理系统去智能化地发现违法犯罪行为，不论是针对类似 ChatGPT 的机器人行为还是一般网络行为。有所不同的是，开发运营者的智能监管系统一般是基于智能算法（行为内在意志及其规则）而实现，而主管部门的智能治理系统一般是基于大数据（行为外部表现及其数据）而展开。显然，上述态度并不是说不对大模型人工智能进行治理，而是其治理模式和治理路径需要改变。

从哲学意义上讲，人类要将方法论问题与价值观问题分开处理，让技术处理方法论问题，让法律处理价值观问题。如果不予分开，揉合并置，既丧失了方法论的精华，也失去了价值观的纯粹，从而更容易被人类的精英群体，尤其是国家和政治所玩弄。

三、网络犯罪证明智能化的人类智慧保留

纵然，在智能社会的某一天，法律治理模式慢慢走下神坛，但是法律与法律人的智慧与精神仍然需要由人类去阐释。即使，随着智能化的发展，网络犯罪证明实现了由弱人工智能到强人工智能的跨越，人类（只要还存在）总是会给人性的作用保留一块自留地。这块自留地的主要养分是"演绎"和"犯错"。它们恰恰也是机器与智能化永远无法解决的问题。

首先，归纳法是一切智能化方法的逻辑基础。智能化必然需要基于数据或者大数据，而数据或者大数据必然是过去或当下的产物，它们不能产生于未来。因而，智能化必定是基于过去或当下在算法模型上的逻辑处置。换言之，智能化就是通过分析过去或现在的行为数据或数据行为告诉我们未来该怎么做，也因此智能化总是暗含着一个非常巨大的逻辑风险，即如果过去或现在是对的，那么智能

化的处理将会使问题越来越正确。但是，如果过去或现在是错的，那么智能化的处理将会使问题越来越错误。这就造就了以历史归纳为方法的智能化能够很好地解决过去反复出现的、相对稳定的现象，但是永远无法面对全新出现的问题以及问题的变化。

从行为学角度而言，智能化能够让我们保持一个原有的发展趋势，但是它无法面对趋势的变化与转折。实际上，世界上的任何事物总是处在发展变化的过程之中，包括转折与反转。也就是说，任何领域的智能化都存在两个根本性的问题：首先是，它无法面对趋势发展的拐点，因为它不能自觉纠正自己的错误。其次是，它无法解决历史上从未出现的新问题，因为它没有历史的数据基础和计算模型。

相应地，就网络犯罪证明的智能化而言，就有两个工作是机器终究无法替代人类的。一是，当时、空、质、量的环境发生变化，人们需要对过去相对稳定的犯罪行为进行重新评价或价值调整时，机器不能自觉地发现和反省。二是，机器无法认识、理解和处置全新出现的犯罪行为以及相应案件，因为机器没有素材和方法的基础。

总言之，基于大数据的智能化，它在技术行为上的特点就是不断将正确的事物或者错误的事物，通过机器学习，推广到极致。基于这种理解，从技术上看智能化，它是最先进的。从行为上看智能化，它是最保守的。至于从法律上，或者说人性上，如何看待，这取决于是采取了技术视角还是行为视角。值得注意的是，在当下司法实践中，已经有不少专家学者存在唯大数据论的思维，他们认为，过去如此，当下也理当如此。这种思维定式与大数据或人工智能形成了严重的"乌合"。人类精英群体与大数据、人工智能在思维定式上的"乌合"将会使人类以及事物的发展走向极端。

其次，要扭转人类与机器的群体"乌合"，着实需要人类的自身力量，发挥人性的理性光辉去力挽狂澜。其中，最大的能力与勇气要求是"犯错"。因为大数据与人工智能所基于的归纳法，总是按照人们约定俗成的惯例或定式去解决问题，所以大数据与人工智能所形成的结论往往也是人们在现有认知上所形成或接受的共识。当这个共识要被打破时，必然会受到人类某些群体在认知上的极力反对。当所有人都认为它是对的时候，如果某人提出它是错的，或者当所有人都认为它是错的时候，如果有人主张它是对的，这都是难以承受的精神负担。

因而，不论是面对机器所形成的历史经验，抑或是人类所固有的群体认知心理，一旦要改变它，都要付出巨大的勇气和坚韧的魄力。以个人认知对抗机器和人类的群体"乌合"，这将会使人性的对抗陷入无以复加的窘境。这最终只能寄望于法律与法律人的智慧，以及背后的精神理性与人性光辉。

从人类的发展历史来看，创新总是要从犯错开始，创新总是要从打破思维定式开始，创新也总是要付出人们所无法理解的代价。智能时代，尤甚。

结语

变与不变

世界在千变万化，信息在剧烈"爆炸"。时代当下，人类认知纷繁复杂。认识的不同、认知的冲突，就会导致行为对抗、法律争议。因而，人们急需建立一套相对稳定的认知方法体系，以缓和认知矛盾的加剧。

基于这种需求，人们首先要理解世界和事物的发展规律，知道哪些是变化的，哪些是不变的。因为变化的事物不能成为共同认知的基础。其次在找到不变事物的基础上，理解它之所以不变的根本原因。因为不变是相对的，变化才是永恒的。要完成这个任务，就要在整个人类的信息世界中进行搜寻、思考与验证。这就考验人们从万千现象中抓住问题本质的能力。

具体而言，从世界观、方法论与价值观角度来看，首先，人类的世界观是会变化的。世为时间，界为空间。显然，本书已经对网络技术对时空特性的影响进行了充分讨论。网络时空的变化势必给人们的世界观带来严重冲击。其次，人类的价值观是会变化的。价值观根源于世界观，不同的世界观就有不同的价值观。世界观的变化必然带来价值观的混沌与摇摆，尤其是价值观还经常遭受不同利益偏见的侵扰。最后，方法论是相对稳定的。方法论只讨论"存在"，不讨论"善恶"。方法论的稳定性也有高低之分，越是上层的方法论越不稳定，越是底层的方法论越稳定。因而，底层方法论是我们追求的方向。本书的模型化研究正是这样一种追求。

从自然科学、社会科学与人文科学角度来看，首先，自然科学的变化是最为剧烈的。人类世界变化的主要因素就是自然科学的发展，而发展就是一种变化。其次，社会科学也是相对变化的。社会科学的发展很大程度上是受自然科学的进步的激发。自然科学的每一次进步都会推进社会科学的相应建设。最后，人文科学是相对稳定的。诚然，人类早期也经历了野蛮时代。但是，随着人类文明的进步，真、善、美一直是人类文明所追求的精神目标，虽然贪婪和恐惧的人性从来难以被驯服。此外，纵然变化，自然科学、社会科学与人文科学在底层理论，即底层方法论的部分，相对而言都是最为稳定的。因而，人文科学的方法论研究是最值得我们去追求的目标。本书所基于的哲学对称破缺理论，或堪此任。

从人类行为、群体行为与个体行为角度来看，首先，从整体上看，人类行为的变化，它是最为稳定的。人类行为的发展史基本上就是人类工具的演化史。虽然人类工具一直不断地发生量变，但是革命性质变却只有两次。其次，群体行为的变化是相对稳定的。群体行为的变化基本上取决于认知上的共识。只有认知共识被打破时，群体认知以及群体行为才会发生转移。最后，个体行为的变化最为剧烈。个体行为的发生取决于意志，而个体行为的意志充满了认知上的偶然性。认知的偶然性往往导致行为意志的偏见和意志行为的异化。因而，以工具为核心的人类行为研究是我们认识社会行为现象的关键。本书所采取的二次工具论是对人类行为工具和工具行为的时代回应。本书认为，智能社会治理中，个体行为对群体行为的趋势偏离是发现违法犯罪行为的关键。此外，群体行为极易与大数据、人工智能形成"乌合"，导致发展趋势更加难以被纠正。

从技术、行为与法律角度来看，首先，技术应用的变化是最为剧烈的。技术及其应用主要属于自然科学领域的范围，自然科学的发展主要体现为技术及其应用的进步，技术及其应用的进步又往往表现为工具及其利用行为的进化。其次，行为方式的变化也是比较剧烈的。行为主要属于社会科学领域的范围，技术工具及其应用的进步往往带来行为方式的不断升级，行为方式的进步又进一步推动行为规范与社会制度的进化。最后，法律精神的变化是相对稳定的。行为方式的升级往往只是对行为规范的表现形式造成影响，行为规范背后的基本精神追求基本不变，比如秩序、自由、正义、公平、安全、效益，虽然也不乏价值位阶的调整。因而，法律的精神是我们研究的目标。本书提出，要从物质时代的排他性规则转变为信息时代的限制性规则，以及网络犯罪证明的方法模型运用要遵循"双向相近优先原则"和"言词证明辅助原则"，它们都是对法律精神追求以及价值位阶调整的迎合。

从理论与实践角度来看，一方面，任何理论都存在着一定的假定条件，理论的生命力取决于假定条件的稳定性，越是底层的理论其假定条件越稳定、越基础。另一方面，任何实践都面临着理论假定条件的变化，至少是时、空、质、量。实践中的理论运用一定要对其假定条件的稳定性、相似性进行具体分析具体判断。此外，描述动态的理论一般优于描述静态的理论。动态的变化是事物发展的根本特性，静态的不变永远是相对的。因而，基于时、空、质、量条件假定的底层动态理论就是我们追求的方向。本书的模型化就是基于网络时空主体行为的环境特征所形成，当然它也只适用于网络环境的条件假定的理论研究。模型化是一种动态描述的方法理论，从根本上讲，它是一种思维方法。本书所提出的网络犯罪证明模型及其方法模型是模型化思维方法的产物，仅仅是立法与司法的参照系，实践应根据条件变化灵活运用。

从归纳法与演绎法角度来看，一方面，归纳法基于过去，结论取决于过去事物现象的正当性及其理解。它是法律认识的主要方法，也是大数据人工智能的逻辑方法。另一方面，演绎法面向未来，结论取于推理基石的正当性以及方法思维过程。它是"人"的独特方法，因为人性思维的专属性。在事物发展的稳定时期适合归纳法，因为简单便捷，且易普遍共识。事物发展的剧变时期适合演绎法，因为精神理性，但晦涩难懂。本书的主要逻辑是演绎法，但已尽量实证归纳，期待理论与实践的时代验证。

基于以上观点，结合全书的讨论研究，针对网络智能领域问题，本书对时代当下的社会科学以及相关法学科研究，提出如下建议。

就行为学而言，积极研究网络技术所带来的行为时空特性变化，并将物质时代的"主体—行为—客体"三要素体系升级为网络时代的"空间—主体—行为—客体"四要素体系。在此基础上，全面指导社会科学的各个分支学科，完成"新"行为理论下的学科升级，促进相关学科在网络智能领域的科学发展。

就社会学而言，积极推进以行为治理为核心的社会治理智能化研究。优先采用基于归纳法的特征分析方法推进社会治理智能化，继续探索基于演绎法的对称破缺分析方法的理论研究。重视社会行为治理的法律规范引导，积极以技术思维破解技术问题。

就法理学而言，积极推进法的运行原理研究。考虑立法的简约化、原则化与精神化，考虑司法的案例示范、判例可能与解释能动。尤其是加强面向网络智能社会的法律思维方法训练和法学研究方法创新。努力推动从物质时代的排他性权利规则体系转变为信息时代的限制性义务规则体系。

就网络安全法而言，加强对网络空间主权的原理研究，增加网络信道系统的规范保护，完善网络系统安全与网络数据安全的条款设计。以程序规制法为基础，试探推进实体规制法研究，尤其加强数据、信息及其对应行为的类型化研究。积极推进网络安全的主客体理论体系研究，为与网络、数据、信息相关的法学科群建设提供理论依据。必要时，寻求网络空间、网络系统、网络数据、网络信道的相对扩张解释论，以行为跨境的理论视角应对解决网络跨境的法律问题。

就刑法学而言，加强网络技术、网络工具与网络犯罪行为的类型化研究，尤其是对网络空间的分层级研究。加强漏洞扫描、网络爬虫、DDoS 攻击等新型网络犯罪的类型化研究并合理设计规范。考虑同种技术网络犯罪因不同法益区分在分则体系中的分散安排，重视行为犯、结果犯与行为证明、结果证明的标准区分。放弃网络刑法扩张论，转向网络行为扩张论，包括时、空、质、量。正确认识网络放大效应，以及网络智能行为与行为意志相偏离的现象。

就证据法而言，放弃电子证据的传统原始载体论，从传统的形式载体转向证据信息的实质载体，建立以原始性为核心精神的电子证据或信息证据理论体系。探寻证据与证明的精神理念，理解证据与证明的基本原则，重新塑造适应网络智能时代的证据规则体系。注重方法论研究，谨防思维定式，谨防传统证据规则的形式"陷阱"。积极推进技术证明方法与技术证明机制的形成，推进大数据证明与算法证明在网络犯罪各环节行为事实证明的全面运用。

就侦查学和物证技术学而言，积极借助传统基本理论，展开网络智能领域的方法论演绎。充分发挥技术与法律的综合思维，积极开发具体的技术证明方法。努力推进以《反电信网络诈骗法》为中心、以智能化算法建模为基础、以侦防一体化为目标的犯罪侦查理论体系建设，积极推进相应智能犯罪侦查技术研究与智能犯罪侦查系统建设。

以模型化为思维方法。

参考文献

一、著作类

1. [奥]路德维希·冯·米塞斯著，夏道平译，《人的行为》，上海，上海社会科学院出版社，2015。

2. [德]阿图尔·考夫曼著，刘幸义等译，《法律哲学（第二版）》，北京，法律出版社，2011。

3. [德]恩格斯，《自然辩证法》，《马克思恩格斯选集》（第三卷），北京，人民出版社，1973。

4. [德]汉斯·约阿西姆·施杜里希著，吕叔君译，《世界哲学史》，广西，广西师范大学出版社，2017。

5. [德]卡尔·拉伦茨著，陈爱娥译，《法学方法论》，北京，商务印书馆，2004。

6. [德]拉德布鲁赫著，米健、朱林译，《法学导论》，北京，大百科全书出版社，1997。

7. [德]魏德士著，丁晓春、吴越译，《法理学》，北京，法律出版社，2005。

8. [法]古斯塔夫·勒庞著，若初译，《乌合之众——大众心理学研究》，武汉，华中科技大学出版社，2017。

9. [美]阿尔伯特·爱因斯坦著，方在庆编译，《我的世界观》，北京，中信出版社，2018。

10. [美]奥托·夏莫著，邱昭良等译，《U型理论：感知正在生成的未来》，浙江，浙江人民出版社，2013。

11. [美]彼得·L.伯恩斯坦著，吴翌、童伟华译，《与天为敌——一部人类风险探索史》，北京，机械工业出版社，2021。

12. [美]波斯纳著，苏力译，《法理学问题》，北京，中国政法大学出版社，2002。

13. [美]博登海默著，邓正来、姬敬武译，《法理学——法哲学及其方法》，北京，华夏出版社，1987。

14. [美] 布莱恩·阿瑟著，曹东溟、王健译，《技术的本质》，浙江，浙江人民出版社，2018。

15. [美] 雷德·海斯蒂、罗宾·道斯著，谢晓非、李纾译，《不确定世界的理性选择——判断与决策心理学》，北京，人民邮电出版社，2013。

16. [美] 罗斯科·庞德著，邓正来译，《法理学》，北京，中国政法大学出版社，2004。

17. [美] 米尔吉安·R·达马斯卡著，吴宏耀等译，《比较法视野中的证据制度》，北京，中国人民公安大学出版社，2006。

18. [美] 米尔建·R·达马斯卡著，李学军等译，《漂移的证据法》，北京，中国政法大学出版社，2003。

19. [苏联] 罗森塔尔·尤金，《简明哲学辞典》，北京，人民出版社，1955。

20. [英] 维克托·迈尔·舍恩伯格著，盛杨燕、周涛译，《大数据时代：生活、工作与思维的大变革》，浙江，浙江人民出版社，2013。

21. [魏] 王弼注，楼宇烈校释，《老子道德经注校释》，北京，中华书局，2008。

22. [西晋] 杜预著，马树全注译，《守弱学》，海南，南方出版社，2005。

23. 《生物学》（教育部审定义务教育教科书八年级上册），江苏，江苏凤凰教育出版社，2014 年。

24. 陈瑞华，《论法学研究方法》，北京，法律出版社，2017。

25. 陈璇，《刑法归责原理的规范化展开》，北京，法律出版社，2019。

26. 邓小昭，《用户信息行为理论与方法探究》，北京，北京图书馆出版社，2015。

27. 窦海阳，《论法律行为的概念》，北京，社会科学文献出版社，2013。

28. 冯玉珉、郭宇春，《通信系统原理（第 2 版）》，北京，北京交通大学出版社，2011。

29. 宫曙光、张馨，《思维的盛宴》，北京，海潮出版社，2008。

30. 韩其睿，《操作系统原理》，北京，清华大学出版社，2013。

31. 何家弘，《同一认定——犯罪侦查方法的奥秘》，北京，中国人民大学出版社，1989。

32. 何家弘，《新编证据法学》，北京，法律出版社，2000。

33. 何家弘、刘品新，《证据法学》，北京，法律出版社，2019。

34. 李善友，《第一性原理》，北京，人民邮电出版社，2021。

35. 李学军，《物证论——从物证技术学层面及诉讼法学的视角》，北京，中国人民大学出版社，2010。

36. 刘星，《法律是什么》，北京，中国法制出版社，2015。

37. 刘星，《中国法学初步》，广东，广东人民出版社，1999。

38. 龙宗智，《诉讼证据论》，北京，法律出版社，2021。

39. 楼伯坤，《犯罪行为学基本问题研究》，北京，法律出版社，2014。

40. 罗时进，《信息学概论》，江苏，苏州大学出版社，2002。

41. 麦永浩，《电子数据司法鉴定实务》，北京，法律出版社，2011。

42. 麦永浩等，《计算机取证与司法鉴定》，北京，清华大学出版社，2018。

43. 倪庆萍，《管理信息系统原理》，北京，北京交通大学出版社，2016。

44. 潘维大，《英美法导读》，北京，法律出版社，2000。

45. 任惠华，《侦查学原理》，北京，法律出版社，2012。

46. 孙国华、朱景文，《法理学（第二版）》，北京，中国人民大学出版社，2004。

47. 汤晓鸥、陈玉琨，《人工智能基础》（高中版），上海，华东师范大学出版社，2018。

48. 王传道，《侦查学原理》，北京，中国政法大学出版社，2001。

49. 王洪，《法律逻辑学》，北京，中国政法大学出版社，2007。

50. 王利明，《民法》（第四版），北京，中国人民大学出版社，2008。

51. 王珊、陈红，《数据库系统原理教程》，北京，清华大学出版社，1998。

52. 王作富，《刑法（第四版）》，北京，中国人民大学出版社，2009。

53. 王作富，《刑法》，北京，中国人民大学出版社，2009。

54. 问道、王非，《思维风暴》，北京，华文出版社，2009。

55. 夏勇，《法理讲义——关于法律的道理与学问（下）》，北京，北京大学出版社，2010年。

56. 萧浩辉，《决策科学辞典》，北京，人民出版社，1995。

57. 徐立根，《物证技术学》（第四版），北京，中国人民大学出版社，2011。

58. 薛冰岩，《超脑行为金融学——利用非理性行为的金融炼金术》，江西，江西人民出版社，2018。

59. 於兴中，《法理学检读》，北京，海洋出版社，2010。

60. 余继田，《实质法律推理研究》，北京，中国政法大学出版社，2013。

61. 喻海松，《网络犯罪二十讲》（第二版），北京，法律出版社，2022。

62. 张溪梦等，《首席增长官》，北京，机械工业出版社，2017。

63. 张志铭，《法律解释学》，北京，中国人民大学出版社，2015。

64. 章宁，《信息系统原理与研究方法》，北京，中国人民大学出版社，2012。

65. 朱景文，《法理学》，北京，中国人民大学出版社，2008。

66. John Henry Wigmore, revised by Peter Tillers, *Evidence in Trials at Common Law* Vol.IV, Little Brown and Company, Boston, 1983.

67. Richard H.Thaler, *Misbehaving: the Making of Behavioral Economics*, W.W.Norton & Company, Inc., New York, 2015.

68. Stephen Wolfram, *What Is ChatGPT Doing ... and Why Does It Work*?, Wolfram Media Inc, Illinois, 2023.

二、期刊类

1. 安辉，"浅析我国网络服务商的避风港规则"，《北京邮电大学学报》（社会科学版），2010 年第 2 期。

2. 蔡晓东，"搜索引擎的缓存技术与法律责任"，《重庆理工大学学报》（社会科学），2013 年第 7 期。

3. 蔡新建，"物证与犯罪现场重建"，《铁道警官高等专科学校学报》2004 年第 2 期。

4. 曹志平、徐梦秋，"论技术规范的形成"，《厦门大学学报》（哲学社会科学版），2008 年第 5 期。

5. 曾文烽、许胤龙，"采用分区缓存调度策略的 P2P 点播系统"，《计算机工程》，2010 年第 9 期。

6. 查先进等，"网络信息行为研究现状及发展动态述评"，《中国图书馆学报》，2014 年第 4 期。

7. 车浩，"谁应为互联网时代的中立行为买单？"，《中国法律评论》，2015 年第 1 期。

8. 陈金钊，"论法律事实"，《法学家》，2000 年第 2 期。

9. 陈锦川，"信息网络传播行为的法律认定"，《人民司法》2012 年第 5 期。

10. 陈龙等，"融合多源日志辅助取证的事件场景关联方法"，《重庆邮电大学学报》（自然科学版），2007 年第 5 期。

11. 陈绍玲，"避风港准入门槛在我国的不适应性分析"，《知识产权》，2014 年第 12 期。

12. 陈晓红等，"篡改 Microsoft Office 办公文件的实验研究"，《证据科学》，2009 年第 17 卷第 3 期。

13. 陈兴良，"《刑法修正案（九）》的解读与评论"，《贵州民族大学学报》（哲学社会科学版），2016 年第 1 期。

14. 陈兴良，"犯罪构成论：从四要件到三阶层"，《中外法学》，2010 年第 1 期。

15. 陈兴良，"快播案一审判决的刑法教义学评判"，《中外法学》，2017 年第 1 期。

16. 陈兴良，"刑法阶层理论：三阶层与四要件的对比性考察"，《清华法学》，2017 年第 5 期。

17. 陈兴良，"在技术与法律之间：评快播案一审判决"，《人民法院报》，2016 年 09 月 14 日。

18. 陈煜，"信息网络传播行为法律规制研究"，《云南大学学报》（法学版），2013 年第 6 期。

19. 褚福民，"证明困难解决体系视野下的刑事推定"，《政法论坛》，2011 年第 6 期。

20. 丛立先，"网络版权侵权行为构成要件探论"，《法学评论》，2007 年第 5 期。

21. 邓胜利、李倩，"信息行为研究的现状与趋势：ISIC2012 会议研究论文综述"，《情报资料工作》，2014 年第 2 期。

22. 杜宇，"犯罪构成与刑事诉讼之证明——犯罪构成程序机能的初步拓展"，《环球法律评论》，2012 年第 1 期。

23. 范君，"快播案犯罪构成及相关审判问题——从技术判断行为的进路"，《中外法学》，2017 年第 1 期。

24. 方冬蓉，"Android 系统删除数据恢复方法研究"，《计算机工程》，2014 年第 10 期。

25. 冯越、封梦，"网页挖矿木马的取证方法"，《江苏警官学院学报》，2003 年第 3 期。

26. 高峰，"iPhone 手机取证的应用研究"，《警察技术》，2011 年第 3 期。

27. 高铭暄，"对主张以三阶层犯罪成立体系取代我国通行犯罪构成理论者的回应"，《刑法论丛》，2009 年第 3 期。

28. 高铭暄，"论四要件犯罪构成理论的合理性暨对中国刑法学体系的坚持"，《中国法学》，2009 年第 2 期。

29. 高艳东，"不纯正不作为犯的中国命运：从快播案说起"，《中外法学》，2017 年第 1 期。

30. 高艳东，"网络犯罪定量证明标准的优化路径：从印证论到综合认定"，《中国刑事法杂志》，2019 年第 1 期。

31. 高展、金润圭，"企业社会责任理论研究与拓展"，《企业经济》，2012 年第 9 期。

32. 郭家堂、骆品亮，"互联网对中国全要素生产率有促进作用吗？"，《管理世界》，2016 年第 10 期。

33. 郭清蓉，"基于 C/S 和 P2P 模式的信息资源共享与交流比较"，《图书馆学研究》，

2007 年第 2 期。

34. 郝宏奎，"论犯罪现场重建"，《犯罪研究》2003 年第 4 期。

35. 何家弘，"从自然推定到人造推定——关于推定范畴的反思"，《法学研究》，2008 年第 4 期。

36. 何家弘，"论司法证明的基本范畴"，《北方法学》，2007 年第 1 期。

37. 何家弘，"论推定概念的界定标准"，《法学》，2008 年第 10 期。

38. 何家弘，"论证据的基本范畴"，《法学杂志》，2007 年第 1 期。

39. 何家弘，"神证·人证·物证——试论司法证明方法的进化"，《中国刑事法杂志》，1999 年总第 40 期。

40. 何家弘，"司法证明同一论"，《中国刑事法杂志》，2001 年第 1 期。

41. 何家弘、谢君泽，"网络犯罪主体的同一认定"，《人民检察》，2020 年第 19 期。

42. 何家弘、谢君泽，"网络平台犯意的算法证明"，《中国人民大学学报》，2021 年第 4 期。

43. 何明升，"网络行为的哲学意义"，《自然辩证法研究》，2000 年第 11 期。

44. 侯宗肇，"信息不守恒初探"，《哲学研究》，1986 年第 3 期。

45. 胡静，"浅析黑盒测试与白盒测试"，《衡水学院学报》，2008 年第 1 期。

46. 花岳亮，"帮助信息网络犯罪活动罪中'明知'的理解适用"，《预防青少年犯罪研究》，2016 年第 2 期。

47. 黄步根，"NTFS 系统存储介质上文件操作痕迹分析"，《计算机工程》，2007 年第 23 期。

48. 黄国翔，"论对称性"，《湘潭大学学报》（社会科学版），1986 年第 3 期。

49. 黄旭巍，"快播侵权案与技术无罪"，《中国出版》，2016 年第 23 期。

50. 蒋建湘，"企业社会责任的法律化"，《中国法学》，2010 年第 5 期。

51. 解志勇、修青华，"互联网治理视域中的平台责任研究"，《国家行政学院学报》，2017 年第 5 期。

52. 孔祥俊，"论信息网络传播行为"，《人民司法》，2012 年第 7 期。

53. 赖早兴，"犯罪构成要件与刑事证明标准"，《法学研究》，2015 年第 5 期。

54. 乐国安等，"网络集群行为的定义和分类框架初探"，《中国人民公安大学学报》（社会科学版），2010 年第 6 期。

55. 李学军，"新证据概念视角下杭州来某某失踪案侦查推进的理论阐释"，《法学家》，2022 年第 3 期。

56. 李德昌，"信息力学与对称化管理"，《西安交通大学学报（社会科学版）》，2004年第2期。

57. 李锦峰，"试论网络行为法的伦理目的"，《大庆社会科学》，2008年第3期。

58. 李茜，"大数据时代司法裁判的路径探索——以大数据分析证明方式的提出与规范为视角"，《财经法学》，2019年第2期。

59. 李旭，"网络传播行为法律规制探析"，《信息网络安全》，2008年第6期。

60. 李一，"网络行为：一个网络社会学概念的简要分析"，《兰州大学学报》（社会科学版），2006年第5期。

61. 李云云，"浅析B/S和C/S体系结构"，《科学之友》，2011年第1期。

62. 廖根为，"电子邮件真伪鉴定初探"，《犯罪研究》，2009年第3期。

63. 刘海平等，"多元融合神经网络模型的车载移动式交通执法取证系统研究"，《道路交通管理》，2022年第10期。

64. 刘家瑞，"论我国网络服务商的避风港规则——兼评'十一大唱片公司诉雅虎案'"，《知识产权》，2009年第2期。

65. 刘静坤，"美国犯罪重建的方法、原理与方法论"，《贵州警官职业学院学报》，2009年第6期。

66. 刘明祥，"窃取网络虚拟财产行为定性探究"，《法学》，2016年第1期。

67. 刘品新，"电子证据的关联性"，《法学研究》，2016年第6期。

68. 刘品新，"论大数据证据"，《环球法律评论》，2019年第1期。

69. 刘品新，"网络犯罪司法证明的难题有待破解"，《人民检察》，2020年第12期。

70. 刘品新，"网络犯罪证明简化论"，《中国刑事法杂志》，2017年第6期。

71. 刘品新、胡忞，"论电子证据时间鉴定的科学基础"，《山东警察学院学报》，2012年第5期。

72. 刘品新、孙玉龙，"基于电子痕迹的人身同一认定：网络犯罪的身份识别"，《法律适用》，2016年第9期。

73. 刘文杰，"网络服务提供者的安全保障义务"，《中外法学》，2012年第2期。

74. 刘文杰，"信息网络传播行为的认定"，《法学研究》，2016年第3期。

75. 刘晓，"避风港规则：法律移植的败笔"，《齐齐哈尔大学学报》（哲学社会科学版），2011年第4期。

76. 刘永卫等，"基于缓存区段的 P2P 流媒体调度算法"，《计算机工程与科学》2008 年第 6 期。

77. 隆波等，"iPhone 手机录音证据提取研究"，《警察技术》，2010 年第 5 期。

78. 陆岷峰、李琴："基于履行社会责任的 P2P 平台企业品牌建设研究"，《三峡大学学报》（人文社会科学版），2015 年第 6 期。

79. 陆旭，"网络服务提供者的刑事责任及展开——兼评《刑法修正案（九）》的相关规定"，《法治研究》，2016 年第 2 期。

80. 罗靖康等，"基于 Windows 内存取证的计算机病毒木马行为分析"，《警察技术》，2021 年第 5 期。

81. 罗翔，"犯罪构成与证明责任"，《证据科学》，2016 年第 4 期。

82. 马建光、姜巍，"大数据的概念、特征及其应用"，《国防科技》，2013 年第 2 期。

83. 马静华，"证据动力学：洛卡德的物质交换原理和犯罪重建理论"，《四川警官高等专科学校学报》，2002 年第 14 卷第 1 期。

84. 马维维，"论网络平台企业面临的法律问题及解决对策——以淘宝和 OFO 为例"，《广西经济管理干部学院学报》，2018 年第 2 期。

85. 聂昭伟，"犯罪构成体系的完善：以诉讼证明为视角的思考"，《刑事法评论》，2006 年第 2 期。

86. 裴苍龄，"论证据的种类"，《法学研究》，2003 年第 5 期。

87. 裴苍龄，"再论证据的种类"，《中国刑事法杂志》，2009 年第 11 期。

88. 秦前红、李少文，"网络公共空间治理的法治原理"，《现代法学》，2014 年第 6 期。

89. 邱春燕，"网络犯罪'魔高一尺'，检察办案必须'道高一丈'"，《检察日报》，2020 年 6 月 11 日第 1 版。

90. 任自玲，"新媒体构建和谐文化的社会责任探析"，《传播与版权》，2015 年第 12 期。

91. 史伟奇等，"蜜罐技术及其应用综述"，《计算机工程与设计》，2008 年第 22 期。

92. 史学清、汪涌，"避风港还是风暴角——解读《信息网络传播权保护条例》第 23 条"，《知识产权》，2009 年第 2 期。

93. 宋雪雁、王萍，"用户信息行为研究述评"，《情报科学》，2010 年第 4 期。

94. 孙秀芹，"证明责任视野中的犯罪构成研究"，《河南公安高等专科学校学报》，2008 年第 4 期。

95. 孙远，"证明对象、要件事实与犯罪构成"，《政治与法律》，2011 年第 8 期。

96. 孙占利、胡坚，"信息网络法学初论"，《科技与法律》，2005 年第 1 期。

97. 孙志鸿，"信息的本质和信息守恒问题"，《合肥工业大学学报》（社会科学版），1987 年第 4 期。

98. 汤伟、王志帅，"一种基于 iOS 平台微信取证分析方法"，《软件产业与工程》，2014 第 1 期。

99. 陶杨、武慧，"论犯罪主观方面的证明——基于刑事法一体化的分析"，《财经法学》，2015 年第 6 期。

100. 田野等，"新型伪基站安全分析研究"，《电信工程技术与标准化》，2013 年第 8 期。

101. 王彪、易志鑫，"网络犯罪定量证明方法研究"，《长沙大学学报》，2021 年第 3 期。

102. 王德胜，"作为方法的对称和非对称"，《自然辩证法研究》，2002 年第 6 期。

103. 王海芹、汪生燕、边雪清，"OSI 参考模型与 TCP/IP 协议模型的比较"，《青海国土经略》，2009 年第 5 期。

104. 王华伟，"网络服务提供者的刑法责任比较研究"，《环球法律评论》，2016 年第 4 期。

105. 王利明，"论互联网立法的重点问题"，《法律科学》（西北政法大学学报），2016 年第 5 期。

106 王林敏："论习惯和习惯法的概念界分"，《湖南警察学院学报》，2011 年第 4 期。

107. 王迁，"论'网络传播行为'的界定及其侵权认定"，《法学》，2006 年第 5 期。

108. 王迁，"搜索引擎提供'快照'服务的著作权侵权问题研究"，《东方法学》2010 年第 3 期。

109. 王秋红，"密码学基本原理综述"，《科技资讯》，2011 年第 33 期。

110. 王骁勇、刘树勇，"对称性理论的发展"，《首都师范大学学报》（自然科学版），2000 年第 12 期。

111. 王志刚、刘思卓，"论网络犯罪证明中的数额认定方法"，《重庆邮电大学学报》（社会科学版），2020 年第 2 期。

112. 魏勇，"电子数据的关联性实证研究"，《中国刑警学院学报》，2017 年第 2 期。

113. 魏振瀛，"论构成民事责任条件的因果关系"，《北京大学学报》，1987 年第 3 期。

114. 吴丹红，"犯罪主观要件的证明"，《中国刑事法杂志》，2010 年第 2 期。

115. 吴沈括，"网络赌博现象之反思：平台责任与法治精神"，《中国信息安全》，2016 年第 9 期。

116. 吴沈括、何露婷，"网络缓存的法律认定及其规制——以快播案为分析视角"，《财经法学》，2019 年第 5 期。

117. 吴沈括、谢君泽，"电信网络诈骗防治视野下的伪基站犯罪治理"，《国家检察官学院学报》，2017 年第 6 期。

118. 伍刚，"网络犯罪类型研究"，《科协论坛》，2009 年第 12 期。

119. 席恒，"试论人的本质的要素与特征"，《郑州大学学报》（哲学社会科学版），1997 年第 1 期。

120. 谢君泽，"论大数据证明"，《中国刑事法杂志》，2020 年第 2 期。

121. 谢君泽，"网络安全法的主客体探讨"，《中国信息安全》，2015 年第 4 期。

122. 谢君泽，"网络平台的法律责任界定——兼评'快播案'与百度贴吧事件"，《中国信息安全》，2016 年第 2 期。

123. 谢君泽，"大数据时代下的司法变革"，《民主与法制时报》，2014 年 11 月 3 日第 10 版。

124. 谢君泽，"寻觅网络法学方法论"，《检察日报》（学术版），2017 年 9 月 21 日第 3 版。

125. 谢君泽，"智能社会治理的法学观察"，《数据法学》，2022 年第 1 期。

126. 谢君泽，"智能社会治理方法论"，《汕头大学学报》（人文社会科学版），2021 年第 8 期。

127. 谢君泽，"检察监督智能化的理论建构"，《人民检察》，2022 年第 11 期。

128. 熊秋红，"人工智能在刑事证明中的应用"，《当代法学》，2020 年第 3 期。

129. 徐立根，"论物证的双联性"，《法学家》，1997 年第 2 期。

130. 徐梦秋、曹志平，"技术规范的特征与内涵"，《自然辩证法通讯》，2008 年第 5 期。

131. 许叶青、曾繁文，"TCP/IP 协议功能分析"，《江西广播电视大学学报》，1999 年第 2 期。

132. 杨立新，"网络平台提供者的附条件不真正连带责任与部分连带责任"，《法律科学》（西北政法大学学报），2015 年第 1 期。

133. 杨卫军等，"Android 手机短信获取与恢复方法"，《警察技术》，2013 年第 3 期。

134. 杨卫军等，"Android 手机恶意软件取证技术研究"，《警察技术》，2012 年第 5 期。

135. 姚海放等，"网络平台借贷的法律规制研究"，《法学家》，2013 年第 5 期。

136. 姚建宗，"思考与补正：论法的调整对象"，《吉林大学社会科学学报》，1994 年第 6 期。

137. 姚黎黎，"互联网平台免费服务提供者义务之设定"，《重庆邮电大学学报》（社会科学版），2017 年第 6 期。

138. 姚万勤、王东海，"网络侵财犯罪数额的认定"，《中国检察官》，2021 年第 7 期。

139. 姚伟、沙晶，"Android 智能手机的取证"，《中国司法鉴定》，2012 年第 1 期。

140. 易延友，"最佳证据规则"，《比较法研究》，2011 年第 6 期。

141. 于冲，"网络诽谤行为的实证分析与刑法应对——以 10 年来 100 个网络诽谤案例为样本"，《法学》，2013 年第 7 期。

142. 袁祥境、谭明，"网络语境中犯罪定量证明分析"，《绵阳师范学院学报》，2020 年第 1 期。

143. 张辑哲，"新论信息行为的基本内容与模式"，《档案学通讯》，2010 年第 6 期。

144. 张君周，"论法官对科学证据的审查"，《法律科学》，2008 年第 6 期。

145. 张俊等，"Windows 后台打印文件的解析与取证"，《警察技术》，2023 年第 2 期。

146. 张明楷，"快播案定罪量刑的简要分析"，《人民法院报》，2016 年 9 月 14 日第 3 版。

147. 张文喜，"人的目的、意志与社会运动关系新解"，《浙江社会科学》，1994 年第 3 期。

148. 张翔，"检查公民通信是谁的权力——小议《网络安全法》二审稿第 46 条"，《法治周末》，2016 年 8 月 31 日。

149. 张宇润，"试论网络法律行为"，《学术界》，2003 年第 1 期。

150. 赵秉志、于志刚，"论计算机犯罪的定义"，《现代法学》，1998 年第 5 期。

151. 赵国锋、贾雯轩，"基于分段散列的服务命名研究"，《重庆邮电大学学报》（自然科学版），2013 年第 6 期。

152. 赵军，"网络市场不正当竞争行为的法律规制"，《特区经济》，2010 年第 6 期。

153. 赵鹏，"国内外信息行为对比研究"，《情报科学》，2015 年第 5 期。

154. 赵艳红，"人工智能在刑事证明标准判断中的运用问题探讨"，《上海交通大学学报》，2019 年第 27 卷总 125 期。

155. 郑凯，"一种 P2P VOD 系统的缓存部署及调度机制"，《华南师范大学学报》（自然科学版），2009 年第 2 期。

156. 周光权，"犯罪支配还是义务违反"，《中外法学》，2017 年第 1 期。

157. 周汉华，"论互联网法"，《中国法学》，2015 年第 3 期。

158. 周洪波，"比较法视野中的刑事证明方法与程序"，《法学家》，2010 年第 5 期。

159. 周辉，"平台责任与私权力"，《电子知识产权》，2015 年第 6 期。

160. 周慕涵，"证明力评判方式新论——基于算法的视角"，《法律科学》，2020 年第 1 期。

161. 周文莉、吴晓非，"P2P 技术综述"，《计算机工程与设计》，2006 年第 1 期。

162. 朱军彪、郭旨龙，"网络共同犯罪中'明知'推定的规范协调"，《北京警察学院学报》，2020 年第 4 期。

163. 朱永德、黄少华，"网络行为研究的意义和价值"，《兰州大学学报（社会科学版）》，2007 年第 35 卷第 2 期。

164. 庄嘉，"网络订餐平台的社会责任"，《检察风云》，2016 年 23 期。

165. Amit Bhatnagar, Sanjog Misra, H. Raghav Rao, "On risk, convenience, and Internet shopping behavior", *Communications of the ACM* 43(11), 2000.

166. C.E.SHANNON, "A Mathematical Theory of Communication", Reprinted with corrections from *The Bell System Technical Journal*, Vol.27, 1948.

167. Dr. Albert Kienfie Liau, Angeline Khoo, and Peng Hwaang, "Factors Influencing Adolescents Engagement in Risky Internet Behavior", *Cyber Psychology & Behavior* 8(6), 2005, doi:10.1089b.2005.8.513.

168. Hall, A. S., & Parsons, J., "Internet addiction: College student case study using best practices in cognitive behavior therapy", *Journal of Mental Health Counseling*, 23(4), 2001.

169. Jared Piazza, Jesse M. Bering, "Evolutionary cyber-psychology: Applying an evolutionary framework to Internet behavior", *Computers in Human Behavior* 25(6), 2009.

170. Jiwon Shin, "Morality and Internet Behavior: A study of the Internet Troll and its relation with morality on the Internet", *Society for Information Technology & Teacher Education International Conference*, Mar 03, 2008 in Las Vegas, Nevada, USA.

171. Kenneth A. Saban, Elaine McGivern, and Jan Napoleon Saykiewicz, "A Critical Look at the Impact of Cybercrime on Consumer Internet Behavior", *Journal Of Marketing Theory And Practice* 10(2), 2002.

172. Marie-Odile Richard, "Modeling the impact of internet atmospherics on surfer behavior", *Journal of Business Research* 58(12), 2005.

173. Matthew S. Eastin. Teen, "Internet Use: Relating Social Perceptions and Cognitive Models to Behavior", *Cyber Psychology & Behavior* 8(1), 2005, doi:10.1089b.2005.8.62.

174. Pietro Pznzarasa, Tore Opsahl, Kathleen M.Carley, "Patterns and dynamics of users'behavior and interaction: Network analysis of an online community", *Journal of the Association for Information Science and Technology* 60(5), 2009.

175. Shih-Ming Li, Teng-Ming Chung, "Internet function and Internet addictive behavior", *Computers in Human Behavior* 22(6), 2006.

176. Tsitsika Artemis, Janikian Mari, Schoenmakers Tim M., Tzavela Eleni C., Ólafsson Kjartan, Wójcik Szymon, Macarie George Florian, Tzavara Chara, "The EU NET ADB Consortium, and Richardson Clive, Internet Addictive Behavior in Adolescence: A Cross-Sectional Study in Seven European Countries", *Cyberpsychology, Behavior, and Social Networking* 17(8), doi:10.1089ber.2013.0382.,2014.

177. Wayne Buente, Alice Robbin, "Trends in Internet information behavior, 2000–2004", *Journal of the Association for Information Science and Technology* 59(11), 2008.

三、非出版物

1. 谢君泽等，《伪基站犯罪的处理防治专项研究报告》，载正义网 http://www.jcrb.com/procuratorate/theories/academic/201605/t20160531_1619213.html，访问时间：2023 年 9 月 1 日。

2. 宋斐，"未来商业组织不再是'公司＋雇员'，而是'平台＋个人'"，载 http://www.iwshang.com/Post/Default/Index/pid/242534.html，访问时间：2019 年 4 月 12 日。

3.（笔名）国平，"'快播'之罪止于此，关乎彼——兼与张明楷、陈兴良两位教授商榷"，载公众号法学学术前沿，访问时间：2016 年 9 月 25 日。

4. 朱巍，"技术中立不能成为快播案的抗辩词"，载公众号法律读库，访问时间：2016 年 1 月 9 日。

5. 魏东，"简评'快播案'一审判决"，载法律博客 http://weidong1111.fyfz.cn/b/900492，访问时间：2016 年 2 月 10 日。

6.《国外大牛人肉定向攻击远控 PlugX 开发者全过程分析》，载 FreeBuf 网站，https://www.freebuf.com/articles/others-articles/5718.html，访问时间：2021 年 1 月 3 日。

7. 中国传媒大学政治与法律学院王四新教授在《网络安全法（二审稿）》研讨会上发言提出，"在《网络安全法》中写入这些超越法律的道德责任和社会责任是不尽妥当的"。该观点的引用已征得作者同意。

8. 公安部网安局实务专家盘冠员先生在微信群聊中提出，"迄今为止，作为客户机和服务器的这种网络体系架构尚未改变，因而网络犯罪的证据证明制度应当基于这种技术架构而构建。"该观点的引用已征得作者同意。

后记
我们需要一种新的社会治理模式

一、我们该如何思考人工智能以及相关法律问题

很多专家学者在讨论问题时隐含了很多"假定"。也就是说，当我们讨论一个问题时，其实已经默许了一些"假定"的正当性。这些"假定"在过去有可能就不对，在错误的问题上继续讨论，就会更加错误。当然，有些"假定"在过去可能是正当的，但是随着理论条件的变化，在今天可能就变得不正当了。比如，我们在讨论如何用智能技术实现同案同判时，其实已经假定了同案同判这个"假定"是正当的。实际上，同案同判这个"假定"本身是否正当在过去就存在争议，如果又与人工智能混在一起讨论，会使问题变得更加复杂。

在网络智能领域普遍存在一种现象，就是以结果反推性质。这种现象在前几年的快播案中尤其典型，司法机关就是以淫秽视频在服务器中的留存数量去反推快播公司的行为性质。其实，这种思维方法隐含了很多不当的"假定"。在网络环境与智能化背景下，我们人类行为的作用机理跟过去已经很不一样了。行为机理不一样，行为的因果现象就不相同，那就不能用传统思维去看待问题。

坦诚说，我做研究在方法上跟很多学者不太一样。我喜欢做类似于物理学上的量子计算的研究，我很少引用权威观点或者先哲观点。这是因为，不管是近代史上的权威观点还是古代史上的先哲观点，它们的形成或存在都具有特定的历史条件，也因此，这些观点往往具有相对的历史局限性。也就是说，他们的观点是基于当时的时空环境所形成，而显然，我们今天的时空环境已经发生了巨大的变化。虽然我很少引用所谓的权威观点或者先哲观点，但是我非常喜欢去研究他们当时是怎么得到那个观点的，以及他们为什么在那个历史环境下得到了那种观点。这就是我所说的思维方法研究。

如果有人反对我的观点，我希望他能告诉我，他是怎么得到一个相反观点的，而不是说"我是对的，你是错的"。一个理性的人应该告诉大家他是怎么思考的，他是怎么得到一个结论的，这样对问题的讨论就更有意义。也因此，我一直很喜欢方法论的研究，不喜欢价值观的讨论。因为，从哲学上看，价值观都是对的，没有人是不对的。任何人都会做出他在逻辑上自洽的价值判断，至于逻辑是否周延或正当这已经是思维方法层面的问题了。从哲学角度而言，每个人都是对的。至于法律说你对或错，那是因为多数人的价值观与你不相同，仅此而已。

以下，我从思维方法的角度，讨论一下我们该如何看待法律、行为以及人工智能的相关问题。

二、我们该如何看待法律以及法律治理模式

虽然我周围的很多人都是法律界人士，但是不见得都深究过法律的深层问题。比如，为什么要有法律？法律是什么？法律是如何运作的？法律的优点和缺点是什么？其实，这些问题在时代当下都很值得研究。我和北京大学的一位学者，曾经就讨论了这样的问题。法律是人类最好的社会治理模式吗？有没有更先进的社会治理模式？

要理解这些问题，首先至少要在方法论上理解法律治理的运行机理。从法的基本理论来看，法律治理的运行机理其实就是先归纳后演绎的过程。也就是说，首先通过立法去归纳行为类型，然后在司法中进行个案的行为类型比对并予以实定。显然，这种先归纳后演绎的运行过程在成文法国家更明显，这种归纳过程往往是由立法主体负责。在判例法体系下，实际上也存在先归纳后演绎的过程，只是它的思维主体是司法人员。除了思维主体不同，先归纳后演绎的过程并无实质不同。

随着网络智能时代的到来，法律治理的运行机理出现了什么样的问题？如果我们去研究行为学，就会发现最大的问题在于行为的时空环境发生了剧变。因为法律治理的先归纳后演绎过程是倚赖于人的操作而进行的，这就意味着法律对行为的治理在网络智能环境下存在着更为严重的时空差。换句话说，网络智能环境所导致的时空差与法律治理的滞后性产生了不可调和的矛盾冲突。同时，在网络智能技术的作用下，人的行为方式具有更强的多样性和复杂性，这也使得立法的

归纳过程和司法的演绎过程变得更为困难。行为变化越剧烈，行为归纳和比对就越困难。这就是法律治理模式在网络智能环境下所遭遇的时代性困难。

三、我们该如何理解行为以及行为工具的质变

显然，网络智能环境下的行为机理已经与过去截然不同。一般来说，对行为的理解主要有两个视角，一个是外部的工具行为视角，另一个是内部的意志行为视角。这两个视角都非常之重要。

一方面，人类行为史基本上就是人类行为的工具史，因为人主要依赖于工具来实施行为。在人类行为的工具史上，曾发生过两次质变。第一次质变是印刷术的产生，让实物工具和语言工具融合起来成了文书工具。第二次质变是为实物工具创造了它自己的语言，即计算机语言的产生。大概在六七年前，我把这种工具质变所导致的行为质变，称为二次工具论。也就是说，机器是人的第一次工具利用，数据是机器的第二次工具利用，人的行为只有完整经过二次工具利用才能实施。到了今天的智能时代，实际上已经不能停留在二次工具论了，而应该提高到三次工具论。也就是说，应该把算法理解为数据的第三次工具利用，它是人的智能行为的有机组成部分。从模型化理论来看，从二次工具论到三次工具论是由行为工具在技术模型上的扩展叠加所造成的。

要知道，人类社会几乎所有的制度都是基于人的行为所构建，因为人与人的作用方式就是行为，人与自然的作用方式也是行为。因而，看似是行为模型的简单变化，实质上会引起一系列的连锁反应。这也正应是当下社会科学研究的重要任务。

另一方面，意志行为可能比工具行为更加值得研究。当前，人工智能学界在广泛地讨论"行为体"理论。在我看来，"行为体"是形，"意志源"是神。虽然研究"行为体"很有必要，但可能"意志源"的研究更为重要。因为，如果人工智能的"行为体"不受"意志源"的控制，那么它们其实是一种"物"而不是"人"。因此，从人类视角看待人工智能及其"行为体"，要重点关注它的意志源是什么。

就人类行为而言，对意志的研究至关重要。意志是人类、人类行为乃至人类文明之所以存在、发展、变化的动因。人类和人类行为的延续，首先是人类意志的延续。人类行为在意志上的失控就意味着人类自身的失控。因而，对人类行为的研究，最终其实是对行为意志的研究。

诚然，人类行为的意志活动十分复杂。意志存在时，它表现为物质。个体行为时，它表现为能量。群体行为时，它又作用为信息。因此，就人类行为而言，意志既是物质又是能量还是信息。意志的作用方式变化多端，而行为往往只是意志的外化表现而已。因而，对表象的工具行为进行内部意志的考察是极其重要的。

四、我们该如何认识人工智能以及背后的机理

一提到人工智能，很多人就觉得很复杂，实际上，如果能够看透其中的机理就很简单。在这里，可以通过社会科学与自然科学的交叉视角来认识人工智能，实际上它们是完全相通的。

从社会科学领域的同一认定理论来看，我们之所以能够认识一个事物，是因为它存在一定的特征和范围。比如，我们之所以能够认识一个人，是因为他存在某些特征，比如脸型、发型、身高等。同时，他又属于特定的种类群体。因此，在这个群体范围之内，我们就可以利用特征把他识别出来。即使是时空条件发生了变化，如果他的范围和特征没有发生改变，我们还可以再次识别出来。

从自然科学领域的人工智能技术来看，它其实也是首先提取原始图像或者原始数据的特征，然后通过分类器去分类识别。这种基础的人工智能技术就是所谓的判别式人工智能。它在运行机理上与社会科学领域的同一认定理论并无本质不同。而所谓的高级人工智能技术，即生成式人工智能，它无非是判别式这种基础人工智能技术在原理上的反向运用。也就是说，判别式人工智能是通过提取特征再分类，而生成式人工智能是通过分类的特征去重构数据。

因此，从人类对事物的认识角度而言，自然科学与社会科学并没有本质区别。两者的差异性只是在于，前者是用计算机的"卷积算法"去提取特征，而后者是用人的"眼睛感知"去提取特征。仅此而已！

基于这个原理，我现在的主要工作就是开发社会治理的智能机器人，让机器人帮我们去识别违法犯罪的行为。这就是智能社会治理方法论。它与自然科学领域人工智能的区别在于，前者处理的对象主要是"动态数据"，即行为或事件；后者处理的对象主要是"静态数据"，即图像或物品。

顺便说明一下，从社会科学领域来看，大模型的本质是"泛特征"，而多模态的本质是"多样本"。希望能够帮助社科领域的学者准确理解新兴人工智能的

技术内涵，以便开展相关研究。

我认为，时代当下，生产力领域的人工智能已经十分内卷，后来者很难再抢占空间。比如，Open AI 的 ChatGpt 才出来没几个月，谷歌的 Gemini 就迎头赶上。相反，生产关系领域的人工智能，即智能社会治理，到目前为止几乎没有起步。像公检法以及各行政机关的智慧司法或智慧政务，在我看来，他们其实就是 OA 或 ERP 的办公自动化，还远远谈不上社会治理的智能化。因此，我推断，智能社会治理应该是人工智能在下一个阶段的制高点。

五、我们该如何捋顺法律治理与科技治理的关系

通过研究人类行为的工具史和人类行为的治理工具史，我们可以发现一个惊人的规律。那就是，在社会稳定时期，人类行为的治理工具与人类行为的工具往往具有一定的对称性，而这种对称性又往往是异步的，即从打破不对称性开始。

野蛮之治的原始时代，其实就是物质不对称的现象。神灵之治其实就是知识不对称性的过程，因为不知道该相信谁，最后只能相信神。所谓以德配天，体现的是信息不对称性，因为每个人说的话不一样，最后只能相信有德之人所说的话。贤人之智其实是思维不对称性的阶段，因为不同的人有不同的想法最后只能由贤人来决断。至于法律治理，我认为，它本质上是控制人性的不对称性，以免权力被滥用。今天，我们所面临的问题是网络所带来的时空不对称性，而这种时空不对称性已经成为时代当下的主要矛盾。

以智能社会治理为代表的科技治理，它也是产生于行为工具的质变。实物工具的进化产生了基于"特定物"的神灵之治。语言工具的进化产生了基于"特定人"的以德配天和贤人之治。文书工具的诞生产生了基于"特定文书"的法律治理。势必地，计算机语言和网络智能技术的出现也会产生一种全新的社会治理模式，即智能社会治理。当然，人类历史上所出现的社会治理模式，它们一直是迭代关系，而非替代关系，这是因为行为工具的发展也是迭代关系，它们之间必须保持对称性。

事实上，智能社会治理与法律治理并不存在任何冲突。在运行机理上，前者是后者在行为治理颗粒度上的细化以及在行为治理时间上的前移，以应对网络智能环境下行为的复杂化和时空差问题。从治理理念上，智能社会治理是在法律治

理的精神指引下所展开。在社会治理智能机器人的开发阶段，需要对其进行合法性评估。在运行阶段，需要借助法律规范和法律精神所给予的行为指引进行建模监测。在识别违法犯罪行为以后，还需要引进法律程序予以惩治。因而，从根本上讲，智能社会治理其实是法律治理在运用模式上的技术创新。

六、我们该如何定位智能社会治理的时代意义

从概念理解上讲，智能社会治理有本体论与方法论之差异。本体论上的智能社会治理是指"智能社会"的治理。方法论上的智能社会治理，是指"智能"的社会治理。显然，我们所讨论的智能社会治理是指方法论上的智能社会治理，它也可以称为社会治理的智能化，即借助于智能机器人开展社会以及社会行为的治理。它包括智能犯罪侦查、机器人反腐、智能行政监管、企业智能监管，等等。

智能社会治理应当是国家治理能力现代化以及现代科技治理的主要内涵。因于网络以及网络行为在时空特性上的剧变，犯罪侦查智能化对于网络犯罪治理具有至关重要的作用。采取智能化手段监督预防腐败犯罪能够减少国家损失。行政监管智能化是现代行政执法的必由之路。企业治理、社区治理也是社会治理的重要部分，也将面临全面的智能化升级。根据对称性原理，机器人犯罪、算法犯罪、智能犯罪等的治理也必须且只能借助于智能机器人来完成。后者就是本体论问题在方法论上的应对。

研究智能社会治理对中国在新时代的经济社会发展具有特殊的历史意义，它不仅关系到生产关系的解放，也关系到经济生产力的再次腾飞。深入研究中国经济社会发展的底层驱动因素，会发现它与西方国家并不相同。以美国为代表的西方国家，他们主要是以科技创新推动经济社会发展，通过解决人与自然的关系问题，实现从 0 到 1 的突破，最后形成质量优势和垄断优势。而我们中国经济社会发展的动因却并不是以科技创新为主，而是依赖于生产关系的改善，政策占主导作用，通过解决人与人的生产关系问题，实现从 1 到 100 的扩张，最终形成的是数量优势和规模优势。因此，西方国家政治体制对经济发展的影响相对较弱，而中国的政治体制对经济发展则具有很强的制约性。

生产关系的解放往往是中国经济生产力发展的主要因素，中国历史上每一次

经济大发展都与开明政治的出现息息相关。也就是说，中国当下要解决生产力问题，首先要捋顺生产关系。讨论新质生产力，应该先研究新质生产关系。

七、结语

任何东西都是利弊同源，而利弊矛盾总是随着事物发展的周期而变化，任何事物无法逃避周期律的制裁。人类过去所信仰的法治模式，同样如此。实际上，法治模式只是人类行为在文书工具时代的治理模式映射。只是，因为从印刷术以来，文书工具时代的周期太长，所以容易使人以为法治应该是一种最终选择，即信仰。

从社会治理角度而言，社会精英应该学会辩证地看待事物的发展，在周期中观察，在平衡中取舍。进步一点就是成功，而不是急功近利，极左或极右。

俗语说，"天网恢恢，疏而不漏"。其实，我们只看到"天网恢恢"，殊不知"疏而不漏"才是法治的精髓。法治以秩序为追求，秩序的本质是安全，安全必然以自由为代价。只知道把法网越织越密，老百姓就动弹不得。这其实是人类文明的退步。

我认为，智能社会的最优治理模式，应该不再是"天网恢恢"，而应是"麦田里的守望者"。用法律治理分好"麦田"，用科技治理守护"边界"，让老百姓在"麦田"里自由地创造。基于此，随着智能社会治理的理论研究和实践探索逐步成熟，我们就应该开始考虑让法律瘦身，促使规则简约化，促使法律精神化。弱化法律治理所形成的规则障碍，强化科技治理去构建新的安全堡垒，使两者达成新的治理平衡。或许，只有这样才能重新激活社会当下的生产活力。我相信，人民的创造智慧是无穷的，他们可以克服一切困难，他们畏惧的只是社会治理所带来的生态威胁。

最后，作为全新的时代命题，智能社会治理需要有更多的同行者。如果您也有志于此，欢迎您加入我们一起探讨研究。